郭小雨 著

『联合』秩序的建立与演变
从大不列颠到美利坚

商务印书馆
The Commercial Press

本书为2020年度教育部人文社会科学研究一般项目

"17—19世纪英帝国的统一与分裂"（20YJC810004）研究成果

感谢凯风基金会和浙江大学高等人文研究院的支持

序　言

　　以拥有自然权利的个体为单位,从其间达成的社会契约中论证出主权的存在与范围,是现代政治哲学在理解政治社会起源及国家权力性质时最有创造性,也是最重要的方式。但是,由于现实中的政治体处在具体的地缘政治环境和国际关系中,且有自身独特的政治传统,当采纳现代国家的主权形式建构自身的合法性时,它们经常面临"合并"异质区域甚至不同政治单位的任务。这些区域或单位因存在地理、世系、族群、利益甚至存续时间上的差异,无法被划归为普遍同质的公民生活区域。特别是对于在现代转型过程中伴随着扩张,或是传统上疆域广袤、成分复杂的"大国"而言,"联合"或者说"统一"就既是形塑这些现代大国不可逃避的方式,也造成了它们在现代世界中建立自身合法性的障碍,因此尤为值得关注。

　　一方面,争取联合的过程带来追求能覆盖异质空间甚至不同政体之普遍性的要求。相较于早期现代自然法学说通过变革个体及其道德、伦理生活所建立的普遍同质社会,联合的要求更凸显权力关系的性质:在强权对弱者的支配下,或在权力主体间的博弈中,维持一种有共性的秩序框架;同时,权力主体还必须承受自然的和历史的界限。以此为前提,我们才能够认识国家机器与治理方式的建立。另外,"权力"也在这个过程中展示出更为丰富的内涵,在更强的联合能力与更高的联合层次中,我们还能够看见判识文明属性、组织文明结构、塑造文明理想的需求,这也在时间和空间两个维度上影响了世界秩序的形成。

另一方面,与"联合"建立普遍性框架的强烈需求并不一定相悖的是,某些地区、族群、身份的特殊性会得到保留甚至强调。它们看似是联合这个"统一体"上的裂缝,却其实是这个"合成体"赖以维持自身的条件,甚至就是共同权力的来源。但当这些差异与产生它们的自然根据脱钩,逐渐变成可以借助普遍形式进行人为复制和操纵的产物,"联合"就在得到扩展的同时越出了它的自然边界——"联合"不仅需要现实与想象中的共性,还制造人们眼前与心中的差异。在这个意义上,它参与构成了现代政治生活的复杂性和纵深:在着力表现差异,甚至趋向于封闭在不同时空中的一个个"平行世界"里,人们在政治意义上生活在一起,生活在这个地道的"合成物"之中,对自己与"政治"作为共同生活的距离感到疑惑与不安——这么近,又那么远。

基于上述理论关切,本书由六篇互有联系但各自独立的论文组成,除了以理论问题为切入点来确定研究线索的"导论",后五篇分别关注次第出现的历史事件和人物,提供了一个特定"联合"秩序建立与演变的脉络。要强调的是,虽然这些篇章只能对应一段历史,但并非只包含一种秩序的可能性。事实上,本书更想展现的是在人们的政治选择与历史处境中呈现出的不同秩序图景,它们并非历时性而是共时性地构成了联合建立与演变的动力。就此而言,各篇章是完整的,它们之间并非严格的前后相继关系。

以不列颠和美利坚为视角来考察"联合",当然不是唯一的选择,但也并非偶然。虽然"导论"聚焦的是孟德斯鸠所谓"英格兰政体",但我们有必要阐明的是,催生这一政治构想的历史土壤在欧洲大陆——那是一个由封建领地、王室直辖地、自治城市、帝国或教会属地等多种性质的土地所组成的政治空间,权力游戏在异质地区与它们的联合之间展开。孟德斯鸠所在的法国正是在这一背景中开辟了强势王权利用并支配城市资产阶级与封建领主,对抗帝国和教会,从而建立主权国家的联合道路。作为对这种联合道路的反思,"英格兰政体"其实是秩序形态较为成熟的欧洲人在面对制度有相似性但尚未成熟,秩序形态还不清晰,因此有空间发挥影响力的海峡对岸时,所能够展开的政治想象。所以,沿着孟德斯鸠所提示的线索,我们由"英格兰政体"和不列颠入手,呈现一种与欧洲相关但不同的联合道路,它的结果不只是民族国家及它们之间的权力均衡。在这个意义上,本书选作研究起点的不列颠其实是一个居间物,它的苏格兰部分象征着新联合道路必须承负的旧问题,它的北美殖民地部分则代表探索与旧欧洲尽可能分离的新联合之企图。在本书的最后一章,不得不说,新的联合方式出现了,而且具有世界历史意义,今天的我们仍未摆脱这种联合所参与确立的时空秩序的支配。但也恰恰是在澄清这一新联合方式的建立过程中,我们不断看到旧框架发挥的秩序作用,摆脱旧框架要付出的代价,以及这样做时并不完美的理论与实践努力。所以本书希望,通过辨识和考察这一特殊联合方式的源流,以及受其影响的当代世界秩序和政治生活,为我们赢得再次更新的可能。

目　　录

导论　聚焦"英格兰政体"

——孟德斯鸠笔下"英格兰政体"的政治形式与历史形态

一、定位"英格兰政体"

对于以英美宪制为主线考察现代世界政治面貌的形成而言，在起点处重访孟德斯鸠可能是必要的。毕竟，孟德斯鸠是"英格兰政体"神话的最初制造者，且为美利坚提供了作为其宪制样板的"三权分立"学说，以至于美国当代重要法学家阿克曼（Bruce Ackerman）在 20 世纪反思美利坚宪制时都要以"别了，孟德斯鸠"[1]为题。但是，即使我们不过分追究孟德斯鸠的思想语境，即当时法国和欧洲的主流看法是抵触、反对或至少是轻视英国宪制[2]，只是

---

[1]　参见阿克曼：《别了，孟德斯鸠》，聂鑫译，中国政法大学出版社 2016 年版。

[2]　在孟德斯鸠所处时代的法国和欧洲主流思想界看来，17—18 世纪英国的面貌首先仍是一个饱受内战之苦的岛国，充斥着"无节制的自由主义"。在那里，不少人抛弃法律，史无前例地滥用暴力来威胁国王，并以自由之名犯上作乱和实行僭政。而赞赏英国政府的均衡和宽容，承认英格兰在科学和哲学上的发达，在法国是如胡格诺派一般少数政治反对派的立场，孟德斯鸠虽然同情胡格诺派在（转下页）

较为审慎地重回《论法的精神》本身，就会发现书中"英格兰政体"及其自由、宽和、分权的特征远不像它后来在神话中那样清晰明了。实际上，"英格兰政体"应该被视为阅读《论法的精神》中会遭遇的一个断裂，一个生发出后续不同论述层面和解释方向的"间隙"。

如果从"英格兰政体"往前看，使用孟德斯鸠在专门提出作为"宽和政体"代表的"英格兰政体"之前阐述政体的原则来分析英格兰，它更像是个怪物——这是一个在君主制形式下的共和国①，它既在内战和革命中铲除了君主制里必不可少的大量中间阶级，又保留了共和制下不应该存在的君主。也正是因为在第一次政体分类方式下的定位困难，英格兰在孟德斯鸠笔下常常展现出相互矛盾的形象，尤其在革命后是否还存在贵族或中间阶层，以及他们是否拥有自由的问题上，矛盾更是明显②。另外，相较于后世持续争论孟德斯鸠眼中18世纪的英格兰到底更接近君主制还是共和制③，

（接上页）宗教上的遭遇，但很难说他会以政治反对派自居。参见 Ursula Haskins Gonthier, *Montesquieu and England: Enlightened Exchanges 1689-1755*, London: Pickering & Chatto Ltd, 2010, pp. 15-18。

① 参见孟德斯鸠:《论法的精神》（上），张雁深译，商务印书馆1961年版，第70页。

② 在第一次区分三种政体时，孟德斯鸠说英格兰摒弃了中间阶层，可能会失去自由成为民主或专制政体（参见《论法的精神》第二章第四节）；在第二次讨论"英格兰政体"的时候，孟德斯鸠认为非平等性的特权仍然存在，属于贵族世袭的身份（参见《论法的精神》第十一章第六节）；亦参黑格尔在《法哲学原理》中对孟德斯鸠笔下英格兰矛盾形象的重述，Hegel, *Philosophy of Right*, trans. by T. M. Knox, Oxford: Oxford University Press, 1942, pp. 177-178。

③ 德丹（Annelien de Dijn）就反驳潘戈（Thomas Pangle）和拉赫（Paul A. Rahe）对孟德斯鸠作为自由共和主义者的解读，认为其更接近自由的君主主义者，参见 Annelien de Dijn, "Was Montesquieu a Liberal Republican?", *The Review of Politics*, Vol. 76, No. 1, 2014, pp. 21-41。

孟德斯鸠指出的却是,英格兰有成为专制政体的危险①。而且,即使用常见的"混合政体"思路来理解英格兰,也不能完全解决它在这种政体分类原则之中遇到的困难:君主与共和政体所分别具有的"德性"很难混合,它们一个以人之间的差异为基础,另一个以平等为基础;一个要节制,另一个要虚荣,因此不能同时在一种稳定的政体中得到共同保存。就像施特劳斯曾敏锐地指出的那样,孟德斯鸠在分析"英格兰政体"时变换了原则,如果《论法的精神》将一开始时分析政体的原则一以贯之,英格兰既无法自成一类,又难以具有"德性"。②

　　然而,《论法的精神》在分析"英格兰政体"之后又制造了新的困难,孟德斯鸠接下来迅速转向探讨社会因素对"法的精神"的塑造作用,在贸易、商业、风俗等方面的大量着笔,如其所说像"急流"而不是一条"寂静的河"接连而至③,让人不得不思考"英格兰

①　参见 Paul A. Rahe, "Forms of Government: Structure, Principle, Object and Aim", in David W. Carrithers, Michael A. Mosher, and Paul A. Rahe eds., *Montesquieu's Science of Politics: Essays on The Spirit of Laws*, Oxford: Oxford University Press, 2001, pp. 69-108。

②　施特劳斯曾指出,孟德斯鸠在讨论"英格兰政体"时变换了一开始讨论政体时所用的原则(参见施特劳斯:《从德性到自由:孟德斯鸠〈论法的精神〉讲疏,1965—1966》,黄涛译,华东师范大学出版社 2017 年版,第 123 页),但也由此,施特劳斯及其弟子潘戈将"英格兰政体"理解为与古代共和政体相对的"现代共和国",从而以古今政治德性的变化为基础解释孟德斯鸠分析政体原则的变化,并认为新的政体原则直接导向了现代民主政治与商业社会(参见潘戈:《孟德斯鸠的自由主义哲学:〈论法的精神〉疏证》,胡兴建、郑凡译,华夏出版社 2016 年版)。笔者不试图全面挑战施特劳斯学派对现代政治的人性基础和制度结果的判断,但需要补充的努力方向是:借助孟德斯鸠在分析政体原则时发生的变化,指出一种现代政治单位自身的生成动力和存在形式;进一步地,考察它保留人性不同可能的方式,以及民主政治和商业社会是否能够视为它直接、唯一、普遍的结果。

③　参见孟德斯鸠:《论法的精神》(下),张雁深译,商务印书馆 1961 年版,第 14 页。

政体"的性质：它是由理性原则推论所得，还是具体的社会环境所造就的结果？考虑到涂尔干等人对孟德斯鸠的社会学定位，以及当代如伯林等政治学者通过强调孟德斯鸠重现社会的有机体性质，从而捍卫适合这种性质而生成的多元主义和自由主义，后一种印象得到了大大加强。这样，"英格兰政体"如涂尔干所说，是孟德斯鸠用"不成熟"的社会学方法，通过罗列事实为一种分类提出来的一个例子；甚或，它代表了偶然、多样的历史条件所塑造出来的不可复制的产物。面对这种情况，并非一种社会描述的"英格兰政体"所具有的理论意义就需要解释。相较于从不同方向捍卫"英格兰政体"理论意义的努力①，这里尝试回到《论法的精神》本身，在文本和结构之中，我们会发现让后文解释前文的做法并非恰当。实际上，孟德斯鸠在第十一章开始讨论"英格兰政体"时就明

---

①　参见涂尔干：《孟德斯鸠与卢梭》，李鲁宁、赵立玮、付德根译，上海人民出版社 2006 年版，第 39 页；Isaiah Berlin，"Montesquieu"，in *Against the Current: Essays in the History of Ideas*，ed. by Henry Hardy，Princeton：Princeton University Press，2001，pp. 164-203。另外，一种捍卫"英格兰政体"理论意义的重要方式是赋予其自然规范性。施特劳斯派的潘戈和罗森（Stanley Rosen）都在阐释孟德斯鸠时专门讨论过这个问题，他们指出"英格兰政体"代表着自然和历史在孟德斯鸠这里存在的矛盾，并倾向于凭借具有亚里士多德意义上"明智"德性的立法者，把人性的普遍法则用法律的形式适用到特定的社会历史环境之中，来确保自然对历史的优先性，参见潘戈：《孟德斯鸠的自由主义哲学：〈论法的精神〉疏证》；Stanley Rosen，"Politics and Nature in Montesquieu"，in *The Elusiveness of the Ordinary: Studies in the Possibility of Philosophy*，New Haven：Yale University Press，2002。与施特劳斯派将孟德斯鸠理想政体的基础置于亚里士多德式的古典实践智慧之上不同，凯利选取斯多葛派"属己"（oikeiosis）的概念，尝试将其演绎为对个体具有规范意义的"自爱"，从而从自然法中直接推出宽和政体的道德基础，如此以不同的方式同样捍卫着孟德斯鸠理想政体的"自然"规范性，参见 Duncan Kelly，"Passionate Liberty and Commercial Selfhood：Montesquieu's Political Theory of Moderation"，in *The Propriety of Liberty: Persons, Passions, and Judgement in Modern Political Thought*，Princeton：Princeton University Press，2010，pp. 59-116。笔者倾向于在孟德斯鸠"人为法"的层面上讨论"英格兰政体"，不认为这种政体的基础能够直接从自然法中获得，阐述归置自然人性和自然法的政治动力和架构是本导论的重点。

确了分析层次,这是"政治法"(political law)和"政治状态"(political state)的层面,而不是"民法"(civil law)和"社会状态"(civil state)的层面:前者讨论"人与人间力量的联合",后者关注"人与人间意志的联合"。① 这种区分对应的是《论法的精神》第一章中"人为法"的不同构成次序。"人为法"这种防止人之间出现战争状态的法律由国际法、国内政治法和民法构成,分别讨论人的普遍保全,统治者与被统治者之间的关系,以及公民之间的关系。可以说,"英格兰政体"的讨论以国际法层次为背景,着重阐发一种政治法,并由此建立了民法的政治框架。所以,塑造社会的因素不能够直接用来塑造宪制,即使以"自由"这种英格兰政治和社会都具备的特征为例,政治自由也不可等同于商业自由。②

本章试图说明,"英格兰政体"可以被视为"法的精神"中一个有独立位置的环节,它不能直接被置于以自然法为基础划分出的前三种政体之中,也不是第一次政体划分所基于的原则能够推出的结果;同时,后续的社会法不是直接造就它的原因。那么,孟德斯鸠阐发"英格兰政体"所依凭的原则、动力和框架,就需要再次寻找。这里重访孟德斯鸠,希望回到的并非后世传为神话的"英格

---

① 参见孟德斯鸠:《论法的精神》(上),第153页。

② 实际上,只要我们仔细一些,就不难发现孟德斯鸠在逻辑和行文中都保留着政治与社会层面的区别。比如,按照英格兰"节俭性商业"的逻辑,政治自由中的"分权与制衡"及其所需的中间阶层对商业自由而言实则是个阻碍,商业自由更要求以提高生产效率为目的的大规模垄断;以及,孟德斯鸠被韦伯(Max Weber)引述过的著名论断:"别的国家为了政治的利益而牺牲商务的利益;英国却总是为了商务的利益而牺牲政治的利益。它是世界上最能够同时以宗教、贸易和自由这三种伟大的事业自负的民族。"(《论法的精神》[下],第19页)这里,第一句话中首先明确的是政治利益与社会利益有所区分;第二句话里"贸易"所代表的是商业社会领域,"自由"所代表的是政治领域,它们与"宗教"并列且被区分开来,成为所谓英格兰的三种伟大事业。

兰政体"之起点,而是《论法的精神》中的这个"断点",由此尝试厘清孟德斯鸠讨论"英格兰政体"的层次和指向,讨论其"制造"这个政体的思考方式和历史资源,以弥补解释上的某些缺失,目的则在于调整并确定我们理解英美宪制的方向。

二、"英格兰政体"的目的与性质

聚焦"英格兰政体",会发现更引人入胜的问题。孟德斯鸠是通过提出"政治自由"的概念将我们带向"英格兰政体"的,可以说,这个概念是使"英格兰政体"自成一类的原因,孟德斯鸠曾明确指出:"虽然一般地说,一切国家都有一个相同的目的,就是自保,但是每一个国家又各有其独特的目的。扩张是罗马的目的;战争是拉西代孟的目的;宗教是犹太法律的目的;贸易是马赛的目的;太平是中国法律的目的;航海是罗得人法律的目的;天然的自由,是野蛮人施政的目的;君主的欢乐,一般说来,是专制国家的目的;君主和国家的光荣,是君主国家的目的;每个个人的独立性是波兰法律的目的,而其结果则是对一切人的压迫。世界上还有一个国家,它的宪制的直接目的就是政治自由。"①

但奇怪的是,正是在这一章的结尾,孟德斯鸠在阐发了一通作为政治自由之代表的"英格兰政体"后却说,"探究英国人现在是否享有这种自由,这不是我的事情"②;在此之后,孟德斯鸠虽然没

---

① 孟德斯鸠:《论法的精神》(上),第155页。
② 孟德斯鸠:《论法的精神》(上),第165页;亦参葛耘娜:《孟德斯鸠对政治自由的限定》,《云南大学学报(社会科学版)》,2015年第6期,第52—57页。

有否定"英格兰政体"的政治自由,却时常打消读者对作为个体的英国人和社会生活之中的英国人是"自由的"这一印象:作为个体的英国人经常追求"极端的自由",以至于丧失享受自由的基础——安全,并可能由此破坏政治自由;在社会生活中,他们的气候和商业使之更容易抑郁且贪婪,即使变得节俭而勤奋,也不等于拥有了政治自由意义上的"宽和"精神。这些线索首先进一步提醒我们:政治自由是英格兰作为一个政治整体所具有的属性,它不能够被作为个体或社会成员的自由来替代。那么接下来我们要追究的是,作为一种政体目的的政治自由意味着什么? 以其为目的的政体又是如何建构的?

　　在《论法的精神》第一章中,第一次划分政体是要找到区分政体的"法"。孟德斯鸠的"法"在自然层面指的是事物之间同一、必然的关系,在政体之中则要将有可能处于战争状态中的人以一种确定、稳固的规则联合起来。而且,孟德斯鸠的特别之处更在于,无论是自然法还是这里所说的"政治法",其关系都可以用力量之间构成的运动状态来表示。这样,政体中的"法"可以理解为维持政体以特定方式运动的关系,在这种关系当中,政体在不同力量间建立了秩序结构,并通过运动状态达到维持秩序的目的。[①] 所以,在孟德斯鸠第一次界定政体时,政治法的目的首先是维持政体——也就是它的自保,其他目的都是从属性的。而且,这一次讨论政体还奠定了用成员的"德性"来刻画政体性质和原则的方式。首先,如孟德斯鸠专门澄清的那样,这里的"德性"不是指道德德性,而是"政治德性",无论孟德斯鸠是否乐意承认,它都带上了一

---

① 参见孟德斯鸠:《论法的精神》(上),第1、3页。

些马基雅维利的色彩。① 其次,从孟德斯鸠对三种政体的描述中可以看到,政体的运动规则由其成员情感的力度与方向表达,因此如果我们将"德性"理解为人在某种政体之下情感运动的受力分析,既可以方便地把握不同"德性"的性质,又便于澄清各种政体的本质和原则,比如平民政体(或称其为"民主政体"或"共和政体")的德性是爱平等的法律和爱祖国②。孟德斯鸠并没有在接下来对这种德性的讨论中,谈及个人因具有何种资质或能力从而构成了平等的基础,或是给出某种支持平等的关系性正义原则,甚至从未谈及自然权利的共同起点,或更具现代意义的个人自治概念;他勾勒的画面更接近政体中的成员借助相互之间基本等量的作用力与反作用力形成一种互相的限制、结合与监督,从而紧密捆绑在一起的状态③。君主政体的"荣誉"德性从受力分析的角度就更容易理解。孟德斯鸠明确指出,这种德性同时是"离心力和向心力",在等级中居于上位的人会由于受到的力小于能够施予的力,从而自然地"把一些留给自己",成为作用于自身的力,也成为对自己的要求与想象,促成了"荣誉"的形成;居于最高位的君主则"需要时常上紧"这种政体运转所需要的发条,自己的力便能够顺畅地层层向下传递,并且吸引更多的人向上追逐"荣誉"。④ 专制政体的受力模式则更为简单粗暴,主人抢夺人口将之变成奴隶,后

---

① 参见孟德斯鸠:《论法的精神》(上),"著者的几点说明"。
② 参见孟德斯鸠:《论法的精神》(上),第34页。
③ 参见孟德斯鸠:《论法的精神》(上),第19—22页;马南:《城邦变形记》,曹明、苏婉儿译,广西师范大学出版社2019年版,第100页。
④ 参见孟德斯鸠:《论法的精神》(上),第22—26页;孟德斯鸠:《论法的精神》(下),第306页。

者对前者全无招架之力,只能"如一个球击中另一个球"①一样受到操控,因此作为奴隶的臣民所拥有的"德性"向外的作用力微乎其微,只有自己呈保守抵御姿态的"恐惧"。

所以,在第一次划分政体的方式中,政体的德性可以被视为按照某一种规则作用的力所实现的运动状态。这种可以用成员在普遍同质的力中所获得的共同运动结果来描述政体及政体之中的法的方式,也为我们拒绝用前三种政体的"混合"来理解"英格兰政体"加强了依据,就像我们很难让一台机器同时向三种方向运动或按照三种程序运转一样。在这个意义上,平民政体中的公民"保持着"平等,君主政体中的臣民"追求着"荣誉,专制政体中的被统治者"承受着"恐惧。然而,恰恰与此相反,"英格兰政体"中的人不能因"欲求着"(desire)所谓"自由"而获得政治自由。

在《论法的精神》的第十一章中,孟德斯鸠在阐明了政治自由与社会自由不可等同之后开始集中讨论前者。他一开始做的,就是将政治自由与任意以及自然的欲求区分开来:自由不是"任意"地"愿意做什么就做什么",亦并非"能够携带武器,使用暴力"这种对自然状态中完整生存权的实践,甚至也不等于拥有"选举权"的政治权利,而且,孟德斯鸠还提示,要避免将政治自由混同为因行动和思维习惯所产生的自然运动趋势。② 在此之后出现的,就是孟德斯鸠对政治自由的著名论断:"在一个国家里,也就是说,在一个有法律的社会里","一个人能够做他应该做的事情,而不

---

① 参见孟德斯鸠:《论法的精神》(上),第 27 页。

② 参见孟德斯鸠:《论法的精神》(上),第 153—154 页;David William Bates, "System of Sovereign in Montesquieu", in *States of War: Enlightenment Origins of the Political*, New York:Columbia University Press, 2011, pp. 134-169。

被强迫去做他不应该做的事情"。① 这首先意味着,政治自由的直接条件并非完全肯定并保存尽可能多的个体自然权利,尤其是行动和思想上的任意。同时,孟德斯鸠也没有将政治自由理解为个体通过自我强加或自我立法形成的道德义务。他有一种倾向,这在其不同的作品中都曾展现,即认为人的自由是一种"感觉",要借助"镜子"才能呈现出来,而这个"镜子"是政体的原则、国家的法律。因此可以发现,在《论法的精神》中正面阐述"政治自由"时,孟德斯鸠将其描述为一种生活在国家和法律中获得的"宁静的精神",一种"认为自己享有安全"的"安全感",政体的法律或原则是需要考察的"这种自由所赖以建立基础的原则",它们在一定条件下能"让自由像在镜子之中那样显现出来"②。这种表述的背后,是孟德斯鸠对人是否真正拥有思想或行动上的自由所抱的怀疑态度。他不止一次地提到,纯粹的自由只是一种"哲学的状态",并非现实。人终究是难以摆脱必然性的生物,不得不生活在使自身受限的"渔网"之中,甚至人身上一般被认为是最自由的部分——灵魂——在孟德斯鸠的笔下也是"像一只蜘蛛在它的网中一样,蜘蛛每一移动都必将牵动伸向一定距离之外的网丝,同样,每次触动网丝就必定牵动蜘蛛"。政治自由的意义是,它通过提供一种可以比作大渔网的好的法律,使其中的鱼即使被逮到,仍然认为自己是自由的;相反,坏的法律是太紧的网,鱼会首先感到自己

---

① 孟德斯鸠:《论法的精神》(上),第 154 页。

② Charles de Montesquieu, *The Spirit of the Laws*, ed. by Anne M. Cohler, Basia Carolyn Miller, Harold Samuel Stone, Cambridge: Cambridge University Press, 1989, p. 156;参见孟德斯鸠:《论法的精神》(上),第 155 页。

被抓了。① 也就是说,国家与法律这面镜子不是只显示影像,还通过某种安排参与"制造"影像。所以,在理解孟德斯鸠政治自由的"应然"意涵时,焦点不在于寻找赋予个人道德义务的情感或理性能力,并以此为基础讨论独立于国家和法律的个人自由或社会自由,而仍应考虑自由要呈现所必须借助的规范性手段。孟德斯鸠那粗糙且显得漫不经心的自然状态与自然权利理论,却反衬出自由需要人造中介的独特性。在这个意义上,孟德斯鸠出于不同的理由,其实面临与霍布斯更接近的任务,而不适合作为洛克一脉的延续,因为在后者那里,国家和法律只是保护自然状态中已有的自由并使之更加便宜地实现。并且,有理由认为,法兰西民族国家建构的秩序与法律问题作为当时不少法国思想家考虑问题的出发点,也影响了孟德斯鸠,这种"法式"烙印使其不像苏格兰启蒙学派那样努力从个人自然情感中论证出社会规范性,也不能且不愿走到康德的义务论那么远。②

那么,在这里我们如此理解获得政治自由的条件:第一,政治自由是国家和法律的结果,这既是孟德斯鸠定义"政治自由"时前半句的内容,也可以被理解为"应该"的意涵所在;第二,法不仅标志着政治体的建立,还意味着权力作为一种自然运动能够被它所在的这个政体赋予人为规范,限制甚至改变其作为自然力量的性质。由此,我们可以初步揭示"英格兰政体"的独特性,以明晰孟

① Charles de Montesquieu, *My Thoughts*, trans. by Henry Clark, Indianapolis: Liberty Fund, 2012, pp. 193, 242;亦参葛耘娜:《孟德斯鸠对政治自由的限定》。

② 也正是出于这个原因,笔者不接受凯利对孟德斯鸠的解释。这是一种将政治自由作为激情得到合理协调之结果的看法,作者借助自然法推演出人自身具有的、能够平衡激情的道德能力,并将之作为处理人与人之间政治和社会关系的基础,以此解释政治自由的根据。

德斯鸠进行第二次政体划分所针对的问题。首先,"英格兰政体"可以自成一类,是因为它要制造出一个不能由其成员的自然运动所达到的目的,即政治自由。这个目的不是政体自保附带的结果,而是要人为地通过一种政治安排,在某种程度上改变一部分属人的自然动力和运动方式。也正是在这个意义上,"政治自由"是一个需要被特别列出的政体目的,它不是政体的原因,而是一个要通过政体来实现的特定结果。这样,"英格兰政体"与之前三种可以被认为在自然法下得以建立和识别的政体相比,也确实存在着性质上的根本差异:"英格兰政体"的"法的精神"是一种人为的政治法,它不仅仅是一个能够被"政治自由"所定义的政体,还是一个因要求"政治自由"而需要被寻找和设计的政体。其次,"英格兰政体"要实现"政治自由",需要一种新的"法的精神"。这首先要求一种看待"权力"的新眼光,为人与人之间可能出现的政治关系开辟新的维度,作为建立宪制的基础。当然,这会使"英格兰政体"更加彻底地脱离第一次政体划分的框架。

三、"英格兰政体"的形式

第一次政体划分以一种对"权力"的理解为基础,这种对权力的认识既代表了孟德斯鸠所在时代的巨大成就,也制造了使其想规范它的压力与困境,后者不断地以具体的面貌出现在《论法的精神》中,我们则会在可被视为孟德斯鸠阐述"英格兰政体"之背景的地方第一次与之正面相遇。应该注意到,在第一次政体划分的三种政体之中,法的精神奠基在这样一种性质的"权力"之上:它是一种普遍、无限、积极作用的力(pouvoir;potestas);实际上,专制政体中的权力是它最充分的代表。这种力可以将人心中潜在、微妙的变化转化为现实的、有支配作用的权力关系,而且也依赖人于幽微隐僻处情感或欲求等方面的动向,建立起能够让主动方和被动方互相转化的控制与支配。我们从《波斯人信札》中作为专制政体主人的绪斯贝克的经历,以及他在此书末尾的内心独白就可以窥得一二。① 同时,这种力的产生意味着我们失去了原本在传统中能够用以抵挡它的资源:如果还存在那些特定的灵魂形式,有差异的人性质料,以及在方向上根本不同的性情冲动,原本会让某些人能够抵挡某些性质的权力的支配。而正是由于失去了它们,在现代性质的"力"中,人会被无差别地卷入一种运动状态,也正是在这个意义上,孟德斯鸠说专制政体的"联合"里,"到处都一样"。② 无疑,这种"力"的产生与从中世纪晚期到现代早期自然世界图景发生的根本性变化有关,它与正义、更高的权威、永恒不变的法则逐渐脱离开来,成为个人可以普遍拥有并施加的一种能力。③ 孟德斯鸠对此相当敏感,他甚至比霍布斯走得还要远,一再去设想这种可以将一切都现实化为政治权力的"力"会造成的政

---

① 参见孟德斯鸠:《波斯人信札》,罗国林译,译林出版社 2000 年版,第 155 页。

② 参见孟德斯鸠:《波斯人信札》,第 80 页;亦参孟德斯鸠:《罗马盛衰原因论》,许明龙译,商务印书馆 2016 年版,第 67 页。

③ 参见 Fred K. Drogula, "Imperium, Potestas, and the Pomerium in the Roman Republic", *Historia: Zeitschrift für Alte Geschichte*, Bd. 56, H. 4, 2007, pp. 419-452; Brian Tierney, "Villey, Ockham and the Origin of Natural Rights", in J. Witte and F. S. Alexander eds., *The Weightier Matters of the Law: Essays on Law and Religion*, Atlanta: Scholars Press, 1988, pp. 1-31; Brian Tierney, *The Idea of Natural Rights: Studies on Natural Rights, Natural Law, and Church Law, 1150-1625*, Atlanta: Scholars Press, 1997。

治生活,而后者的"利维坦"实际上还依赖"力"在潜能与现实上的区分。[1] 可能也正是因此,孟德斯鸠更关注这个变化带来的政治结果。[2] 实际上,这种"力"确实从根本上形塑了现代人对"权力"的认知;当现代人谈及所谓的"政治现实主义"时,强调的就是要以这种性质的权力为基础,认识周遭与世界。它的性质决定了,它与前面"政治自由"的概念相对,会允许一个人"做他应该做的事",但是不会承认"应然"是自身的障碍,也不会放弃强迫——这是权力渗透、运动、改造必然产生的运动轨迹。毋宁说,这种权力的本质就是驱使人去做他不做、尚未做或者认为不应该去做的事情。在这个意义上,它没有界限,人与人之间的自然差异和人为区隔,会成为建立人与人之间支配与被支配关系的渠道,它更可能成为政体能够建立,法能够成为普遍有效规则的真正基础。

更重要的是,它迫使孟德斯鸠必须在多种政体的共存——也就是欧洲乃至世界政治——的背景中考虑原本属于政体内部的宪制问题,这成为《论法的精神》提出"英格兰政体"的直接背景。上述性质的权力把战争从某些政体的特殊目的变成了所有政体都必须面对的生存状态。扩张是这种权力的本能,它会超出政体的界限,带来战争和征服,所以"人人都能瞥见在宇宙中运动的东西;一个民族若是露出了一丝野心,其他民族都会担惊受怕",而"战争中的民族,如果不是自取灭亡,就得一直获胜;战败更刺激了获

---

① Leo Strauss, *Natural Right and History*, Chicago: University of Chicago Press, 1965, p.194.

② 这提醒我们,此处对权力积极性质的讨论有别于在个人权利的层面上区分积极自由与消极自由,有著名的研究将孟德斯鸠当作消极自由的代表,我们这里不接受这种看法。

得胜利的意志"。① 顺着孟德斯鸠的思路,"英格兰政体"要面对
"罗马兴衰"问题的普遍化,也就是战争带来的疆域和制度变化对
所有政体及其"法的精神"的改变。② 在这个背景中,小共和国的
"遭遇无论福祸……几乎无一例外地使它们丧失自由",如果它们
没有因非常有限的资源而被征服或消灭,那就可能走向扩张,从而
在扩张过程中转变为君主制;但纯粹的君主制政体"难以长期存
在",因为"权力绝不可能在民众与君主之间平分,想保持平衡实
在太困难了,一方的权力削弱,另一方的权力必然加强,而优势总
是在君主一方,因为君主统帅军队"③。所以,最吸引孟德斯鸠的
现实问题是欧洲"普遍君主制"的问题,这是他在欧洲重要国家身
上都看到的政体发展方向。而如果延续这种权力的逻辑,普遍君
主制一定会越来越类似于统治者攫取绝对权力的"专制政体",所
谓"小共和国亡于外力,大共和国亡于内部邪恶"④。所以,第一次
政体划分中出现的三种政体,于现代世界的背景中,实际上都无法
从根本上避免沦为"专制政体"。这也是为什么《论法的精神》
频频制造这样一种阅读感受:"英格兰政体"与"专制政体"相
对,前者作为对后者的克服而存在。"英格兰政体"的目的(政
治自由)除了上述为政体之中的人提供安全感之外,还负担着实
现不同政体之共存的任务,如果完全以小共和国为形式来实现
联合是个太过理想化的期待,那么达成不同种类政体之间的联
合就也是在政治法层面提出"英格兰政体"的题中之义。考虑

---

① 参见孟德斯鸠:《罗马盛衰原因论》,第5—6页。
② 参见孟德斯鸠:《论法的精神》(上),第126页。
③ 孟德斯鸠:《波斯人信札》,第125页。
④ 孟德斯鸠:《论法的精神》(上),第130页。

到孟德斯鸠所面对的英格兰已经是联合了同一个君主治下的苏格兰和英格兰，经历了准共和革命的大不列颠，在"要有一种宪制：结合共和政体的内在优点和君主政体的对外力量"①的背景中引出"英格兰政体"，也象征着"英格兰政体"对世界政治（至少是欧洲政治）的意义。

由此可以明确，"英格兰政体"需要人为地制造出某种与前三种政体的基础——一种普遍、无限，处于积极运动状态中的权力——所不同的权力性质来达到政体的目的，这将塑造"英格兰政体"的面貌，也应该成为理解"英格兰政体"能够合成君主制与共和制的基础。但同时应该提醒的是，这种人为的扭转表示的并非孟德斯鸠对前一种权力性质的全盘否定，相反，孟德斯鸠在相当程度上接受了这种对权力性质的"自然"理解，这是他在定义自然法和国际法时都表明了的。

孟德斯鸠涉及英格兰政体形式的集中描述见于上文已经涉及的第十一章和第十九章第二十七节，后者在社会状态和民法的意义上讨论政治法带来的效果，其中关于公民可以自由组成、加入和退出党派以利于开放立法权的讨论，因影响了后来联邦党人对党争、分权在美利坚宪制中所起正面作用的判断而相当著名，但实际上，这一部分更接近从公民的"安全感"层面，对其"感觉"上所享有的自由进行的社会描述。而理解孟德斯鸠的困难很大程度上在于，他在后世所形成的印象而不是其自有顺序和层次的文本成为阅读的出发点。如此，他对政治现象的社会结果而非其成因的描绘成为主导性的思考方向。这里，我们首先讨论第十一章展示的

---

① 孟德斯鸠：《论法的精神》（上），第130页。

英格兰政体形式,这是一个以"分权"为中心的表述,以此为基础,考虑党派问题。

关于"分权",首先应该明确的是,孟德斯鸠与其之前以洛克为代表的现代分权学说不同。后者是以立法权为基础和中心,再划分出万民法层面(对外权)和国内法层面的执行权,以及对执行权的裁判权,它们有各自实施权力的范围和方式,但在法权性质上根源相同,都源于公民相互之间及公民与其创立或承认之政府间的契约。因此,可以根据这类契约的具体范围和目的,比如归属于地方还是中央,为扩大社会福利还是为进行战争,追溯特定权利的范围、所有者与负责对象。所以,它们虽然可以在某些时候显出各自的独立性,营造出不同的权力部门相互博弈,防止绝对权力的滥用并同时形成秩序的整体图景——背后实际上已经存在主权的事先建立作为政治共同性的框架。[①] 但孟德斯鸠的独特性在于,他没有确切的主权学说,反对用民主革命建立主权,似乎也不愿承认有一个先在的意志联合给政治法提供一个主权性的基础;《论法的精神》第六卷或许可以视为孟德斯鸠给出的一个解释,替代凭借建立主权来理解现代国家形成的思路。所以,如果仅将孟德斯鸠的分权理解为各种不受限制的权力在相互作用中防止某个绝对权力的滥用,会至少制造两个重要缺憾。首先,这些不同的权力为何还能有序共存,而不是互相攻讦、兼并,最终形成而不是防止出现一个绝对权力。就像我们已经指出的,这个结果恰恰在孟德斯鸠考虑前三种政体的演变中有所体现。其次,"分权"在"英格兰政体"

---

① 如果我们去看美利坚制宪,会发现联邦党人在构建联邦主权和分权两个方面的同时用力,而这双重努力的困难,不仅是美利坚建立后宪制问题的根源,而且是他们真正接近孟德斯鸠的地方。

中也是一种"法",这就是说,它不仅仅是防御性的或否定性的,为了监督或对抗一个已经存在的主权性政府。它首先是"英格兰政体"的建构方式,本身意味着一种规范性关系的建立。在这个意义上,孟德斯鸠要同时达到两个目的:建立一个有效运用权力的政府;并且防止这种政府成为压迫性的,包括阻止压迫性的职权部门、党派、个人的产生。① 这个"政府"的建立先于一个主权得到共同承认的"国家"。

由此,需要从与主权学说出发来理解分权所不同的路径去讨论孟德斯鸠的"分权"。在这里,我们尝试将"分权"首先理解为一种"区分"和"分配",目的是确认和派定处理事务的执行权,而非明确权利的来源。通过设置一系列有序、明确、长久的"职位",在专人专门履行职责的过程中,将原先含混不清又汗漫无度的权力改造为公共性的、有规范的、受限的权力,进而获得一个权责明确的政府。孟德斯鸠在解释分权时指出,立法权和行政权在欧洲大多数宽和王国中都属于君主,司法权另属他人,也不乏将三种权力都汇集在一个人手中的实例和企图。② "英格兰政体"要做的,首先是将立法权与行政权区别开:立法权不再属于国王,也不能由所有人民笼统地集体享有,而是由不同地域的代表来执行,他们"不是为了通过积极性的决议",也不为彰显其权利,"而为着制定法律或监督这个机构所制定出的法律的执行而选出",较之于人民,他们有能力讨论专门的事务,所以不必事事请示选民,这让孟德斯鸠笔下的立法更类似于有专业要求的职业。③ 其次,立法机构内

① 参见潘戈:《孟德斯鸠的自由主义哲学》,第107页。
② 参见孟德斯鸠:《论法的精神》(上),第156—157页。
③ 参见孟德斯鸠:《论法的精神》(上),第158—159页。

部还要再将平民和贵族区分开来,二者"有各自的议会、各自的考虑,也有各自的见解和利益"①,贵族所拥有的世袭等特权限于履行反对和否定的职能,与平民掌握的创制权分开;如此,区分身份以明确职权为目的,在执行的指向下,职权可以反过来定义身份,甚至逐渐与身份脱离。再次,在将执行权归属给国王时,孟德斯鸠没有提及国王身份和权威的特殊性,他给出的理由甚至带有权宜色彩:"因为政府的这一部门几乎时时需要急速的行动,所以由一个人管理比由几个人管理要好些。"②对立法和执行这两种被孟德斯鸠认为是组成"英格兰政体"基本形式的权力③,他明确指出它们可以被赋予"一些官吏或永久性的团体",在执行权力中体现"国家的一般意志"。④ 最后,借助这个变化,孟德斯鸠得以重构司法权,这种在往日因属于特权而"人人畏惧"的权力,现在被孟德斯鸠派给人民:他们定期依照固定判例,在有限的法律解释范围内做出裁判。如此,这个唯一针对个人的权力也被套进了规范的法条与程序之中,掌握在法官手里,成为规范的一部分。也恰恰因此,孟德斯鸠说司法权仿佛"看不见了,不存在了"⑤,实际上,它被转化为一种中立的、规范性的、被动的权力,能够被视为执行权在非紧急状态时的日常执行方式,无怪乎一些研究将司法权视为孟

---

① 孟德斯鸠:《论法的精神》(上),第159—160页。
② 孟德斯鸠:《论法的精神》(上),第160页。
③ 孟德斯鸠在这里没有提及司法权,参见孟德斯鸠:《论法的精神》(上),第163页。
④ 参见孟德斯鸠:《论法的精神》(上),第157页;Paul O. Carrese, *The Cloaking of Power: Montesquieu, Blackstone, and the Rise of Judicial Activism*, Chicago: University of Chicago Press, 2003, p. 49.
⑤ 孟德斯鸠:《论法的精神》(上),第157页。

德斯鸠分权学说成就的代表。① 如此理解三权的性质,我们也可以避免一种对孟德斯鸠的质疑,即从议会主权的角度看来,英国直到现在也不存在所谓的三权分立制度。但如果我们将目光转向行政专业化、官僚化、体系化的趋势——它已经在英国发生了,并对其宪制产生了重要的塑造作用,那么从上述角度理解的分权,则可以视为促成这一趋势所必不可少的环节。

以此为基础,我们尝试理解"制衡",并可以将之区分为两个层面,这样也能够解释孟德斯鸠在此处出现的某些矛盾。仅就分权所得到的职能部门而言,它们之间通过彼此相互侵夺以实现"制衡",其实是个"例外"②,这也是为何三权侵犯其他权力部门的情况都可以被明确列出。而且,这些"例外"状况背后实际上存在一个原则,即此类侵涉要能够用来维护特定部门执行权的融贯,包括执行者的一致资质和职能的专门性。所以在这个层面,我们不能因三权之间存在互涉,而推出孟德斯鸠理解分权的重心在于考虑权力的"合并、交融和联系"③;相反,孟德斯鸠由分权希望得到的是一种保守的、"得到规范和中和"的、受到"约束和柔化"的权力④,是赋予每一种权力以不成为专制权力的形式性限制,这是由职能部门各自特定的功能,特别是由这种功能有以职业化和行政化的方式来实现这样一种趋势所决定的。正是在这个意义上,"英

---

① 参见 Paul O. Carrese, *The Cloaking of Power: Montesquieu, Blackstone, and the Rise of Judicial Activism*, p. 49。

② 参见孟德斯鸠:《论法的精神》(上),第 162 页。

③ 参见蔡乐钊:《孟德斯鸠分权论研究》,上海三联书店 2016 年版,第 18 页;Louis Althusser, *Politics and History: Montesquieu, Rousseau, Hegel and Marx*, trans. by Ben Brewster, London: Verso, 1972, p. 90。

④ 参见 Charles de Montesquieu, *The Spirit of the Laws*, p. 63;孟德斯鸠:《论法的精神》(上),第 63 页。

格兰政体"的德性是"宽和",而"宽和"是对得到改变后的权力性质的描述,它不再是积极权力的动力因,而是在权力装进政体的制度模具后,被限制在既定轨道和有限目的中所造成的结果。我们将用后面的章节来解释这种制度何以形成。这里必须强调的是,应该从孟德斯鸠称其为一种"有界限的德性"[①]来理解作为一种人为制度结果的"宽和",并将之与贵族制或君主制中某些特定身份所有者的"德性"区别开。所以,孟德斯鸠会说,分权的直接结果是这三种权力会"形成静止或无为的状态(rest or inaction)";而且,这并不是一个一次性的表述,孟德斯鸠在专门讨论"宽和政体"的形式时,强调的也是权力要被"置于一个位置上",作为"压舱石",用占据这个特定位置来限制另一个[②],使其各安其位,成为"阻挡者"本身——而非我们更熟悉的,让权力通过流动和延伸,对另一个造成压力和侵犯来实现权力间的互相制衡。[③] 所以,当孟德斯鸠说"要防止滥用权力,就必须以权力约束(stop)权力"[④],后半句紧跟的是要建造一种"宪制",而不能直接是亚当斯雄壮的排比:"以强力反对强力,以力量反对力量,以利益反对利益,同样,以理性反对理性,以雄辩反对雄辩。"[⑤]这里的差别看似微不足道,却包含着对政体乃至国家性质方向不同的理解。孟德斯鸠允诺的"政治自由"由于上述的分权实现了对第一次政体分类时权

---

① 孟德斯鸠:《论法的精神》(上),第 154 页。

② 参见 Charles de Montesquieu, *The Spirit of the Laws*, p. 63;孟德斯鸠:《论法的精神》(上),第 63 页。

③ 参见 Sharon Krause, "The Spirit of Separate Powers in Montesquieu", *The Review of Politics*, Vol. 62, No. 2, 2000, pp. 231-265。

④ 孟德斯鸠:《论法的精神》(上),第 154 页。

⑤ 转引自阿伦特:《论革命》,陈周旺译,译林出版社 2007 年版,第 136—137 页,第 134—135 页注释 2。

力性质的改变而成为可能,但就我们的理解方式而言,这种政治自由首先必须附着在一张会越来越接近理性经营的制度网之上,依赖中立、稳定且讲究效率的政府执行系统。诚然,人们在这个系统中感受到的是并不自然也绝非不受约束的自由,但构建并停留于这个阻止我们落入狂暴力量之裹挟的浅浅表层,却是孟德斯鸠早熟、正面的政治努力。

在另外一个层面上,我们可以将一种动态的但并非在自然力量之间发生的制衡理解为孟德斯鸠所说的"必然性"与上述分权系统结合的后果,并通过政治参与者的派系斗争表现出来。仅就分权系统而言,如上文所说,孟德斯鸠曾指出它"没有活力"(powerless)①;但正如霍布斯的做法一样,孟德斯鸠也并不追求通过人造的政治体改变人性,也就是说,"英格兰政体"中的人仍然如第一次政体分类中的人一样,在公职之外会想象或受到权力近乎无限的吸引和主宰,并因此想要进入权力系统谋取职位及其影响,彼此争斗、内部不和,所以孟德斯鸠说"事物必然的运动会逼使它们(指三权——引者注)前进"②。而如果要理解孟德斯鸠为何不无乐观地说,在事物必然运动的逼使下,三权还会"协调地"前进——至少平衡地维持着三者自身的运动,没有出现某一方被吞噬或替代的现象,我们就必须认识到,人们不可能再通过参与政治直接获得"实在"的权力,这正是"英格兰政体"的特别之处:顺着我们理解分权的思路,参与政治的人获得的只是在行政系统中的"职位",系统和位置自身的要求不会使个人能够不打折扣地实现

---

① 参见 Charles de Montesquieu, *The Spirit of the Laws*, p. 325;孟德斯鸠:《论法的精神》(上),第 320 页。
② 孟德斯鸠:《论法的精神》(上),第 164 页。

自己的权力目标。在成熟的行政系统中,个人获得职位是由于他能足够好地扮演系统运作中的一个环节,对一般被认为掌握巨大权力的执行权而言,情况也同样如此。如果个人想通过职位谋取更大的权力,或者说更直接、立刻地实现自己的目标,除非他能完全绕开既存的执行系统另建一套(一般而言,这种代价太大),否则他就要创造或加入派系。现代政党组织和运动能力的应运而生也可以从这个角度得到理解,这使它们成为在分权系统中个人占据更多资源的渠道。进一步地,所有成型的派系又都会让其成员多出一重"代表"的身份,并同样对成员产生制约作用,使他不能直接实现自己的意志,而是有必要支持和服从党派利益。因此党派对成员而言,同时意味着认同与疏离、成全与背叛,这使他有可能选择退出,或者加入、建立另一个党派。所以,在"英格兰政体"中,政治参与者具有或潜在地具有多重"代表"身份,而且所代表的力量来自不同的方向。[①] 也就是说,人们会争取比从职位中能获得的职权更多的权力,这让分权系统产生运动,但由于这些运动同样需要借助系统,所以也受到系统自身的约束。由此,这种分权

---

① 在这个意义上,阿尔都塞指出人们于孟德斯鸠处获得的只是"权势"(powers/puissances)而非"权力"(power/pouvoir),就颇有见地。"权势"可以用来强调作为代表的掌权者所拥有的象征性的、比较性的权力,它是借势而生的权力,需要组织和系统的授权,在竞争中发挥效力,在单独看来则掺杂着虚幻。但是,阿尔都塞由此认为,政治既然是互有牵扯,不能完全等分的派系之间的斗争和关系,那么国家也处于派系的控制和争夺之下,并非某种理性的、中立的权力系统,而是斗争的产物,并将在斗争的进行中运作下去。得出这个结论是由于,阿尔都塞将人的某种自然或社会需求作为派系或阶级形成的直接动力,并认为派系是这些需求的代表;而我们强调理解现代派系的出现离不开理性经营的权力系统,也正是这种系统将现代政党塑造出来,使其同古典派系、政党区别开来。孟德斯鸠的"英格兰政体"之中的分权制衡,之所以不同于罗马帝国的分权制衡,正意味着存在从与阿尔都塞不同的方向进行理解的可能,参见 Louis Althusser, *Politics and History: Montesquieu, Rousseau, Hegel and Marx*, pp. 90-103。

体系的运作在派系带有规范色彩的竞争、掌权、分裂、重组中体现出来,在这个过程中,参与政治的代表们也不再是"私人",而具有不同层次的公共人格;以此为基础,权力进一步得到中性化。① 在这个意义上,分权政府是个权力的分散与折射系统,介质是多种组织和制度及其赋予人的异质公共身份。这样一来,经由党派内部及党派间的纷争和制衡,派系政治与三权稳定存在并协调前进之间的关系,就可以得到理解。但同样不应该忽略的是,这种运动能够产生并得到维持,不只是分权系统能够决定的,还要依赖人在必然性层面的具体状况,可由孟德斯鸠对气候、地理、社会生活乃至商业活动的后续分析获得理解的入口,并得以确定它们针对的层面和发挥的作用。这里,自然不再是目的,社会也不是,但它们是某种自变量。如果人的各种激情还没有因自然条件或社会等因素被过分地消磨和扭曲,尚能够"广泛地得到释放",他们就拥有让分权系统运动起来的能力;反之,分权系统未必不会成为韦伯后来所说的"铁笼"。

至此,我们解释了以"分权"为形式,并能够在派系竞争和代表更迭中保持平衡的"英格兰政体",它是个多元政府,而不是个绝对主权的国家。这也让"英格兰政体"的性质能够得到进一步澄清,从而解开我们经常在阅读孟德斯鸠时会面对的问题:"英格兰政体"是否等同于现实中英格兰的政体?因为对于后者,孟德斯鸠的态度并非总是正面的,二者之间的关系在行文中模糊且常生龃龉。我们认为,在以执行为指向派定职位、维持政府的意义上,

---

① 参见 Pierre Manent, "Montesquieu and the Separation of Powers", in *An Intellectual History of Liberalism*, trans. by Rebecca Balinski, Princeton: Princeton University Press, 1996, pp. 53-64。

"三权分立"这个政治法的层面会使"英格兰政体"更具有理论上的普遍意义,而不仅指向英格兰这个有限地理范围中的政治现状,所以,这个层面上的"英格兰政体"可以与作为理想类型的"宽和政体"等同。另外,英格兰的气候、地理、风俗人情等均为适合这种政体形式的社会因素,它们是"英格兰政体"实现的必要但非充分条件,所以孟德斯鸠在民法部分描述的英格兰的政体与"英格兰政体"之间往往存在张力。最后还要专门强调的是,理论层面制造的"英格兰政体"有其历史背景,孟德斯鸠基于他对欧洲,特别是法国封建社会向现代国家过渡的经历的独特理解,设想了"英格兰政体"这种作为替代选项的政治形式。

四、"英格兰政体"的历史土壤

如果我们将"英格兰政体"的政治形式作为故事的结尾,它的开端则应该在《论法的精神》第六卷中寻找。需要澄清的是,此处的"英格兰政体"首先指理论层面上的分权政府,可以与"宽和政体"等同。在第六卷中,孟德斯鸠许诺讨论法的"变形"[1],并称"我知道,我在这里所谈的是一些崭新的东西"[2]。他考察了自日耳曼蛮族征服罗马之后,法兰克封建法逐渐在变化中形成的过程,这项法律史工作的新意也许在于,孟德斯鸠努力将法国君主制解释为一种"宽和政体"的形式并揭示其成因。而由于蛮族征服的

---

[1]　孟德斯鸠引用《变形记》:"我将谈谈形体的变化更新。"(《论法的精神》[下],第211页)

[2]　孟德斯鸠:《论法的精神》(下),第219页。

不仅仅是后来的法国,还包括英格兰在内的广阔西欧地区,所以这个地区的封建法都可以被看作罗马法、古代宪章与征服者法律融合后的结果。这一融合过程在孟德斯鸠笔下也正是封建法形成并塑造各个现代政体的过程,正如孟德斯鸠在此卷中说"这些法律曾经突然在整个欧洲出现"①;游历英国时也在给友人的信中提及:"我告诉他我所观察到的,英格兰的封建法和古代法,对我而言它们并非太难理解,因为如欧洲其他国家一样,欧洲所有法律都是哥特式的,它们都有相同的根源,相似的本质。"②所以,虽然第六卷看似专门讨论法国的法律变化史和政体形成史,实际上关涉的不限于英格兰或法兰西一国。

追溯法兰西的封建法史,是文艺复兴时期注释罗马法学派延伸至孟德斯鸠时的知识风潮,于法国催生了罗马法学派与日耳曼法学派的争论之后,已经明确涉及对法国政体性质的判断问题。我们可以首先通过孟德斯鸠与参与这一争论的法学家进行的对话,明确孟德斯鸠讨论法史的关切点和立场:孟德斯鸠同时反对两派关于法国封建法起源的解释。其中的一派以布兰威利埃(Boulainvilliers)为代表,此人支持封建法起源于日耳曼法,为了证实这个解释,他强调作为日耳曼人的法兰克人进入高卢地区时的征服者身份,这意味着君主的绝对权力和作为君主战斗同盟的贵族是法兰西宪制的基石,因此这一派法史解释的政治意图倾向于否定共和,维护有贵族特权的君主制。与此相对的是杜波(Dubos)爵士的解释,他要论证法兰克人并非征服者,而

---

① 孟德斯鸠:《论法的精神》(下),第303页。
② Paul O. Carrese, *The Cloaking of Power: Montesquieu, Blackstone, and the Rise of Judicial Activism*, p. 27.

是被罗马人邀请进入高卢的;这样,法国国王的权威就来自罗马皇帝的授权,且不存在应该受到绝对统治的被征服者。所以,这一派支持人民和君主的结合,反对贵族特权,会倾向于建立没有中间阶层的绝对主义国家。① 二者争论的现实焦点聚集在贵族是否具有特权的问题上,指向法国君主制的权限问题,事关选择保存封建传统与混合政体,还是推进绝对主义国家,因此也涉及法国未来的政治走向。而孟德斯鸠要做的是证明法国封建法是日耳曼法和罗马法"合成"的产物。这意味着,他没有接受单纯通过确定征服者或战胜方就判断谁掌握制定法律之权威的思路,很可能也会跳出君主、贵族、人民三者间关系这个熟悉的传统框架,不再通过考察其中谁的权利更原始、更正当来构建对法国宪制的认识。

在孟德斯鸠的叙事中,日耳曼法与罗马法的合成,首先被描述为一个征服者的属人法与被征服者的属地法结合的过程。用孟德斯鸠的话说,二者的合成"是以满足两个要一同居住在一个国家里的民族彼此间的需要的思想为根据的"②。因此,我们这里关心的,不是纯粹法律方面的融合结果,而是能让不同的民族共同、稳定地据有一片有政治秩序的土地。就征服者日耳曼人而言,他们在孟德斯鸠笔下特征明确:游牧,不附属于土地,不擅长农耕生活;在征服中建立同伴之间承认与合作的关系,与被征服者之间的主奴支配,构成他们可以不成文的"法";同伴或自由人之间没有赋

---

① 参见 Paul O. Carrese, *The Cloaking of Power: Montesquieu, Blackstone, and the Rise of Judicial Activism*, p. 101; Louis Althusser, *Politics and History: Montesquieu, Rousseau, Hegel and Marx*, Chapter 5。
② 孟德斯鸠:《论法的精神》(下),第309页。

税,也没有长期稳定地从被占领土地中收取的贡赋。因此,他们有办法在战斗中建立人与人之间的秩序,但没有可以稳定控制的土地,其"辖地在不断地扩大,又不断地缩小"①,这也让不同的战斗部落之间实际上无法形成持久的联合,"在它们混合了起来的时候,每一个个人是被按照本族的习惯和风俗裁判的。当这些部族分开的时候,它们全都是自由、独立的;当它们混合的时候,它们仍然是独立的"②。孟德斯鸠对蛮族形象的刻画其实并无太多新意,真正特别的是他对这些特征背后政治关系的理解。首先,孟德斯鸠强调日耳曼征服者彼此之间是一种同伴(peer)关系。在战斗部落之中,虽然存在一个可以被认为是君主的领袖,但孟德斯鸠不强调他与其扈从之间可以通过征服建立起稳定的人身支配与依附关系;相对地,在孟德斯鸠看来,扈从的荣誉来自使用武力保护君主进行征服时获得的尊严和力量,而非只源于君主授予的身份。这就是说,单就战斗部落而言,我们看不到它内部存在稳定的支配关系,也不能从这种关系中推出一个接受共同秩序的土地范围。君主及其扈从类似战争中各自拥有独立权利的合作者和竞争者,君主实际上可被替代,战斗部落的组织也较为松散。其次,孟德斯鸠在理解征服时,背后有一个国际法框架。正是这个框架,使孟德斯鸠对征服者和征服后果的理解相当特别。依据这个从自然法中推出并先于政治法的框架,征服者在战争中获得"权利",这种权利当然包括攫取战利品,但其目的指向人的保全,故还包括保存被征服者的生命使之共同生活的立法权。所以,孟德斯鸠说:"在战争时,一切都抢走,在和平时,一切都给予(指一切政治和民事权

① 孟德斯鸠:《论法的精神》(下),第306页。
② 孟德斯鸠:《论法的精神》(下),第214页。

利——引者注）；这就是当时的国际法。”①这意味着，权利——而不是强力较量获胜而得的权力——是征服者最终获得的东西，征服者对被征服者实施的权力虽然可以极端凶暴，但毕竟是暂时和不稳定的，且容易造成征服者之间的内战；而战胜者的立法权则可以被视为潜在能力得到确认的结果，成为征服者尤其是君主的最稳定和独特的战利品。综合这两点可以知道：日耳曼人是有统治权但无法依靠自身的政治组织执行统治的征服者；他们缺的不是立法权，而是执行权与执行机制，他们甚至可以掌握接近专制性质的立法权，但缺少一个政体所需的稳定权力结构和区域——动态的专制权力其实很难维持。而换个角度说，这也是拥有属人法的蛮族要与实施属地法的罗马人联合的动力。

关于罗马人法律的属地性质，实际上不能被认为在遭遇蛮族之前就具有。孟德斯鸠指出，就原初的罗马法而言，其属人的继承法用形式严格、文字明确的父系继承固定了家族财产，而且这种继承得到宪制肯定因而具有公法意义，使家产成为绑定人与土地的重要政治媒介，也使其成为拥有家产者建立绝对控制权和稳定控制范围的手段。所以，罗马法起到的作用是它会有效地将是否适用罗马法裁决的地区区别开，且容易在适用罗马法的地区中形成以大家长为首，在其控制之下各家族占据某片家产的局面。在蛮族的冲击之下，皇帝或教会对家族和地方的统一控制逐渐失效，让罗马法表现为分散的属地法，在属地的物权划分等民法领域发挥着有效的作用，也影响着当地的风俗人情。当蛮族入侵该属地时，罗马法则会成为蛮族法律有力的竞争者。所以，这首先使获得统

---

① 孟德斯鸠：《论法的精神》（下），第 312 页。

治权的野蛮人不可能普遍地推广一套自己的法律,比如用"一般性的法规,在各处建立起耕种的奴役制度"①,这正是孟德斯鸠反驳征服者单独构成封建法和君主制来源的理由。相反,蛮族进入原罗马领地之后,必须在政治支配能够维持的基础上争取融合两者。孟德斯鸠在《论法的精神》第三十章中也提到了一些例子,指出征服者和被征服者其实都会在属地上选择能够让自己利益最大化的法律系统,如果罗马法可以使征服者得到更多的特权,他们也不介意保留这种法律。但更重要的问题是,为何在属人法与属地法的结合过程中,没有形成完全由地方特殊性所决定的,各行其是的多个属地法律系统,而是仍存在一个共同的,甚至可以与地方分离的司法框架②——比如孟德斯鸠花大量笔墨讨论"决斗"怎样从野蛮民族自然的、远古的、特殊的习惯变成了一种普遍的司法裁决形式。这实际上很难被认为是西欧山河阻隔的自然条件、多样的社会风俗、各异的领地和民族所直接造就的结果,甚至恰恰与之相反。虽然孟德斯鸠的解读经常被引向这个多元主义和社会有机体决定论的方向,但《论法的精神》毕竟没有在此处结束。

正是在这里我们可以跟随孟德斯鸠,转入二十八章之后从政治法层面对封建制成因的分析,也就是在此处,我们会遭遇孟德斯鸠笔下的"立法者"。可以说,从古典政治哲学,尤其是柏拉图和亚里士多德笔下的"立法者"形象来理解孟德斯鸠的"立法者",多少有错位之嫌。本书认为,孟德斯鸠并非意在塑造一个有"智慧"或"明智"德性的立法者形象,而是借助立法者回到征服者叙事的线索中去。上文已经指出,在孟德斯鸠国际法的框架下,战胜者享

---

① 孟德斯鸠:《论法的精神》(下),第 307 页。
② 参见孟德斯鸠:《论法的精神》(下),第 253 页。

有立法的权利;而既然封建法的起源不能被视为某一个民族或国家单方面造就的产物,它就需要在政治体之间的联合与权力关系中得到理解,也就是说,它不能摆脱国际法的法权背景。我们也确实发现,《论法的精神》最后一章对于封建法起源的分析不知不觉地又回到"征服罗马帝国的民族"的叙事中来,而且还围绕着一顶有时会"看不见"的王冠。

恰如孟德斯鸠所说,法兰西封建法的起源是个"阴暗朦胧的迷宫"①,他需要抓住一条线索才能推进;而我们这里所做的,是明确这条线索之中的几个关键环节,它们分别是:采地的出现及其普遍化,采地的司法权及其腐败,宰相的设置与王权性质的变化。这三者之间当然有时间上从先到后的承继关系,但三者之间也存在重叠和交叉,实际上无法被完全割裂成为不同的历史阶段,这也是孟德斯鸠在三者之间反复逡巡的原因。首先,采地作为分封的一种象征,却并非蛮族原本就有的习惯,"在日耳曼人之间,是只有封臣而没有采地的"②。孟德斯鸠在此涉及的也是一个封建制起源的核心问题:封臣为什么能够持有地产?这个问题在孟德斯鸠的语境中颇有些微妙:我们在之前已经强调,孟德斯鸠突出日耳曼君主与扈从之间的"同伴"关系,这意味着,蛮族征服者内部是否能够形成稳定的封建臣属关系都可存疑,他们似乎存在于一个接近霍布斯自然状态里,围绕暂时性的强者所组成的集团。而且,孟德斯鸠确实承认封建关系的某些基本要素,比如荣誉观念支撑下封臣对封君的从属和依附关系,这种身份是封建契约关系的基础。但与某些能够以这种关系为基础发展出"家内"支配的关系相比,

① 孟德斯鸠:《论法的精神》(下),第303页。
② 孟德斯鸠:《论法的精神》(下),第303页。

孟德斯鸠愿意承认的封臣与封君的内在恭顺程度要弱很多。如此看来,采地似乎是确认或加强封建支配关系的一种手段,它通过财产关系稳固了支配关系:采地作为封君"恩赏"的一种战利品,这种"恩赏"的实质是赋予封臣由战争所得的属于君主和军队之财产的用益权,因这一财产原本属于"国库"的性质,故恩赏也可以被君主收回;封臣据此维护和经营武装与资源,在战争时将其用来帮助君主获胜,自己也从中获得某些好处。①　而结合战争的背景,君主扩大自身力量优势的需求即要"在许多野蛮君王中高人一筹"②,以及封臣希望通过采地获得身份和利益引发的竞争,连同最初一批封臣继续向下分封,则可以解释采地的普遍化。

　　应该注意的是,孟德斯鸠论述采地的出现及其普遍化,并非为了强调一种等级制的封建秩序在蛮族征服范围内的君主、封臣、农奴之间得到了普遍有序的确立。恰恰可能与此相反,他一再提及在建立的采地上没有针对罗马人的意图明确的奴役,同时凸显蛮族之间可以放在"国际法"框架中的争斗,是要表明,封建制的建立并非日耳曼人借助封建制对被征服者成功实现了建立一整个专制系统的权力;而是强调,原先在蛮族之间不可能形成的稳定秩序,借由采地这个"物"而不是"人",联合了罗马人和教会的法律,从而使秩序得到显现。在后面这一个过程中,征服者的权力得到了柔化与限制,同时也与潜在和不稳定的权能区分开来。这不得不让我们回忆起《论法的精神》中权力性质从第一次到第二次政体分类时发生的变化。不难承认,孟德斯鸠的封建史写作目的并非在于考证出一套"信史",若是我们把孟德斯鸠的第六卷从封建

① 参见孟德斯鸠:《论法的精神》(下),第325—326页。
② 孟德斯鸠:《论法的精神》(下),第313页。

史的框架中剥离出来,它也可以被视为对现代法国和西欧形成方式的讲述。孟德斯鸠偏重的是作为国家雏形的采地,它们不再是单纯的土地,而是能够从被视为征服者不受限制的权力,转变为规范性的立法权和财产权的象征——说到底,被占有物反过来限制了人,这也许出自征服者对现实权力的向往,或至少源于将其与潜在无限的权力区分开来的欲求;而采地之间的分裂、兼并,则代替战争以及国际法的框架,包含着处理这一片区域中政治单位间关系的规范性方式。

进一步,孟德斯鸠要为采地拥有的司法权辩护。在当代的封建史研究中,封土的封授是否连带着司法权的封授也是一个很有争议的问题。① 对这个问题的历史性回答当然涉及不同区域和时期的具体情况,比如金雀花王朝时的英格兰就倾向于将二者区分开。从政治角度看,这个问题事关封君权力的性质和封建制内部维持秩序的方式,我们也由此出发考察孟德斯鸠的答案。经由与作战指挥权连在一起的司法权,孟德斯鸠认为受一个人的军事管辖权支配,也就受其司法权支配;在这一点上,获得封君封授因而有采地内作战指挥权的封臣与拥有自由土地的公爵一样,都享有对封地的司法权。而封地司法权之所以成为争论的中心和孟德斯鸠的叙述重点,是由于它不仅是裁判案件的权利,还涉及我们今天看来是纯粹行政职能的方面,比如维持治安的职能,以及对某些财物征收赋税②,如"商货流通征税权、市场管理权、市场交易征税权

---

① 冈绍夫:《何为封建主义》,张绪山、卢兆瑜译,商务印书馆 2016 年版,第196 页。

② 参见孟德斯鸠:《论法的精神》(下),第 330 页。

等等"①。孟德斯鸠提及的蛮族征收和解金,以及日耳曼人要在司法中"保护犯罪人使不受被害人的侵害"等习惯,就可以看作对封地司法权范围涉及治安、税收等行政权的提示。② 把这样一种权利留给采地带来的变化是重要的。首先,它使孟德斯鸠能够主张司法权是"采地本身所固有的权利"③,继而不无激进地以采地而不是君主作为权利的所有者,推出司法权在采地上的世袭原则④,由此也为采地世袭奠定了基础。其次,采地的司法权还是一种"可获厚利的权利"⑤,不难想象,它附带的执行权会带给执行者更多的权力空间,也会在采地上形成脱离原先封建支配关系的权力关系。也就是说,可以承认执行者仍代表封君,权利归属于君主,但权力实际上更多在采地。所以,孟德斯鸠会接着叙述"采地的腐化"——采地由分封、继承,到可通过购买而获得,同时自由人也乐意选择一个名义上的效忠者,使自己的土地能够变作采地,从而获取在采地能够得到的好处。实际上,这是一个原有封建关系逐渐解体的过程。可是,孟德斯鸠不止一次地表现出他对"腐化"的积极态度,这一点也许使其失去了作为剑桥学派笔下"正面人物"的机会,他在此转而讨论君主由此收获的世袭统治以及建立政府的可能,而这些确实能够被视为采地腐化所带来的结果:君主是最大的采地领主,采地世袭的原则当然也对他有效,使其能够进一步摆脱教权,确立王朝统治;另外,争取获得采地的努力无论出于怎样的动机,毕竟让更多的土地成为确认君主权威和权利的采地;更重

---

①　冈绍夫:《何为封建主义》,第 196 页。
②　参见孟德斯鸠:《论法的精神》(下),第 336 页。
③　孟德斯鸠:《论法的精神》(下),第 339 页。
④　参见孟德斯鸠:《论法的精神》(下),第 339 页。
⑤　孟德斯鸠:《论法的精神》(下),第 339 页。

要的是,采地执行权的加强催生了对大小领主提供更多行政服务的需求,正如我们一再强调的,权力空间和权力关系要转化为持续的收益,离不开明确权限、分工趋于专业的行政系统。[①] 这里能够看到,孟德斯鸠感兴趣的不仅是封建关系的维护者和挑战者(或者说君主与贵族)到底谁在历史上取得了胜利,而且是二者博弈过程建立的秩序结果;所以他其实都没有把现代君主国的兴起从封建史的框架中划分出来,似乎在他眼中,现代宪制就来自封建君主。[②]

宰相成为一个公共官职,为孟德斯鸠讨论封建后期的宪制变革提供了关键的切口。他指出,宰相最初是"国王的宰相",负责管理"国王的家事",其性质无疑是私臣;后来在军事方面参与管理采地,仍然可以视为为封君服务,但手上也开始掌握一些独立的权力资源,比如用来恩赏的土地;最后随着采地性质的变化,宰相开始直接管理与采地有关的事务,包括税收、司法等,采地自身和管控采地所产生的行政需求使其成为一个要处理大量行政事务的首脑,也使它的性质从一个私臣变成了一个公共官职。这样,这个职位可以接受范围有限的选举或需要重要领主的同意,不再受君主意志的完全主宰,而成为沟通上下并要通过规范运行发挥效力的媒介。当然,宰相本身会因占有这个职位而握有巨大权力,如果他完全与君主脱钩,君主很可能难免面临被"羁留在王宫里,也就好像在一种监狱里一样"的命运,成为"一年一次给人民看看的展览品"。[③] 但孟德斯鸠又提到,法兰克人有源远流长的习惯,把宰

① 参见韦伯:《支配社会学》,康乐、简惠美译,广西师范大学出版社 2010 年版,第 220—221 页。

② 参见 Louis Althusser, *Politics and History: Montesquieu, Rousseau, Hegel and Marx*, p. 65.

③ 参见孟德斯鸠:《论法的精神》(下),第 368—369 页。

相的权力集中在国王自己身上,造成"王冠与相职的结合"①。孟德斯鸠在此没有转而论证绝对君主的产生或主权的出现,我们能从他笔下的查理曼看出,他对君主能够同时作为规范权力系统中的一个成员,因而兼具权威与权力的颂扬。② 所以,他笔下的君主虽然不是沟通圣俗因而具有两个身体的中保,但也象征着来源不同的权力的统一,在这个基础上逐渐呈现为一个公共体系的代表:首先,国王是一个战争中的获胜者和征服者,这使他能够指挥军队,权力趋近无限,并作为战利品的所有者和立法的最终权威;其次,他与采地结合,成为一个世袭君主,执掌宫廷和立法机构,但正如上文讨论采地时指出的,在这个层面国王要真正贯彻立法权,则其权力已经受限,趋向"宽和";最后,出于管理大量采地的需要,与相权结合的国王会借助选举和同意成为执行机构的象征,扮演的是一个公共裁决者与执行者的角色,这个层面上的财产属性和权利来源都并非一元,涉及地方、教会、自由人等多方力量,所以国王只代表一种中立的权力,同样成为履行规范性职责的工具,实际上是现代政府的首脑。是国王的最后一种身份才将各个采地联结起来,使它们能够被视为"一个"得到治理的政治区域;其实,我们也只能在采地上看到王权的完全面貌。③ 那么,就算我们忽略国王上述三个身份中可能包含着一种次第生成的历史顺序,尽管孟

① 参见孟德斯鸠:《论法的精神》(下),第384—385页。
② 参见孟德斯鸠:《论法的精神》(下),第388页。
③ 可参考和比较 Michael Sonenscher, "Montesquieu and the Idea of Monarchy", in *Before the Deluge: Public Debt, Inequality, and the Intellectual Origins of the French Revolution*, Princeton: Princeton University Press, 2007, pp. 135-146. 该文中作者对孟德斯鸠笔下既可以被视为绝对君主,又可以被视为混合政体中一部分的君主性质进行了出色的讨论,并认为政府是结合二者的媒介;此文与笔者的结论方向一致,但在分析君权不同层次的叠加和来源时存在差异。

德斯鸠实际上依赖这种隐含的历史发展进程,也应该注意到《论法的精神》正是终结于"采地"。孟德斯鸠在此书的结尾处强调,他在写的是关于"采地"的论文,并指出这是大多数研究者的起点。①实际上,恰恰通过"采地",孟德斯鸠能够将一般被认为是替代关系的两种政治运动结合起来:封建秩序的形成与变化、王权的扩展与增强。所以,孟德斯鸠笔下确实存在一种重要的倾向,即认为可以离开最初的征服者、后来的世袭君主,甚至是与相权结合了的国王,直接从一定范围中呈现出来的规范性权力系统来理解现代政体,也正是如此,他才能绕开王权派和贵族派,辟出了讨论法国君主制的新路径。我们也恰恰是在这样一种路径中讨论"英格兰政体"的,在那里,附着在君主身上的战争权与立法权,被放在一个以有效规范执行日常事务为中心的中立性权力系统中,得到了重新规定,合成为政府中的一些职能部门,与特定地域范围内的风土人情结合并运作。正如我们所说,这样一种政体的政治动力可以追溯到封建制的形成及其腐败,以征服者进入土地,去占有物而不是支配人为源头。②

---

① 参见孟德斯鸠:《论法的精神》(下),第 414 页。

② 可比较韦伯用家产制思路对一种封建制的理解,那是一个由君主不断去发展可以按家产性质支配的私臣,以扩展领地和控制原有封臣,进而在身份支配中逐渐形成官僚制并建立现代行政系统,最终向现代国家过渡的过程。孟德斯鸠在这里似乎给出了一个与韦伯结局相近,但过程相反的叙事,是一个通过"去家产制"从而得到现代官僚制结果的过程;但也可以说,二者是从相反的视角描述了一个高度相似的故事。参见韦伯:《支配社会学》;陈涛:《家产官僚制的永恒复归——以大革命前的法国绝对君主制为例》,《广东社会科学》,2019 年第 4 期。

五、"英格兰政体"的可能性

"英格兰政体"虽然是个理论层面的建构,但从与其相关的历史形态中我们可以认识到,它实际上可以被视为孟德斯鸠为政治体从传统向现代过渡寻找的一种可能。他感兴趣的是,这些政治体如何能够在确立现代政治秩序的同时,避免在秩序中造成一个于内难以设限,于外只能靠不断战争来解决政治体间关系的强权。这个问题在现代权力变得积极、无限,且能够被普遍平等的个体所共同拥有和想象的情况下,更显出迫切性和难度;而且,政治体原本无法抛弃的自然条件和历史传统,这时也近乎成为一种障碍,好像只有不断革命,才能越过它们的存在。面对这种情况,"英格兰政体"可以被理解为孟德斯鸠对欧陆(尤其是法国)几乎已经失去的一种可能性的弥补,其中,通过将封建制度的现代化理解为征服获得的绝对权力被不断扩大的行政需要变得规范的过程,现代政治体首先是一套为满足行政规范、专业和高效的需求而建立的人为分权制衡体系,它因此改变了绝对权力的运动方式,在这个框定权力作用路线的体制中,人们享有自由的"感受",中立或者说"宽和"地理解彼此多样的需求。

如果"英格兰政体"可以这样理解,那么我们也将随之获得一条考察现代政治秩序形成的线索,并在考察过程中,补充"英格兰政体"从历史形态的端点到政治形式的终点之间,可能经历了怎样的秩序建立与演变过程。与直接讨论主权的构成与民族国家的建立不同,我们要关注的是多个权力中心在联姻、继承、战争、结盟等遭遇中,如何"合并"成利用同一套规范性制度共同控制某个区域,进而形成的一个政治性联合。并且要检讨,形成这种联合的条件、方式和最终结果是否能够被视为一个融贯的秩序生成过程,还是存在着不同秩序框架的叠加与冲突;如果是后者,从权力谱系的角度描述这样一个过程又会为我们理解现代政治提供何种意义。这样看来,孟德斯鸠笔下"英格兰政体"提供的远非一个既定的答案,而是一个可供发现问题的参照系。比如,与"英格兰政体"的政治动力和形式都最为接近的 18 世纪的大不列颠确实通过君主继承之采地的联合而建立,建立后形成的威斯敏斯特议会也日渐成为一个协调和分配各方利益的枢纽,带动了整个不列颠专业行政系统,尤其是财政体系的建立。但是,这样一个大不列颠的法的精神,是孟德斯鸠所说的"分权"与"宽和"吗? 如果我们用孟德斯鸠的"英格兰政体"来理解不列颠,会对这个联合产生什么影响呢? 我们知道的是,孟德斯鸠在游历英国时曾加入博林布鲁克一方,与之共同反对时任首相沃波尔(Robert Walpole)对议会的专制。但孟德斯鸠与博林布鲁克最终分道扬镳,因为后者越来越倾向于认定神圣君主其统一的执行权才是维持英国宪制的关键。①另外,对于那些在其建国时刻直接求教于孟德斯鸠,且将"英格兰政体"作为政治目标的美国人来说,建立这种宪制的目标和道路也几乎是矛盾的:新宪法的支持者与反对者"一方在《论法的精神》中发现了一门关于制度变化的政治科学,另一方则在其中发现了一门关于连续性的社会学。一方认识到要创造一个新国家必须采取立法行为,另一方则认识到美国的南方和北方与其他

---

① 参见 Ursula Haskins Gonthier, *Montesquieu and England: Enlightened Exchanges 1689-1755*, pp. 59-65。

地方的南方和北方相距同样遥远因而不可能统一"①。这两方之间的分歧并非不重要,它指向两种对美利坚宪制的对立理解,甚至就可以被视为内战的根源。这可能会进一步地揭示出,看似最接近孟德斯鸠理想政体的国家,也是形成"英格兰政体"神话中最为关键的一环,在孟德斯鸠式的宪制表面下存在的互相冲突的政治逻辑。

还要指出的是,孟德斯鸠讨论"英格兰政体"动力与形式的方式,已经超出了国内政治的范围,孟德斯鸠清楚自己置身于一个广阔的空间与结构变化之中,这种变化使政治单位之间的关系也成为宪制构成的一部分,因此他有必要同时考虑内部和外部的政治秩序。我们有理由相信,正如拉赫(Paul Rahe)指出的那样,《罗马盛衰原因论》《思索欧洲普遍君主制》《论法的精神》中的"英格兰政体"可以被视为一条孟德斯鸠思考欧洲政治的完整线索。② 正如孟德斯鸠说的那样:"欧洲现在是多国组成的一个国家。法国和英国依赖波兰和俄国的财富,就像一个领地依赖其他的一样;任何通过打击其邻居谋求扩增权力的国家都自然会变弱。"③以此为背景观察"英格兰政体",可以发现孟德斯鸠能为我们提供一些理解欧洲乃至世界政治的新思路。在上文解释"分权"和"英格兰政体"形式的基础上,我们希望把孟德斯鸠的欧洲政治图景与"均势"结构区分开。表面上,"用权力制衡权力"似乎阐明了"均势"

①　斯克拉:《孟德斯鸠》,李连江译,中国政法大学出版社 2018 年版,第 175 页。

②　参见拉赫:《帝国:古代与现代》,戴鹏飞译,载林国基、王恒编:《古代与现代的争执》,上海人民出版社 2009 年版。

③　参见 Ursula Haskins Gonthier, *Montesquieu and England: Enlightened Exchanges 1689-1755*, p. 91.

的基本逻辑,但孟德斯鸠并不会认同"权力"主体是直接参与世界政治的单位。相反,无论是指向现代的"英格兰政体",还是遍布欧洲的传统采地,在孟德斯鸠笔下都能够呈现为一套绝对权力受到规范的制度。因此,这种政治体之间的关系不能被等同于独立主权国家,以"国家理由"定义对外战略目标,经由长期多次博弈选择和变换强弱组合,最终以数个稳定强权国家为牵制方所形成的"均势"外交关系。以独立主权国家为单位构成的权力政治图景,无论是否能够建立均势关系,对孟德斯鸠而言可能都是陈旧的,它与支配罗马扩张和刺激法国追求普遍君主制的权力逻辑并无二致。相对地,孟德斯鸠的世界图景可能会突破国际关系和权力政治的框架,指向借助利益、共同规范和行政体系合成起来的各类联盟。但同时应该注意的是,"英格兰政体"也并不仅仅是一套普遍的、抽象的、可随意扩展和复制的制度——就像我们必须在"英格兰政体"的历史形态中认识到的那样,"英格兰政体"虽然"不在"欧洲大陆,但有赖于欧洲大陆在历史中形成的特定土地性质,以及捆绑在这片土地上的权力关系。孟德斯鸠的"英格兰政体"仍要以控制某些有实质共性的土地为前提,这种控制或者呈现为牢固地占有,或者可以促成生活在它之上不同人之间法的融合,并对之有权加以执行和裁夺。所以,它似乎不是一个可以任意扩展且完全摆脱了土地约束的制度架构,而且不是纯粹的海洋帝国。① 那么,这是孟德斯鸠之后具有联合特征的国际联盟不可剥离的特质吗?实际上,纯粹讨论"英格兰政体"的政治形式,是可

---

① 比较施米特在《大地的法》中对"法"的"大地"属性,以及对英国在欧洲大地法中特殊位置的论述,参见施米特:《大地的法:欧洲公法的国际法中的大地法》,刘毅、张成果译,上海人民出版社2017年版。

能与其历史土壤分离的,如果是这样,它是否能成为一个不受空间约束的普遍联盟？类似问题会让笔下透露出诸多新可能性的孟德斯鸠更值得被思考:如果聚焦"英格兰政体",我们的思考则不能回避,以合并而成的国家——或者说"联合"——为着眼点,在其同时构建内外秩序的过程中,如何来理解现代宪制,乃至世界秩序。

第一章 1707年英格兰与苏格兰联合中的不列颠政治秩序

一、1707年联合问题的隐与显

1707年,苏格兰和英格兰派代表组成联合委员会,制定并由双方议会分别通过了《联合法案》,确认双方实现"永久联合"①。该法案规定了英格兰与苏格兰作为一个整体,在境内统一于一个议会和政府之下,承担平等的政治义务(如税收和国债),使用同样的货币和计量单位,共享一个自由贸易区域。可以说,这些具有法律性质的规定,给出了现代英国作为"大不列颠合众国"(the Union of Great Britain)的基本框架。而且,1707年英格兰与苏格兰的联合巩固了之前光荣革命、《权利法案》和《排除法案》的成果,以新教汉诺威王室在威斯敏斯特议会作为英格兰和苏格兰共同且唯一的主权者,较为彻底地解除了不列颠的内战危机。在这个意义上,联合至少应该算作底定不列颠现代国家形态的重要时刻

---

① "Articles of Union", I., https://www. parliament. uk/globalassets/documents/heritage/articlesofunion.pdf.

之一。

　　然而奇怪的是,从1707年到20世纪前的近两个世纪之中,对1707年联合的形式、性质和意义的讨论因诸多理由而隐没。在这些理由中,认为这场联合只是某些既不太高明也不高尚的政治家"迫于情势和策略匆匆制作而成"[1]的观点产生了长期影响;而且,当历史研究聚焦这场联合时,种种政治贿赂与权力交易就越来越多地暴露出来,这些不甚光彩且被认为缺乏普遍意义的戏码进一步否定了联合的研究意义,尤其折损了从思想角度理解联合性质的价值[2]。此外,对英国历史的辉格派解释以及现代对这种解释的解构也在削弱联合的研究意义中扮演了角色,1707年英格兰居高临下、有恃无恐的姿态与苏格兰无法掩盖的屈从和弱势不难被纳入自由宪政吸纳封建制度,经济发达的海洋商贸帝国吞并落后农业王国的叙事框架之中。因此,既然苏格兰是故事里一个被动

---

　　[1]　John Robertson ed., *A Union for Empire: Political Thought and the Union of 1707*, Cambridge: Cambridge University Press, 1995, p. xiii.

　　[2]　首先对联合进行详细历史记录和研究的是笛福(Daniel Defoe),他在1707年就出版了《自安妮女王统治起至英格兰与苏格兰联合的英国史》(*The History of England from the Beginning of the Reign of Queen Anne, to the Conclusion of the Glorious Treaty of Union between England and Scotland*),并在1709年专门写作了《大不列颠联合史》(*The History of the Union of Great Britain*)一书。然而,这些作品的学术价值因为笛福本人是英格兰在联合过程中派驻苏格兰的间谍而遭到很大折损。在20世纪之前对联合所做的历史研究之中,较著名的有James Mackinnon, *The Union of England and Scotland: A Study of International History*, London: Longmans, Green, Co., 1896,也偏重于所谓的"上层政治"。这种性质的历史研究在20世纪之后实际上也具有相当的影响力,比如两本被认为相当重要的作品:William Ferguson, *Scotland's Relations with England: A Survey to 1707*, The Saltire Society, 1977; P. W. J. Riley, *The Union of England and Scotland: A Study in Anglo-Scottish Politics of the Eighteenth Century*, Totowa, N.J.: Rowman and Littlefield, 1978。它们都专注于解释当时高层政治家之间的关系及派别,认为"政府如何运行,大臣如何组合"决定了1707年的联合,给出的是关于1707年联合的政治史解释,而非这里的政治哲学解读。

而边缘的配角,与它的联合也只不过是有自身成长逻辑的英格兰自然扩张至周边地区的一种官方说辞。在这个叙事框架下,联合的意义更适合用苏格兰于联合后的文明与发展来衡量:辉格史乐于承认,苏格兰在18世纪已变得更适合和接近英格兰,会为即将到来的维多利亚时代锦上添花①。

与前两种隐没的原因性质不同,联合问题还藏在18世纪一些苏格兰思想家(比如休谟等人)的笔下,并构成了其著作中引人入胜的微妙之处。在《英国史》中,休谟力证苏格兰在1707年之前的所有时期里都是独立且自由的②;于论文和通信里也不掩盖其对英格兰"野蛮与粗鲁"地获取土地与金钱的厌恶③,以至于戴雪

---

① 参见 Allan I. Macinnes, *Union and Empire: The Making of the United Kingdom in 1707*, Cambridge: Cambridge University Press, 2007, pp. 12-50。辉格叙事不仅体现在对联合意义的理解上,也体现在对苏格兰在联合前后经济、文化和社会发展进行对比的历史研究之中,参见 T. M. Devine, *The Transformation of Scotland: The Economy since 1700*, Edinburgh: Edinburgh University Press, 2005, Chapter 1; Roy Porter, Mikulas Teich, *The Scottish Enlightenment in the Enlightenment in National Context*, Cambridge: Cambridge University Press, 1981。此外,18世纪中期,苏格兰最后一次詹姆斯党人叛乱被粉碎,配合苏格兰启蒙运动为英国做出的思想文化贡献以及法国大革命在欧洲制造的乱局,一般认为18世纪晚期英格兰与苏格兰已经完成认同上的联合,19世纪英帝国的强盛中有苏格兰现代化和文明化发挥的作用,参见科利:《英国人:国家的形成,1707—1837年》,周玉鹏、刘耀辉译,商务印书馆2017年版,第26页。

② 参见 Colin Kidd, *Union and Unionisms: Political Thought in Scotland, 1500-2000*, Cambridge: Cambridge University Press, 2008, p. 98。

③ 在《谈政治可以析解为科学》一文中休谟谈道:"开明君主制对殖民地的统治比所谓的'自由政府'的统治更接近法治","自由政府"显然是指英格兰代表的议会制度,参见休谟:《休谟政治论文选》,张若衡译,商务印书馆2010年版,第8—10页。休谟也指出,苏格兰作为穷国与英格兰作为富国在同一个贸易机制中关系一定是不平等的,且对认为穷国会在富国的商贸链条下与富国一起实现普遍富裕的图景持否定与怀疑态度,并提醒富国自身"暴死"的危险,参见洪特:《贸易的猜忌:历史视角下的国际竞争与民族国家》,霍伟岸等译,译林出版社2016年版,第208—254页。休谟对英格兰的这些否定面向使得波考克将休谟的立场放(转下页)

（A. V. Dicey）略带指责地认为休谟"讨厌英格兰,更喜欢法国"①。可是,休谟从来也没有为争取苏格兰的"自由"走到否定联合的地步②。无论休谟对联合的态度有多少流露在字里行间的踟蹰,他曾明确关注的"现状"——法国追求"统一君主制"给英国造成的安全威胁以及世界性商贸社会的兴起——似乎都在提醒他不能忽略这个联合对苏格兰人以及英国人的意义。实际上,休谟的犹豫正反映出如何判定这一联合性质的困难:这个联合的连续性与共同性少于同一民族、同一信仰人民构成的国家,却多于帝国内中央政治单位与边陲或殖民地(如英格兰与北美殖民地,甚至包括英格兰与爱尔兰)之间的关系。从前一方面看来,它不能成为由共同的公民生活构成"人民主权"所标示的"国家"的政治范围;但从后一方面看来,它又支撑和承受着同一个强大的支配性力量和规范性政府。

所以,当我们集中关注 1707 年联合的形式,并将其与其他政治体间的关系进行对比时,英格兰与苏格兰的联合问题将难以掩盖地凸显出来。在早期现代的欧洲,常见的首先是单一王朝所统治的复合君主国(multiple monarchy),即同一个国王由于继承和姻

（接上页）置在与现代商业帝国对立的古代共和主义传统之中(参见波考克:《德行、商业和历史:18 世纪政治思想与历史论辑》,冯克利译,生活·读书·新知三联书店 2012 年版,第 120 页;J. G. A. Pocock, *The Discovery of Islands: Essays in British History*, Cambridge: Cambridge University Press, 2005, p. 37),但笔者对波考克给休谟的这一定位持保留态度,休谟对联合以及商业帝国的态度都很难只用共和主义式的否定来理解。

①　戴雪、雷特:《思索英格兰与苏格兰的联合》,戴鹏飞译,上海三联书店 2016 年版,第 265 页。

②　基德将休谟视为"联合主义者",关键的理由之一是其支持国教安立甘宗而不是苏格兰的长老派,参见 Colin Kidd, *Union and Unionisms: Political Thought in Scotland, 1500-2000*, p. 7。

亲等关系成为多个地区的君主。但这些地区在治理方式和立法权限上都不统一,故它们虽然形成一个"体系",可君主却很难被认为是主权者,该复合政治体也不是"一个"国家,如神圣罗马帝国,以及 1603 年之后同时作为苏格兰与英格兰国王的詹姆斯一世所统治的范围。其次是邦联(confederation),它由多个具有主权的国家组成,在某些事情上会接受一致的法律和执行方式,但背叛自己国家转投邦联仍可被处以叛国罪,如联合省。与这些不具有主权的政治体系相对,还有试图在君主管辖的不同地区建立起同一个主权治下的统一君主制(universal monarchy)国家,这也可以理解为一个主权国家在君主支配下的对外扩张,它谋求彻底吞并外部地区,并代之以同一个主权权威与国家机器,如路易十四的法国;而且,统一君主制国家试图达到统一为"一个身体"或者说一个有机体的目的①,即不同地区作为不可缺少的部分组成一个有完整功能和形式的整体,每个部分都不是一个有独立性的单位,也不能脱离整体而存在。②

　　可以看到,1707 年联合造成的后果与上述三种政治体内部形

---

　　① 关于统一君主国的身体性联合,参见詹姆斯一世对苏格兰与英格兰关系的表达:"上帝既已联合的,任何人都不允许将其分开。如果我是丈夫,这整个岛屿就是我的合法妻子;我是脑袋,这整个岛屿就是我的身体;我是牧者,这整个岛屿就是我的羊群",转引自戴雪、雷特:《思索英格兰与苏格兰的联合》,第 105 页;霍布斯在《利维坦》第 22 章亦有针对政治性"体系"(systems)的表达,他认为,"在一种利益或事业中联合起来的任何数目的人",就像是"组成'自然身体'的部分,或者说肌肉",参见 Thomas Hobbes, *Leviathan*, ed. by Michael Oakeshott, Oxford: Basil Blackwell, 1946, p. 146;J. G. A. Pocock, *The Discovery of Islands: Essays in British History*, pp. 52-53。

　　② 关于三种政治体之间关系的分类,参见 James Moore and Michael Siverthorne, "Protestant Theologies, Limited Sovereignties: Natural Law and Conditions of Union in the German Empire, the Netherlands and Great Britain", in John Robertson ed., *A Union for Empire: Political Thought and the Union of 1707*, pp. 171-197,其中借鉴了莱布尼茨和普芬道夫对不同政治体之间关系的说法。

成的关系都不同:英格兰和苏格兰作为有独立性的政治单位,在没有外来兼并与征服的情况下,通过议会联合,统一于一个国王和议会之下;与之后采取联邦制的美国亦不同,不列颠不再保留苏格兰和英格兰各自的议会,但保留各自的宗教信仰、地方组织形态、教育体制等差异甚大的自治方式。那么其一,这种独特的联合方式如何可能,其基础是什么?其二,这一联合方式参与塑造的大不列颠是什么样的"国家",它是否为我们一般称之为"国家"的政治单位增添了某些特殊性?其三,大不列颠的国家形态在由不同政治体组成的世界之中居于何种地位,1707年联合以及这一联合在历史和解释中的变化是否影响了以大不列颠为视角的世界图景?

如果说联合在形式上的独特之处及由此延伸出来的问题仍只能吸引少数学者的话,从20世纪初直至今天,联合的性质已经紧密地与我们眼前的热门政治现象及其所造成的现实影响产生关联。"一战"前后,要求苏格兰离开联合的声音已经开始在英国出现。经过近一个世纪的酝酿,1997年苏格兰通过公投重建了自己的议会,单独决定自己的税收。这实际上已经更改了1707年联合规定的不列颠国家形态,使苏格兰在"半联邦"的体制中获得了作为一个"邦"(state)的地位。然而,苏格兰的脚步还没有停止,2013年之后苏格兰开始进行独立公投,如果公投成功,苏格兰将成为一个独立的主权国家。这一诉求导致,只要现今英国政局出现与主权相关的任何重要变动,比如脱欧,一定会引起苏格兰寻求自身定位的连锁反应。并且,苏格兰的做法还会关联诸如爱尔兰、威尔士等地的独立运动,这些地区或是已经脱离不列颠,或是会对不列颠产生更严重的分裂挑战。

因此,理解当下情势和给出应对策略的迫切需求催生了目前

针对联合与苏格兰问题的大量研究。本章的工作并非要梳理这些
最新研究成果，而是试图回到 1707 年联合问题，以及这个问题"由
隐入显"的 20 世纪之初，通过分析在 20 世纪里解释联合的三种代
表性框架，呈现于内、于外看待这一联合方式的视角，这种视角上
的变化实际上也是不列颠及其联合方式所折射的世界秩序变化，
揭示了不列颠这种联合需要的条件及这种联合在 20 世纪所遭遇
的挑战和解构。需要强调，本章所选择的不同解释框架没有建立
在通过各自的还原方式得到不同"史实"的基础之上，即使是提供
了"新英国史"框架的波考克也与前两种解释共享着一条有关
1707 年联合的基本历史脉络[①]；同时，三种解释框架都与其所在的

---

　① 这条历史脉络可以粗略地描述如下：在 17 世纪詹姆斯一世实现苏格兰与
英格兰的"共主"之前，苏格兰从未被英格兰彻底征服过，这是使之在联合性质上
与爱尔兰等地产生区分的重要前提；詹姆斯一世统治时期，苏格兰开始向美洲殖
民，并与英格兰人一起建立乌尔斯特（Ulster，北爱尔兰前身）殖民地，苏格兰对殖民
与贸易利益的渴求及苏格兰与英格兰的合作经历，对形成联合有特殊意义；苏格兰
在詹姆斯一世和查理一世统治时期，都保持着本国新教改革后长老会的宗教信仰
和教会管理形式，查理一世试图以安立甘国教代替苏格兰长老会信仰的做法，促使
苏格兰与英格兰共同反抗查理一世，英国内战随之爆发，战争结束后，苏格兰保持
宗教独立亦成为其同意联合的底线；而克伦威尔在苏格兰的统治，从未得到苏格兰
议会和其他有事实权利机构的认可，因此仍然可被称为"征服"；光荣革命后，苏格
兰"废黜"詹姆斯二世（不是"逊位"），进入"无君议会"统治时期，詹姆斯党人觊觎
王位并联合法国渗透苏格兰，使英格兰难以摆脱战争阴影；1695 年，因为英格兰中
途撤出，苏格兰在南美达里安（Darien）的殖民投资遭遇重大失败，加之天灾，18 世
纪初苏格兰的经济面临崩溃，这既使苏格兰无法再接受与英格兰共同服从威廉三
世的统治，又使苏格兰有必要考虑与英格兰以某种方式联合，以获得国内经济、国
际贸易的帮助和殖民地的保护，参见 Gordon Donaldson, *Scotland's History: Approaches
and Reflections*, ed. by James Kirk, Edinburgh: Scottish Academic Press, 1995, Chapter 1；
David Armitage, "The Scottish Vision of Empire: Intellectual Origins of the Darien Verture",
in John Robertson ed., *A Union for Empire: Political Thought and the Union of 1707*, pp.
97-120；David Armitage, *The Ideological Origin of British Empire*, Cambridge: Cambridge Uni-
versity Press, 2004, Chapter 2-4；David Armitage, "Making the Empire British: Scotland in
the Atlantic World 1542-1707", *Past & Present*, No. 155, 1997, pp. 34-63；Michael Lynch,
The Oxford Companion to Scottish History, Oxford: Oxford University Press, 2005；（转下页）

语境关系密切,但笔者除了会在后文澄清不同解释所面对的时空条件之外,仍然强调,解释的变化不仅仅是不同时空条件加在无本质之行为上所产生的结果。本章试图揭示,三种对联合的理解包含着对现代政治秩序基础的不同认知,并因此暗含了有差异的国家形态和世界政治图景;在这些大框架内部,仍然充满着对政治最应该满足人性的何种需求,如何安排这种需求,以及怎样为人性其他部分留出空间的争执。

二、戴雪对联合的确认:
议会联合带来的宪法意义和帝国形态

在戴雪之前,少有理论家明确从宪法高度理解联合[①],所以可以说,戴雪是联合问题的研究意义由隐入显的关键。1920 年,法学家戴雪与历史学家雷特(R. S. Rait)合作出版《思索英格兰与苏格兰的联合》(下文简称《联合》),无论是就写作面对的语境还是

(接上页)戴鹏飞:《论议会主权与英格兰—苏格兰的议会联合》,上海交通大学博士学位论文,2015 年;李丽颖:《英格兰与苏格兰合并的历史渊源》,《史学集刊》,2011 年第 2 期。

① 在戴雪之前讨论英国宪法并产生重要影响的人物有布莱克斯通和白芝浩,在前者笔下,联合虽然包括在宪法对英帝国统治范围进行规定的内容之中,但只是两个王国之间发生了的“政治事实”,如果“双方彼此达成协议,或一方意识到另一方对自己作为独立且分离国家时所接受之‘根本且重要’的联合条件进行了冒犯,并成功地进行了抵抗,联合也可以结束”(William Blackstone, *Commentaries on the Laws of England*, 1765-1769, “Introduction”, Section 4.23)。后者虽然否定了英国主权在立法、司法、行政之间的“制衡说”,对戴雪“王在议会”的宪法理论产生了关键性的影响,但白芝浩也因此认为只有白金汉宫和威斯敏斯特议会是真正重要的,苏格兰和爱尔兰都不在其讨论范围内,参见 Walter Bagehot, *The English Constitution*, ed. by R. H. S. Crossman, London: C. A. Watts, 1964, p. 219。

对关键问题的判断,该书都可以与戴雪在 1885 年初次问世并不断
修订再版的名著《英宪精义》放在同一个层面看待。

19 世纪末到 20 世纪初,遭受冲击的不仅有东方世界中的古老
帝国,英帝国早年的成功可以说延迟了其遭受民族国家冲击的时
间,但无法为其避免帝国从 20 世纪至今亦需面对的主权困境。摆
在戴雪眼前的一方面是帝国内部爱尔兰、新西兰、南非相继提出的
自治要求,另一方面是帝国外部德意志和美国的强盛。德国和美
国有两个与不列颠形成鲜明对比的标签:联邦制,以及相对有限或
方式变换的海外殖民地追求。① 如此,民族解放运动、殖民地自治
诉求与国际竞争的需要一起向英帝国提出问题:不列颠的统治范
围在哪里,以什么方式进行统治,这种统治方式为何具有权威? 戴
雪是针对这些问题去论述 1707 年联合的,因此他说 1920 年的这
本书"并非历史著作,它毋宁是对一次伟大的立法或政治变革的本
质及其产生的影响的评论"②。

1707 年之前,英国虽然通过光荣革命和《排除法案》确定了
"王在议会"的统治方式,但这种方式由于统治范围的模糊而显得
非常脆弱:苏格兰是否属于不列颠的统治范围? 实际上,英格兰与
苏格兰的边界在历史上从来都是模糊的,詹姆斯一世之后虽然施
行了开放边界的政策,但苏格兰并未承认英格兰的统治方式。同
时,1688 年之后苏格兰在理论上已经与英格兰成为两个国家,苏
格兰因为詹姆斯党人的流亡和法国的渗透非常可能成为英格兰的
敌人,使后者重回战争状态,失去光荣革命确立的统治方式。无

---

① 参见戴雪:《英宪精义》,雷宾南译,中国法制出版社 2001 年版,"导论",第
62—70 页。

② 戴雪、雷特:《思索英格兰与苏格兰的联合》,第 11—12 页。

疑,与苏格兰的联合首先有助于解决英格兰的边界和安全问题,但紧接着,联合方式又对英格兰已经确立的宪制形态提出了新的挑战,这些新挑战在戴雪所处的语境中则更为要紧:如果英格兰说不出控制苏格兰的道理,则难免退回到强者对弱者的征服与临时占有的逻辑,这意味着英格兰确实难免在戴雪所处时代遭遇如下指责:它虽然对内实施自由宪政,但对外进行征服扩张,对外的征服扩张因而既缺乏合法性,也没有足够的持续控制力,故应该被放弃。如此,时代潮流可能会异常迅速而准确地冲击理论家们来不及填补的缺口,将英帝国打回到"一个小岛的一部分"的民族国家位置上,使其在极度不利的地缘政治处境中参与国际丛林的角逐。而戴雪在《英宪精义》和《联合》中合起来要做的,就是否定联合与单纯的军事征服、临时占有之间的相似关系,强调英格兰和苏格兰因为接受、确认一个共同权力,享有同样的统治方式,从而构成了一个整体性的统治范围——这个范围便是英帝国的内部,同一个国王、议会和法律将不同地区合并在一起,将不列颠与其他国家和地区区分开来,也与单一民族构成的、内部完全均质的民族"国家"区分开来。

从这个角度理解戴雪在《联合》中的思路,会发现他在历史及历史解释之间所进行的小心选择与平衡。对于将"王冠联合"(Union of Crown)理解为一个具体的绝对君主在更大的属己范围中施行的个人性支配,戴雪选择借助1707年前已经能够看到的消极结果对其进行否定。在17世纪苏格兰与英格兰的共主时期中,困境总是一个国王以不同的方式与两个身体结合,因此当国王成功地扮演了一个身体中的头时,对另一个身体的支配就沦为失败。先成为苏格兰国王的詹姆斯一世非常困惑,为什么英格兰的"身体"(包括议会、教会、法庭、人民等)不仅可以自己发出声音,还能够指责"头"脱离了它。而当詹姆斯二世习惯以国王的身份在英格兰统治教会时,他试图调整苏格兰教会的行为竟会被视为对苏格兰身体的背叛。[1] 戴雪没有诉诸君主联合,也不将联合的希望寄予一个更为精明、审慎,或是更为强势、果决的君主。相反,君主的特征越突出、个性越强,造成的麻烦可能就越大;联合需要的是比"一个国王"更多也更具有规范性的条件。

解释这个抽象的共同性和规范性如何实现,在什么范围内起作用,可以说既是戴雪解释联合的关键和独特之处,又是判断联合性质本身的要害所在,问题集中在怎样看待两边的议会尤其是苏格兰的议会这一点上。1707 年,苏格兰议会是苏格兰名义上的最高权力机构,如果英格兰承认苏格兰议会具有完全的主权,自然也不会否认自己具有完全主权,联合就将是两个主权国家的决定。这样,困难立刻变得很明显:两个最高的权力机构如何能够创生出一个比自己更高的权力机构? 也就是说,这一思路会威胁到联合之后不列颠和威斯敏斯特议会所具有的主权绝对性,这恰恰是戴雪最不能容忍的,也不符合联合前后的历史状况。相反,如果英格兰认为苏格兰议会完全没有权力和法律地位,联合就是英格兰国家体制的扩展。这样一来,一方面,联合很难摆脱"克伦威尔道路"的重演:克伦威尔在没有苏格兰代表的情况下制定并审读了英格兰与苏格兰的《联合法案》[2],其行为苏格兰人也看得很清楚,护国公维持苏格兰秩序的方式建立在征服基础上,这使苏格兰从未

---

[1]　参见戴雪、雷特:《思索英格兰与苏格兰的联合》,第 144 页。

[2]　戴雪、雷特:《思索英格兰与苏格兰的联合》,第 63—68 页。

安心作为不列颠的一个省待在克伦威尔的强力之下;而戴雪明确指出,"1707年的政治家们没有再犯这种错误"①。另一方面,联合也难以从道理上避免这样的质疑:由一个完全不具有合法性的机构逐条审议通过的《联合法案》在多大程度上是有效的? 这会在理论上错过申明联合意义的机会。

正反两种极端情形之间是戴雪为自己的解释留下的地盘。他指出,在光荣革命之前,苏格兰议会可以说不具有主权,其标志是存在一个由国王控制的议会委员会,议会只能接受或拒绝国王和委员会的决议,无权进行修改和讨论,也不能征税②;委员会作为国王的"私臣",不仅架空了议会的独立立法权,还掌握可观的执行权。光荣革命之后,国王支配私臣的权力减弱,"事实上为苏格兰带来了一种新的政治体制。在这一体制中,苏格兰议会和苏格兰国教的长老会大会各自是重要的组成部分;它们各自在不同领域、不同程度地实施政府管理权甚至立法权"③。可以说,这个时期苏格兰的执行权和立法权是混合地掌握在分离的政治力量手中,教会、地方和家族手中的执行权更多,更依赖传统法律;议会则更倾向于利用新的阶级和方式表达新的立法意见,并试图由此发展出自己的执行机制。在这种情况下,参照戴雪刻画的历史情景,我们可以进一步明确苏格兰议会所处的权力结构及以其为中介建立联合的原因:一方面,它争取到某种接近立法权性质的权力空间,能够在国王和教会面前表达自己的要求,甚至使它们向自己妥协——它的权力性质与其地位的变化同内战和革命期间苏格兰政

---

① 戴雪、雷特:《思索英格兰与苏格兰的联合》,第203页。
② 戴雪、雷特:《思索英格兰与苏格兰的联合》,第24页。
③ 戴雪、雷特:《思索英格兰与苏格兰的联合》,第62—63页。

治、社会的"现代化"有关,所以它实际上有一部分游离于苏格兰传统社会之外,更容易与更为"现代化"的英格兰结合;但另一方面,苏格兰议会仍然不是公民整体——甚至不是一部分固定阶层——的政治意志表达机构,毋宁说,它介于为政治力量提供角逐的舞台与表达某种特定利益诉求的机构之间,没有任何力量能在苏格兰议会中形成一种多数或承认一个共同权威。苏格兰议会不仅不足以代表苏格兰整体,从多个政治权力中超拔出来成为主权性的政治权力①,它还很难渗透到控制苏格兰传统社会并掌握大量执行权的政治势力之中。

　　这就是"议会联合"作为1707年联合之关键发挥作用的时刻。联合前苏格兰议会与英格兰议会只是名义上的平等和性质上的相似,实际上前者远非具有主权特征的威斯敏斯特议会,但英格兰的多数人恰恰愿在路易十四已经开始西班牙继承战争的时候将苏格兰问题解决,以保障国家安全。② 因此,联合的开启被戴雪视为"由英格兰议会向苏格兰议会提出的联合契约的确定邀约",这个邀约生成了制定《联合法案》的委员会,其中英格兰议会与委员之间的关系是"授权与代表"关系,苏格兰议会与委员之间是"建议与希望"关系③。这种差异也体现了两个机构性质的不同,后者没有建立议会、代表与民众之间稳定的法权关系。《联合法案》可以

---

　　① 以1707年联合之前的最后一届苏格兰议会为例,这届议会中的主要政治派别是廷臣派(支持联合)、乡村派(反对联合,主张苏格兰民族主义)、骑墙派(从乡村派脱离出来的一小部分人)以及詹姆斯党人(主张复辟),如果乡村派和詹姆斯党人结合,将形成议会多数,联合的进程就无法开启,然而这种情况并没有发生,参见戴雪、雷特:《思索英格兰与苏格兰的联合》,第68页。
　　② 戴雪、雷特:《思索英格兰与苏格兰的联合》,第134页。
　　③ 戴雪、雷特:《思索英格兰与苏格兰的联合》,第170页。

被视为双方委员达成的一个契约①,但这个契约性质特殊,因为《联合法案》创生出一个新议会,将比原来两个议会做更多的事,而且替代了原先的两个议会②。因此戴雪对联合委员会的评价极高,认为其可以"媲美美国制宪会议"③——不难看到,这种联合实际上是英格兰以其已经具有的主权为合并的基础和标准,通过苏格兰议会这个名义上的主权机构,将主权加诸苏格兰之上。这样,苏格兰议会成员及其背后的政治力量、所扎根的政治区域就成为不列颠可以支配和统治的范畴。在联合之后,他们或成为不列颠国王、权臣、党派争取的关键少数,或借助自己的影响力承担督促法律在苏格兰执行的任务。如此,不列颠得以不全盘改革苏格兰法律、社会、政治力量,从而也避免了大规模赋权的方式,借由联合所支持的人员与法律改造苏格兰的传统社会,与苏格兰本土的教会、地方势力和家族结合或斗争。在这个过程中,存在两个层面的联合:其一是议会联合表面上象征的平等法权主体之间经由同意和契约来实现的权利转移;其二实际上是权力关系的重组及其带来的结构性变化,苏格兰内部在竞逐中分裂的权力格局被转化为在一个主导性权力下的合作或服从。这两个层面至少在相互限制中显示着它们同时存在:因为前者,联合没有触动苏格兰的长老会

---

① 戴雪还细腻地描述了英格兰议会和苏格兰议会确认《联合法案》时态度、运作机制等方面的不同,这实际上意味着,签订契约的双方并不能还原成为完全同质且平等的代表。苏格兰要有某种与英格兰同质且平等的代表,必须依赖联合的建立,只有在威斯敏斯特议会当中,苏格兰的代表才与英格兰的代表在法权上完全平等,参见戴雪、雷特:《思索英格兰与苏格兰的联合》,第129—185页。

② 戴雪、雷特:《思索英格兰与苏格兰的联合》,第150—151页。

③ 戴雪、雷特:《思索英格兰与苏格兰的联合》,第165页。

宗教、大学教育和封建法系统的私法部分①,所以在联合之后,不列颠内部仍保留着大量的苏格兰特色;因为后者,任何一方不可以恢复自身完整权利为由单方面撤出联合,尤其对于苏格兰而言,公民获得的安全保障和利益要以共同权力为前提来理解,这意味着他们首先也承担着保护不列颠安全与利益的义务。

戴雪认为,联合因此具有"独特而伟大的保守特征"②:一方面,它以和平的方式有力地避免了内耗,给不列颠帝国奠定了统治范围和统治方式基础,因而也可以被视为另一次"光荣革命";但另一方面,它几乎没有改变英格兰和苏格兰人的日常生活,实现了通过"遗忘联合"来"达成联合"的目的③。但在大英帝国的落日余晖中,那些曾经有助于遗忘联合和达成联合的因素反而成为提醒某些英国人重新审视联合的理由,并使戴雪的联合解释框架遭到破坏。

三、麦考密克对联合的质疑:
联合不能带走什么?

1953 年,格拉斯哥大学的麦考密克(John MacCormick)诉女王的苏格兰首席法律事务官(Lord Advocate,亦译为"苏格兰总督"),剑指伊丽莎白二世。麦考密克认为伊丽莎白二世破坏了 1707 年建

---

① 参见戴雪、雷特:《思索英格兰与苏格兰的联合》,第 193 页;Robin Mann, Steve Fenton, *Nation, Class and Resentment: The Politics of National Identity in England, Scotland and Wales*, Basingstoke: Palgrave Macmillan, 2017, p. 141.

② 戴雪、雷特:《思索英格兰与苏格兰的联合》,第 203 页。

③ 戴雪、雷特:《思索英格兰与苏格兰的联合》,第 203 页。

立联合后的根本法律:由于"伊丽莎白一世"只是英格兰的君主,实际上与苏格兰并无关系,她使用"伊丽莎白二世"作为称谓对联合中的苏格兰而言是一种侮辱,也是无视苏格兰权利与地位的表现。

麦考密克这个看似有些莫名其妙的诉讼暴露的是 20 世纪以来(特别是"二战"之后)日益困扰不列颠的苏格兰问题,戴雪带有"糊裱匠"性质的工作也不再能够说服苏格兰完全安顿在帝国中。虽然苏格兰最高法庭以"王室特权"(royal prerogative)为由,认为女王有不受干涉地选择自己名号的权利,驳回了麦考密克的诉讼,但时任苏格兰最高法庭首席法官的库伯(Lord Cooper of Culross)在对此案的评论中表达了苏格兰长久以来的不安:联合之后,虽然产生了一个新的威斯敏斯特议会,但这个议会基本保留了所有英格兰议会的特征,英格兰议会甚至都没有进行重新选举,就与派驻议会的苏格兰议员共同组成了威斯敏斯特议会;虽然苏格兰议员在英国下议院的人数已经比历史上的先例都多,但这些人在威斯敏斯特议会中永远是少数。因此,为何威斯敏斯特议会制定和通过的法律苏格兰必须遵守?议会何以能保障苏格兰人与英格兰人应该平等的权利?面对苏格兰的疑惧,库伯提出,联合形成的这个不列颠立法机构无疑有自行解释和处理法律的权利;但应该讨论,是否仍有某些与苏格兰有关的款项,不列颠议会没有权利去修正,它们在联合之前和之后都普遍存在,因此可以被视为"基本法";也就是说,这些权利或法律不受联合的影响,议会在任何时候都只是对结果的宣布。①

在库伯的评论中,实际上出现了戴雪解释的对立面。戴雪强调

----

① 参见 Colin Kidd, *Union and Unionisms: Political Thought in Scotland, 1500-2000*, p. 118; *Session Cases*, 1953, pp. 396-418。

的是,联合的要义是巩固且为苏格兰带来了一个最高主权、一种共同权力,它不受任何先例和继任者的约束。这就是说,《联合法案》也只不过是威斯敏斯特议会通过的一项法律,而不是约束威斯敏斯特议会的更高法。戴雪甚至提到,《联合法案》在性质上与为牙医制定的法律没有区别——威斯敏斯特议会有权解释、更改甚至废除它们①;因此,没有所谓"基本法"存在的空间。而库伯的评论一方面可以延伸出对不列颠主权构成的限制和挑战;另一方面,看待联合意义的视角也在其中发生了转向。库伯在这里期待的是,能够找到苏格兰在联合之前就具有的"与生俱来"的权利,作为先于联合的"基本法"。在这个意义上,也有研究者将库伯评论视为联合关系解释上的转折点。②

这个转折并非完全突兀,就麦考密克和库伯所在一案而言,它针对的首先仍是英格兰与苏格兰在联合中的地位差异给苏格兰造成的困境。此问题其实并不新鲜,戴雪在《联合》中也没有掩盖帝国内部的区别。如上文所言,戴雪看到,苏格兰与英格兰的政治需求和制度运行方式建立联合时就不同;联合建立之后,"《联合法案》的各个章节看似都排除了英格兰法院对苏格兰的司法权,但实际上它悄悄地将一直以来都由当时苏格兰议会掌有的司法权授予了上议院"③,即联合虽然肯定了苏格兰司法的独立性,但允许苏

①　"有些非常重要的法令,比如与苏格兰合并的法案,对其进行随意篡改将是疯子的政治;也有些实际上不太重要的法令,比如1878年的《牙医法案》,可以随议会的心愿反复无常地修正;但是,无论是1707年的《联合法案》还是1878年的《牙医法案》,都不因为是最高法而超出对方。"A. V. Dicey, *Introduction to the Study of the Law of the Constitution*, 10th Edition, London: Macmillan, 1964, p. 145.

②　参见 Colin Kidd, *Union and Unionisms: Political Thought in Scotland, 1500-2000*, p. 116;Neil MacCormick, *Questioning Sovereignty*, Oxford: Oxford University Press, 1999, p. 54。这本书的作者尼尔·麦考密克正是约翰·麦考密克的儿子。

③　戴雪、雷特:《思索英格兰与苏格兰的联合》,第160页。

格兰向不列颠上议院上诉实际上是保留了英格兰通过上议院制约苏格兰司法权的可能。但重要的是,对戴雪来说,联合本身就不只是为了保障英格兰与苏格兰之间某种所谓的平等权利而建立;在戴雪那里,平等的权利只存在于联合建立之后不列颠议会通过之法案所明确规定的领域,除此之外,英格兰与苏格兰的种种差异都不必否认,是可以视政治需要加以利用、协调或掩盖的事实。所以,联合内部保留或设立的差异都是联合所允许的,也是一种执行权意义上的"统治的便利"①。

　　然而,库伯在评论中对英格兰与苏格兰之差异的认识比戴雪的理解多出了一个维度;这个维度是联合解释转折的关键,也是戴雪的理解完全不能被一部分人继续接受的原因。促使这个维度在政治论争中变得重要离不开时代背景:两次世界大战作为前所未有的"总体战争",大大扩展了国家支配公民日常生活的权能;英国深度介入两次战争,又在"二战"后面临重建国家的任务,中央政府集权的能力增强、愿望迫切,应该说毫不令人奇怪。但不列颠面对的情境是,国家统一集中调配资源的需要与内部不均质的发展、治理状态共存。这种需要对不列颠之中更边缘的部分而言,在重建的迫切性与平权运动兴起的背景下更显得像是一种剥夺——尤其当国家权力要进入边缘地带的某些在历史上未曾被控制的领域之时。在长期保有某些资源(如油田、土地②)的过程中,苏格兰

_____

　　①　戴雪、雷特:《思索英格兰与苏格兰的联合》,第161页。
　　②　典型的例子是:战后英国因经济不利而裁员(包括苏格兰员工),因国防需要在苏格兰征地设立军事设施,在苏格兰和英格兰之间分配北海油田的收益,都在不同程度导致了苏格兰对同英格兰的联合产生愤怒与悔意。参见 Adrian M. de Lange, Alan Sandry, *Devolution in the United Kingdom: England, Scotland, Wales and Northern Ireland*, Edinburgh: Edinburgh University Press, 2007, pp. 52-54。

人而今声明自己对之具有某种"权利"——不管是先在自然的还是在长期保有过程中形成的,这意味着,如今控制这些领域必须考虑苏格兰人的意愿,并对触动其权利负责。然而,就不列颠境内沟通人民意愿和厘定权利的政治机制而言,英格兰在手段和人数上都占有更大优势。这意味着,如果完全按照全国统一的日常法律程序进行,苏格兰的意愿就很难不打折扣地反映在结果之中;若是全部交由苏格兰自己解决,其在司法、行政等方面于联合之后不充分的保留又会使之不能充分地获得合法性和行政支持。

可以看到,英格兰与苏格兰的差异、国家集权的需求与保障个人权利之间的张力在"二战"后的不列颠混在了一起。进一步说,后一个问题里个人权利所提供的框架成为前一个问题的纵深,使很多人不能再接受仅仅从权力关系、政治必要性、统治有效性、历史的既成事实等层面来认识英格兰与苏格兰在联合之中的不平等,而是要以个体权利的状态为先在基础来追究联合是否合理,由此引发了对一个来自个体外部或上方的联合进行的质疑。联合问题从这个时候开始与私法领域更为密切相关,《联合法案》也因此被用来厘定法人之间的权责范围①,戴雪为其赋予的宪法地位便

---

① 1989—1990年间发生的普林格尔(Pringle)诉苏格兰地方政府(Local Authority)一案就恰能说明这种情况。1989年苏格兰地方政府要求其居民支付从前由教会支付的"人头税"(charge of community),普林格尔向法庭申诉,由于威尔士和英格兰没有收取这个费用,因此地方政府违反了《联合法案》的第四条。该条规定苏格兰和英格兰在联合王国内享有根本性的平等,尤其是在税收方面;而且,共同体为其成员创设的特殊权利不能成为这些成员与其他公民相比时的不利条件。法院以1987年不列颠议会通过《废除域内税率法案》规定苏格兰地方政府有权收取财产税为由,驳回其诉讼。然而,普林格尔再次向苏格兰最高法院上诉,认为1987年的法案可以放在《联合法案》中的第18条下进行理解,即苏格兰对于自己法律中保留的,对私权进行的"明显有效"规定可以不受威斯敏斯特议会法律的干涉。普林格尔认为1987年英国议会的法案就可以根据这一条在苏格兰 (转下页)

渐遭隐没。实际上,20世纪50年代之后的讨论,因其包含先在的个人权利维度为解释联合加上了面对"自然状态"的必要,而这个状态的超时间性又使人们能够从解释中获得未来变更联合以及重新书写联合历史的可能;这也意味着,此后对联合进行的理论解释也连带着现实上重新设计英国国家形态的努力。

如此可以理解,麦考密克和库伯这个转折点打开了其后关于联合讨论的巨大空间。首先,戴雪叙述历史和描绘政治情势时的谨慎、微妙在新的思考方式里失去意义,留下的是其可以赤裸裸地纳进"并入联合派"(incorporative unionists)的观点。该派认为,1707年联合就是英格兰根本政治框架的实现:英格兰议会在苏格兰议会通过《联合法案》之后才通过该法案,意味着只有得到英格兰的采纳,该法案才具备宪法效力;且由于威斯敏斯特议会主权的绝对性,苏格兰议会又在联合后被取消,那么苏格兰就只是单一制的不列颠国家中的一个地区,没有法人身份。① 这样说来,苏格兰其实是被英格兰兼并了,这让"联合"成为在20世纪50年代权利语境中不合法的存在;也正是因此,戴雪的立场很容易被苏格兰人抛弃,甚至遭到英格兰人出于"政治正确"的掩盖。为了摆脱戴雪的立场,再次理解联合的焦点便集中于苏格兰在联合后仍保留的先在权利;如何理解这些权利的性质并论证其能够支持怎样的联合解释,则成了区分观点的依据。

（接上页）被"悬隔"(saving)。虽然苏格兰最高法院以"无权裁判不列颠议会在1987年通过的法案无效"为由,再次驳回其诉讼,但可以从这个案例中看到《联合法案》私法化的趋势,以及苏格兰议会在区分"私法领域"和"公法领域"时面对的困难。参见 D. J. Edward, "The Treaty of Union: More Hints of Constitutionalism", *Legal Studies*, Vol. 12, No. 1, 1992, pp. 36-37。

①　参见 Neil MacCormick, *Questioning Sovereignty*, pp. 54-55。

苏格兰在联合前后都保留的首先是法律和教会,它们能够裁定一般民事纠纷,并管理包括教育在内的社会和生活事务;其次是地方政府,联合保留了苏格兰旧有的地方单位设置,也没有更改大多数地方的议会选举形式。① 而且,《联合法案》规定,不列颠有权修正苏格兰法律中有关公法和公共权利的部分,但是就规定私人权利而言"明显有效"(evident utility)的法律,威斯敏斯特议会不能更改。② 针对这些联合没有带走的资源,学者们的解释可以归纳为两个不同的方向。第一个方向是借鉴自然法和自然共同体的思路。苏格兰确实与英格兰不同:前者的法律是罗马法的一部分,与欧洲大陆关系密切,经过解释的加工,可以被理解为从自然法中推演出来的体系③;苏格兰教会也并不像英国国教一样由国家建立和控制,从 1707 年至今,前者一直保持着相当大的独立性④。因此,这部分解释认为,苏格兰在联合前后都是一个自然共同体意义上的"国家"。⑤ 这样,联合实际上是两个国家之间的"协定"

---

① 参见戴雪、雷特:《思索英格兰与苏格兰的联合》,第 50 页。实际上,这些被保留下来的东西大多与封建权利有关,例如属于封建领主的继承性司法权,王室市镇因为直接保有国王的地产而具有的选举议会代表和进行贸易的权利,等等。但是在之后的讨论中,这些权利的意义不局限在其附属的制度背景上,基本的努力方向是将它们理解为个人或作为统一体的国家所拥有的生命、财产和自由一类的"自然权利"。

② "Articles of Union",XVIII.

③ John W. Cairns, "Scotland Law, Scotland Lawyers and the Status of the Union", in John Robertson ed., *A Union for Empire: Political Thought and the Union of 1707*, pp. 243-270.

④ 1707 年之后,苏格兰教会享有法律保护下免于国家干涉的自由;现今的苏格兰教会可以独立管理自己的财产和捐赠,甚至可以创设没有政权认可的教区。因此有研究者认为,苏格兰教会"至今仍然是不列颠政制最神秘的几个黑洞之一",参见 Colin Kidd, *Union and Unionisms: Political Thought in Scotland, 1500-2000*, p. 256。

⑤ 参见 Colin Kidd, *Union and Unionisms: Political Thought in Scotland, 1500-2000*, pp. 89, 218。

(treaty),要从国际条约和万民法的角度来理解。故而,不列颠也就更接近一个"邦联",威斯敏斯特议会对苏格兰只有形式上的权力,苏格兰国家的"骨架"在联合中保留了下来,并能够继续在自己的土壤中生长。所以,联合只是两个国家共同接受的"新起点",并没有终结两者的法人身份。① 不难看到,这种解释就维持联合的角度而言,会为苏格兰至少争取到联合"创始国"之一的位置;从废弃联合的角度来讲,则将支持苏格兰以独立国家的身份脱离不列颠。

可是,这种理解的困难不在于苏格兰在联合前后是个什么性质的"国家",而在于它要作为一个"国家"与英格兰发生关系,才能够在后威斯特法利亚时代被称为与英格兰"联合",而不是被认为遭到了英格兰的吞并或同意了的合并。完全单独考虑苏格兰,"自然共同体"未必不算一个成立的国家解释,但联合解释不能回避的恰恰是苏格兰与外部世界以及其他政治体之间的关系,在这个层面,苏格兰实际上缺乏主权国家的形式。②

与此相对,第二个方向是将联合没有带走的资源全部返还给个人,将其作为个人生来就有的自然权利来理解联合的发生与对

---

① 参见 Colin Kidd, *Union and Unionisms: Political Thought in Scotland, 1500-2000*, pp. 67, 82-83, 126。

② 也有学者不愿放弃这条思路,冒险将联合解释为:苏格兰和英格兰作为两个独立的主权国家,共同放弃了原有的国家,合并为一个新的国家;因为原有的国家不存在了,所以也无法再具有法人形式并承担国际法的义务。针对这种解释的质疑首先是,双方都放弃原有国家这样的大动作,应该至少有声明、法案等重要文件作为证明,但我们只有《联合法案》这一并未宣示双方放弃国家的法律;其次,这种考虑太容易被认为是苏格兰方一厢情愿的解释,对于英格兰来说,几乎找不到任何历史理由和能够为这一理论解释提供支持的文本证据,来肯定这样一种说法。参见 Colin Kidd, *Union and Unionisms: Political Thought in Scotland, 1500-2000*, p. 131 中提及的威克斯(Elizabeth Wicks)的观点。

联合的限制。① 这样,联合就被解释成一个建国契约,但这个契约与戴雪强调的刚好相反,无论是双方议会还是联合委员会的成员,都不代表不列颠国家和政府,而是自下而上地代表个人:个人同意了国王和委员会制定联合条款的行动,并授权双方议会通过法案,并在联合之后的威斯敏斯特议会中继续体现自己的权利诉求。那么,联合将被视为不列颠建成人民主权国家过程中的一环。在这个前提下分出了两条解释路径。第一条道路,强调 1707 年之后逐渐形成了"不列颠人"的认同②,也就是说,经过了联合,苏格兰和英格兰的个人开始被整合为"人民"或"民族",这使英国未曾偏离标准现代民族国家的轨道。也许它曾经试图扩大"人民"或"民族"可以容纳的范围,但在成功和失败都经历过的今天,不列颠仍要维护联合奠定的基本认同和政治民族。实际上,这条道路也就是当前英国面对苏格兰问题的主流立场。第二条道路则是对前一条的质疑和否定:联合是否起到了形塑"不列颠人"的作用? 还是它连代表和保障苏格兰人的基本权利都未曾践履? 20 世纪至今的政治形势及其所带动的学术研究让苏格兰人有越来越多的证据认为,联合对实现他们与生俱来的权利而言就是一场欺骗或者说灾难③。这其实意味着,英国在形成"人民"和"民族"的共同性方面是失败的,因此它的主权也难免先天不足;那么,既然权利还保

---

① 参见 Neil MacCormick, *Questioning Sovereignty*, pp. 55-56。

② 科利(Linda Colley)的《英国人》(*Britons: Forging the Nation 1707-1837*)可以视为这种思路的代表,她从清教的共同信仰、贸易、文化等方面勾勒出 1707 年之后"不列颠"认同的形成。

③ 此类讨论构成了当前苏格兰研究的重要部分,尤其是经济史、社会史等方面,它们结合史料说明联合对苏格兰人的生活造成的不利影响,构成了支持英国权力下放运动的重要话语。如迪瓦恩在苏格兰经济史方面的研究,参见 T. M. Devine, *The Transformation of Scotland: The Economy since 1700*, pp. 22-27。

留在个人手中,个人就能够通过公投或其他方式,要求重建代表机构,或干脆重新建国。

　　以个体权利为基础来理解联合之中的英格兰与苏格兰的关系,逐渐将联合问题纳入个体通过契约建立民族国家的过程之中,同时也提供了用与个体间关系同质的国家间关系来看待联合的可能——这是转折点后多种解释里所包含的共同思路。可是,这些思路并未穷尽与联合相关的讨论,也尚不足以回应新情况带来的新问题。如果我们接续上文的思路,则可以继续提问:既然权利根本上属于个体,为什么还要有"苏格兰"或"英格兰"作为框架?或者说,必须澄清这些框架的性质。如果有依据个人权利建立起来且有助其更好实现的框架,苏格兰或英格兰还是否有保留的必要?落在现实中,这关系到一个现在仍没有完全结束的争论:欧洲共同体自 20 世纪 60 年代起对于分享甚至超越各成员国的主权有着越来越大的兴趣和能力。对此,英国已经做出了维护自身绝对主权国家框架的选择,但这个选择除了面临欧洲政治上的不确定性——因为有苏格兰等原先在帝国框架中的联合问题,还会陷英国主权于有可能发生的分裂之中。那么,苏格兰当前在英国下的自治、未来可能的独立,又与欧盟是什么关系?回到麦考密克和库伯的转折点上我们则可以问:联合不能带走的,欧盟可以带走吗?

四、波考克与其对手的龃龉和共谋
——商业社会和"新英国史"对
联合政治意义的消解

　　把联合前后苏格兰一直保留的特殊性直接地、完全地还原为个体及其天生具有的权利,让联合成为决定英国是否建成为"一个"现代民族国家的关键因素。但是,这条思路不仅因当下情势凸显出了其理论环节的缺口,也忽略了一段历史及其中形塑共同体的另一种重要力量。联合之前,苏格兰没有达到绝对主权国家的程度;联合之后,不列颠在苏格兰也难以完全掩盖自己的缺席状态,但这都并不能否认,或者说反而加强了一种可能:联合前后的苏格兰和英格兰可以被视为一个"社会",人们之间存在商业贸易、生产生活等多方面的联系。这个个人与国家之间的维度,是波考克瞄准的区域;而如何解释这个区域的构成,以及它与个人和国家之间的关系,则不仅关系到苏格兰在联合当中的位置,而且还关系到对英国国家形态的判断。

　　与被殖民和作为原材料供应地的爱尔兰和北美殖民地不同,苏格兰在联合中具备且能够保留下来的特殊性与一系列事实密切相关:17世纪初,苏格兰西北部沿海的大地主们就参与到远洋贸易和殖民地扩张之中;爱丁堡在17世纪中一度与伦敦并立,成为连接大西洋、波罗的海和太平洋的贸易枢纽;1695年,苏格兰银行已经为推进商贸活动的进一步扩展建立起来。① 无疑,联合之前,某些苏格兰人就知道,在政府尚未建立的空间里存在着大量利益:那些看起来与本土没有任何联系的世界角落,可以允许人们通过占有土地等资源获取财产,而这些财产真正确认了他们所具备的自然权利,能够使其回过头来参与并影响本国的经济甚至政治活动。因此,这些苏格兰人迫切渴望的是得到足够强的安保力量,能把他们送到遥远的地方并保证这些地方继续属于他们;同时形成一个资本体系,能够流畅地为他们生成并积累更多的有效资本。在这些渴望能够影响政治选择时,一个特殊的社会形态——商业社会——就已经站在了政治和国家之前;而且,它进一步确保而不是移走了个人的自然权利。

不难理解,英格兰人也有着相似的渴望:不仅不要与苏格兰发生战争,还要追求能够进一步扩大自身市场和收益的联合。作为间谍被英格兰派往苏格兰以促成联合的笛福就大力宣扬如下观点:如果仅仅关心自己的军事实力,而不考虑自己的长远商业利益,那将是摧毁苏格兰的短见;苏格兰与英格兰可以通过联合实现商业的扩张,因此取得共赢;而且,联合可以促成苏格兰专制、落后的政治体制发生变化,使其相当"自然"地过渡到文明之中:"商业胜过征服,和平胜过战争,勤奋胜过散漫,财富胜过贫穷,自由胜过奴役,自由胜过僭政,文明胜过暴力。"② 如此看来,双方从事商业活动的迫切要求,以及在获取利益方式上极高的一致性显然不能

---

① 参见 T. M. Devine, *The Transformation of Scotland: The Economy since 1700*, p. 18。

② Laurence Dickey, "Power, Commerce and Natural Law in Daniel Defoe's Political Writings 1698-1707", in John Robertson ed., *A Union for Empire: Political Thought and the Union of 1707*, p. 81.

被排除在联合的基础之外。甚至有学者认为："联合是建立在精英和中产阶层上的,苏格兰的市民社会(比苏格兰政府)更能够代表苏格兰的人民。"[1]晚近的解释者也承认,"政治经济并不只是一个技术性的原则,而是在更广阔的大西洋语境中,提供了描述并解释三个王国之间关系的方式"[2]。

　　商业社会作为联合基础这一解释的有力之处在于,一方面,它用共同的利益纽带,掩盖了戴雪需要小心处理的双方在制度、权力、意愿等方面会威胁到联合框架的差异;又有助于保证威斯敏斯特议会能够控制苏格兰,并以合法的方式实现英格兰议员的利益。另一方面,它把个人权利难以直接进行界定的自然状态向前推了一步,又将人民主权式的国家向后拉了一步,借助信贷和债务机制,制造出来一个许诺过渡但又可以灵活伸缩的时间轴——而这个时间轴恰恰可以是从 1707 年起到现今的历史。在这段历史之中,联合后的不列颠可以被视为商业社会的政治载体,代表市场范围的扩大和商业利益的实现。苏格兰越是能够和英格兰一同推动不列颠的扩展,越是能够保证自己在联合中值得被英格兰平等对待;而如果这个过程可以不停止,苏格兰就更有可能不沦为帝国的边缘地带或国家的一个省。就苏格兰人来说,无论是为这一商业社会奠基的启蒙理论家还是 20 世纪的政客与民众,都不能或不愿否认这个联合基础的存在:他们从中既可以得到苏格兰作为一个共同体一直存在的证明,又能够维护牵涉很多苏格兰人身家性命的利益;就英格兰一方来说,商业社会是牵动苏格兰的长期有效筹

---

①　Robin Mann, Steve Fenton, *Nation, Class and Resentment: The Politics of National Identity in England, Scotland and Wales*, pp. 141-142.

②　David Armitage, *The Ideological Origin of British Empire*, p. 148.

码,虽然它的分量在今天有所降低——双方对此都存在的肯定态度甚至构成了当今苏格兰与英格兰为数不多的共识。

但是,欧盟——或者说,一个商业社会本身催生出的更大商业社会——确实是个问题。从商业社会维度来理解联合的基础,就难以避免商业社会的扩展以及商业中心的迁移迫使联合本身以及其中的成员退出历史舞台。波考克在20世纪70年代欧盟成立后看到了这个趋势,他将欧盟理解为用一个被严重"切割"的欧洲概念实现战后法国和德国攫取全球商贸中心和市场的手段①,法德的这一行为在波考克看来堪比新一次的"诺曼征服",会把英国逼入边缘地带或更为混乱的大社会之中:"英吉利海峡的隧道就是1805年布伦(Boulogne,拿破仑战争时法国西部沿岸用于攻击英国的海军基地——引者注)军营的旧梦重温;拿破仑和德国官员们的权力,现在正用于国际市场,在不列颠诸岛上蔓延开来。"②这里,有些新奇的并非波考克对商业社会一直以来的警惕,而是欧盟语境中英国扮演的角色。我们发现,波考克所设定的,让英国站在欧盟对立面的位置,正是他曾使苏格兰、爱尔兰以及北美殖民地对峙英国的位置。而且,对英国角色的转换,波考克实际上是有意识的,因此他才于鼓励英国对抗欧盟时强调:"我虽然是一个前英联邦的公民,但也会毫不犹豫地这样说。"③在面对欧盟和20世纪晚期的世界时,波考克清楚大英帝国的命运,其言不乏凭吊之意:"大的星系(指英帝国曾经控制的地区和国家——引者注)已经冷

---

① J. G. A. Pocock, "What Do We Mean by Europe?", *The Wilson Quarterly*, Vol. 21, No. 1, 1997, pp. 12-22,27.

② J. G. A. Pocock, "What Do We Mean by Europe?", p. 28.

③ J. G. A. Pocock, "What Do We Mean by Europe?", p. 28.

却、解体。"[1]

熟悉的情节和更加激烈的情感出现在波考克对苏格兰命运的理解中,联合后的苏格兰其实可以被视为 20 世纪英国遭遇的前奏。在波考克的叙事中,苏格兰以及 1707 年联合不是一个孤立事件:虽然他更多地着墨于北美殖民地战争所反映出的英国危机及对之产生的革命意义,但他也提醒道,"我们却必须首先把它看作1707 年英格兰—苏格兰共同体历史中的一场危机"[2],也就是说,"美国革命不是英格兰与苏格兰联盟的直接结果,可确实是后者中包含的政治逻辑的结果"[3]。根据波考克的挖掘,在苏格兰永久性不动产和由继承得来的土地之上,有可以保卫自身与共同体自由并因此具有德性的农民兼士兵;苏格兰与英格兰不同的法律、教会和社会体系,也曾被联合前苏格兰的法学家和政治家发现,并为波考克增添了自由与德性存在于苏格兰的证据。然而,苏格兰上层渴望商业利益的势力集团利用不完善的议会制度接受了英国寡头们的贿赂,选择了走向腐败的联合。因此,与 20 世纪英国面临欧盟的"新诺曼征服"相似,联合的性质对波考克来说是"寡头制的、商业化的和帝国体制的不列颠"[4]诱惑并控制苏格兰的过程。就此而言,在波考克这里,联合的基础也能够用商业社会来理解,不同的是,这一基础意味着联合是苏格兰独特价值的丧失。

苏格兰被纳入英国之后,后者又吸收了爱尔兰、北美殖民地、新西兰等地区;而法国大革命与工业革命让欧陆以及美国、日本等

---

[1]　J. G. A. Pocock, *The Discovery of Islands: Essays in British History*, pp. 42-43.

[2]　波考克:《德行、商业和历史:18 世纪政治思想与历史论辑》,第 110 页。

[3]　J. G. A. Pocock, *The Discovery of Islands: Essays in British History*, p. 153.

[4]　波考克:《德行、商业和历史:18 世纪政治思想与历史论辑》,第 77 页,参见第 115 页。

国家,获得了更大的国家实力与军事力量①,将原本以海洋中一个岛屿为载体的商业帝国转化为遍布全球陆地的政治经济形态,如此才有了晚近英国与欧盟的遭遇;虽然每一次都有不同的"语境",但相似的"政治逻辑"延展开的正是一段连续的历史。这也提醒我们注意,波考克对商业社会的立场比单纯的反对要复杂。在18世纪的苏格兰到20世纪的英国这条历史脉络中,波考克实际上能够承认,商业社会的力量在历史中实实在在地改变了国家的形态和地位。或者说,某个政治体能够从商业活动中获取多少力量、取得什么样的地位在相当大的程度上决定了它的历史角色。进一步讲,商业社会自兴起以来推动着政治体的整合并影响了世界秩序的形成,在这个意义上它是塑造历史的关键部分。若是仅就故事的这一面向来说,联合是苏格兰被整合到大英帝国秩序中的必要环节,联合之后,苏格兰将在大英帝国内部与帝国一起面对商业社会的兴衰。从这个角度看,联合的意义虽然被历史化了,但它赋予了苏格兰作为一个历史环节的角色,也将之安放在大英帝国这个框架之中;甚至,这个环节带有些商业逻辑的必然性色彩。

可是,这段历史并没有那么"实在";甚至能够说,波考克的大量努力是要将其处理为一种"表象"。在理解苏格兰与英格兰的联合时,波考克一直强调,联合是英格兰代表的商业自由主义"征服"苏格兰古典共和政体的结果,"17世纪后期直到18世纪初,苏格兰再也不能自欺欺人地以为英格兰与他们的联盟不基于侵略

---

① J. G. A. Pocock, "What Do We Mean by Europe?", p. 26.

了"[1]。然而,用"征服"和"侵略"来理解联合,实际上是对联合政治意义的消解。也就是说,波考克否认联合以任何方式体现了苏格兰的意志,意味着苏格兰没有建立起对英格兰的政治义务,也因而,联合并不代表英国形成了一个完整的政治人格,不列颠也不是一个具有充分政治性的统一共同体——这不仅与戴雪的全部努力背道而驰,也很难在库伯的评论中找到位置。然而从征服者的角度看,波考克也不认为不列颠实现了政治作为共同生活的意涵:"我们一定要认识到,它有着深刻的性格分裂的特点。"[2]在波考克看来,英国形成其稳定政治基础的任务与其不断进行的商贸活动、殖民扩张相互矛盾;用一个政治框架容纳多个独立的立法机构又被波考克及其笔下的美国革命证明为幻觉[3]。实际上,波考克是从反面利用了商业社会在苏格兰启蒙运动那里获得肯定性描述的特征:在促成其中人与人之间形成相互依赖关系的同时,商业社会又在变化拉长的时间和扩展不定的空间中将关系拆解;在其中,获取财产时的自利与守护财产间的公正将野蛮贪婪的驱动力和文雅守信的社会风尚一起肯定下来——理解与恶意、熟悉和陌生被同时需要,认同与疏离都是故事情节的重要部分,这也成为波考克笔下现代德性遭受腐败的标志。因此,波考克看到,商业社会使形成"不列颠人"的叙事比仅在现代国家的框架下考虑这个问题要来得复杂。它不仅需要一个历史过程,且这个历史过程的特征恰恰可能取消了自己的终点。而没有形成一个认同的政

---

① J. G. A. Pocock, "Empire, State and Confederation: the War of American Independence as a Crisis in Multiple Monarchy", in John Robertson ed., *A Union for Empire: Political Thought and the Union of 1707*, pp. 318-319.

② 波考克:《德行、商业和历史:18 世纪政治思想与历史论辑》,第 115 页。

③ 参见波考克:《德行、商业和历史:18 世纪政治思想与历史论辑》,第 127 页。

治民族,在波考克看来就不是一个真正意义上的"国家"。随着商业社会的全球化,不列颠的国家形态找不到一个有助于其稳定实现的"安全岛"。

视商业社会为历史的"表象"并认识到它为整合政治秩序带来的困难,仍不是检讨波考克和商业社会之间关系的终点。也许在"表象"之下,波考克更有可能描述一种接近真实历史的"潜流";似乎在秩序载体和秩序本身的模糊之时,也才有可能和必要重述一种"新英国史"——就此而言,商业社会的问题可被视为波考克提供另外一种历史图景的驱动力。不过我们恰恰不能忽略,正是商业社会阻挡着苏格兰或不列颠形成一个完整的政治人格,同时抵抗着个体撕裂整个漫长和变化不定的时空框架,这为重新发现或书写一段历史提供了可以向纵深推进的空间,波考克自己的历史建构亦带上了这个空间烙下的印记,从这个角度说,商业社会为波考克的历史工作提供了一种基础。

波考克及其所代表的剑桥学派倾向于认为,无论在联合前后的苏格兰,还是在与苏格兰关系密切的古代欧洲大陆(尤其是罗马共和国以及文艺复兴时期的意大利),都存在着一种"公民共和主义"传统。在这个传统中,公民与政治的关系不是依附性的,而是通过公民参与政治的行为形成一个共同的、公共的政治人格;使这个行为成为可能的基础是公民整体一定范围内的土地并以武装保卫在其之上的财产、权利、自由,以及公民德性。这个传统与商业社会共同存在,它促成北美殖民地反抗英国并最终获得成功;波考克在20世纪70年代反对英国加入欧盟时亦借助共和主义的语汇鼓励英国人,应该作为"公民"而不是"消费者"去"行动"①。在应对欧盟掩埋这一历史潜流的威胁中,波考克构建了一种"新英国史",这同时也有助于从正面获得"公民共和主义"的历史叙事。

　　"新英国史"的主要目标是重新厘定"不列颠是什么,意义何在"②。"现代早期和现代的历史主要尝试视大西洋诸岛(Atlantic archipelago)为一个建立成整体的'不列颠'王国、国家以及民族"③,而波考克认为,这实际上是一个迷思。首先,没有一个固定成型的"不列颠国家",有的是"美德"不断对抗"腐败"的政治行动。所以,他强调,应该用"大西洋诸岛"来替换"不列颠岛"(British Isle)的说法,因为前者更看重海洋上多群体之间的互动,并打破后者所包含的同欧洲、美洲之间的分割。由于不列颠不是一个整体,所以不能直接去研究它与其他国家或民族相处和斗争的经历;相反,这是一个高度分散的星系,其中每颗星都感受到邻近星系的吸引力,能够自由且必要地建构自己的宇宙。其次,不列颠内部也不是由英格兰、苏格兰和爱尔兰这些固定王国或国家组成。波考克及其追随者推动早期现代苏格兰、爱尔兰包括思想史在内的历史研究④,并非为了说明它们如何形成了自身的认同和政治形式,对它们之间"三国演义"式的权力关系是否存在更是表示怀疑。因此,把苏格兰与爱尔兰从英格兰史中小心地区分出来,不是为了要再建构一种"苏格兰史"或"爱尔兰史",而是去展示这

---

①　J. G. A. Pocock, "What Do We Mean by Europe?", p. 29.

②　J. G. A. Pocock, *The Discovery of Islands: Essays in British History*, p. 26.

③　J. G. A. Pocock, *The Discovery of Islands: Essays in British History*, p. 77.

④　参见波考克:《古代宪法与封建法:英格兰 17 世纪历史思想研究》,翟小波译,译林出版社 2014 年版,第 339—340 页;J. G. A. Pocock, *The Discovery of Islands: Essays in British History*, p. 39。

些区域之间界限的不断变动和彼此不间断的相互形塑。进一步说,根本不能够以"不列颠"为依据区分内外①,"新英国史"实质上是反国家乃至反帝国的历史书写,尤其是反对以盎格鲁为中心构建英国民族国家的形成史。波考克试图描述的是一个没有固定政治形态的行动范围,这种新的历史图景并非要为我们展示在一个个类似古典共和国的政治体中公民们如何为之而斗争,或是土地、自由与德性的守卫者怎样以自发的社会运动方式,对抗威胁他们的现代性以建立共和国或保存共和国的传统;相反,其中政治行动的发生既是偶然的、流动的时空条件的体现,也是个人与这种偶然性和流动性的对抗。政治行动可能会形成某些文化、社会甚至有政治关系的共同体,但它们并不许诺带来稳定的秩序。它们仍会变化,甚至消失。

在这个框架下,1707年联合不过是这个从未停止的历史过程中一个没什么特殊性的部分,甚至可以说是"瞬间",或者"偶然":苏格兰和英格兰本身及它们之间的关系都不会在这次联合后一锤定音,它们已经形成的联系也没有办法得到长期维持的保证。联合前后和之间发生的一切都可以得到波考克笔下历史的显现,但如果去除"语境",它们也尽会如大海波涛中的一朵朵浪花,其来也速,其逝也疾。不难看到,在商业社会中变得模糊的联合意义在"新英国史"中亦难以申明,后者并不能带来一种比前者所提供的历史叙事更坚实、更有序的图景和基础,而是确认并加深了前者预示的前政治空间:在商业社会中,也许还能找到一个连接苏格兰和英格兰的统一经济框架,或者共同的道德情感与社会风尚;但在波

---

① 参见 J. G. A. Pocock, *The Discovery of Islands: Essays in British History*, pp. 41-43, 53-54, 95。

考克的新英国史中,这些共同性都经不起对抗命运的个体在触发行动时寻求特殊性的考验。如果说波考克提供了一幅大西洋诸岛作为整体的历史图景,那么它本身就是大大小小单位之间的分分合合,政治行动的力量在其中聚集,又在其中耗散——可以认为,戴雪让联合的政治意义及联合赋予的英国国家形态由隐入显,波考克则以"新英国史"的叙事隐没了联合的政治意义和历史位置。

最后,面对差异如此明显的"联合"解释,我们还可以继续追问的是,从戴雪到波考克,发生的是否只是个别学者笔下不乏偶然性的思想变化? 恐怕不只是这样。本章针对 1707 年联合提供的不同理解方式背后,确实包含 20 世纪政治体结合形式连同世界秩序发生的重要变化。在这个变化中,以权力关系为基础,共享一个议会和君主的帝国联合模式,要在拥有自然权利的平等个体出于意愿结成的不恒定联合面前,为自己辩护。虽然后一种联合时常以非政治性的面貌出现,但我们仍有必要尝试将这种变化理解为一个政治结果——一种与联合形态的改变相关的内外秩序变化。在尝试对这个过程进行的探索中,不列颠 1707 年联合之不同的解释框架也许将扮演一个特殊的角色:它既可以被视为进入这个过程的起点,也展示了这个过程在终点处的某种面貌。

第二章　"保家"与"卫国"之离合
——17—18世纪"民兵"问题中的不列颠形成方式

一、17—18世纪英国民兵
问题的研究视角

民兵问题绵延于17—18世纪的英国,且至少经历了两次集中讨论:第一次从内战开始到复辟时期,民兵是其间的主要战斗力,因此它的动员组织、变化趋势,尤其是其控制权,都备受关注;第二次以光荣革命之后的常备军争论为背景出现,在"七年战争"爆发前后达到高潮,北美殖民地革命之际仍是关乎不列颠应该如何维系自身的政治议题,论争的焦点在于常备军和民兵之间的选择,以及在不列颠恢复民兵的理由和范围。我们在此讨论民兵问题,是由于它可能提供了一个比戴雪更为具体的,展示苏格兰与英格兰如何联合的切入点,由此能更好地揭示不列颠的联合方式。

在针对这个时期民兵问题的研究中,关切之一是英国的军队现代化、战争现代化,以及背后的国家现代化。学者们试图解释,英国如何在不到两百年的时间里,从一个边缘、混乱的岛国变成了一个重要、有序的现代国家。在这个过程中,能够打赢一系列战争是必需的;如何获取充分的物质资源使其转化为武器,如何占有足够的人力资源并将其塑造成士兵,如何建立让这些转化成为可能的政治制度,就成为理解这一时期民兵问题的缘由与框架。因此,这个框架涵盖了英国军事史和战争史的研究,并促成了英国问题在现代国家形成之议题中获得其理论位置,而且由于涉及大量国际战争,此类研究往往具备观看欧洲乃至世界格局的广阔视野。但是,民兵在这个框架中只能是有意义的配角,换言之,民兵对于现代英国来说,属于先进机器上应该被换掉的落后零件,其最高价值可能也只是促成了这个先进机器的诞生——专业化的常备军替代业余的民兵,实乃通往军队、战争、国家现代化途中的必要步骤。① 如此,民兵本身的特质,如与国王个人的密切关系,对地理条件的依赖和忠实反映,所涉的不列颠内部之差异,也很难不被议会主权、海军优先、军商共荣的英格兰模式所掩盖。实际上,这一解释框架的弱点不仅在于展开民兵特征和意义时的受限,而且在于难以解释英国相较于欧陆国家的某些特殊性。英国在这一时期确实经历着现代军事体系、财政制度和主权国家的建构,但它也确实是特殊的:在其已经是霸权之一的时候,常备军无论在数量和质量上都仍与欧陆国家相距甚远;常备军刚刚得到国内的接受,就通

---

① 现代化框架影响下对英国军事史和战争史的代表性研究,其中包含了对这一时期民兵状况的叙述,参见 David G. Chandler, Ian Frederick William Beckett eds., *The Oxford History of British Army*, Oxford: Oxford University Press, 2003; Jeremy Black, *Britain as a Military Power, 1688-1815*, London and New York: Routledge, 1999; John Fortescue, *A History of the British Army*, Vol. I, London and New York: The Macmillan Company, 1899。

过法案恢复民兵;现代财政和军事制度的运作与体制性地维护乡绅和贵族的利益相辅相成,而后者正是民兵制度的中流砥柱。更重要的是,英国不仅仅是英格兰,它还是一个容纳了苏格兰、爱尔兰和殖民地的帝国;其中,多种军事制度、战争方式、政治系统并存杂处,共同维系且扩展着帝国。

另外一种研究路径则将民兵问题与英国宪制联系起来。无疑,这一时期民兵在现实中的存废与否、掌控权归属、如何组织和动员,确实关乎国王与议会、中央与地方、主要党派之间的权力角逐和权威分配,而这些力量间争斗和妥协的过程也正是英国内战后重建宪制的过程。因此,在这个角度中,民兵问题首先不是军事或战争的专业技术问题,而是政治问题。也就是说,讨论它首先并非旨在解释战争中如何获胜,而是通过描述民兵传统、分析民兵现状,甚至建构民兵理想来体现宪制原则,阐释政治权威的来源。这使民兵问题得以摆脱因其不适应现代战争要求,不代表现代国家特征而遭到忽视的命运,增加了其获得独立政治意义的可能。此种路径中最突出的成果,即剑桥学派对英国历史的共和主义解读。正是在共和主义的视角中,民兵成为对自身行为和财产有自主处置能力的个体,被描绘成通过投身战斗、维护政治共同体之自由和自身德性的标志性形象。这种政治形象与常备军人及其支持者对立,与强调权力集中的国家主义及为其提供助力的消极自由主义对立,也标志着维护民兵传统的地区与抛弃民兵传统的地区(如苏格兰与英格兰)之对立。同时,共和主义也激起了区域性的民兵研究,苏格兰的民兵问题由此得以与不列颠或英格兰民兵问题分开,作为言说苏格兰特殊传统、宪制和政治理想的媒介,成为独立的研究对象。①

　　然而,共和主义虽然使民兵研究成为自足的历史议题,也让现代军队和国家视角下无法展开的民兵特征充分地得到呈现,却同时导致民兵研究走到了恢复其政治意义之初衷的反面。在共和主义塑造的民兵形象中,民兵成了过于现代的个体在表达自主行动时实现偶然联合的产物,与其所在的社会结构和政治支配关系失去了具体联系。这似乎意味着,民兵只有在战场上生死相搏的行动时刻才是可见的,其作为具体人和具体组织面对的生活和政治则隐去无妨。如此,谈论这种意义上的民兵,可以不针对某种特定的政治力量或意识形态,也可以针对所有不支持民兵的政治力量或意识形态。当共和主义把民兵与常备军、廷臣派、现代国家、商业社会统统切割开来时,看似厘清了讨论民兵问题所针对的具体语境,实则暴露了其建构的民兵不断退守到反对派位置的"幽灵"处境,而一直扮演反对派的"幽灵"无力恢复民兵在英国宪制中的政治意义,反而更有可能把民兵要维护的对象一起消解掉。

　　前两种研究路径积累的成果与困难意味着,要在进一步检讨英国国家形态的同时,理解民兵问题的位置及其塑造不列颠联合的作用。本章选择讨论民兵问题以及讨论这一问题的方式,都服从于这种关切。17—18 世纪的英国历史是原有秩序遭遇重组的

---

　　① 在剑桥学派影响下的苏格兰民兵研究,参见 John Robertson, *The Scottish Enlightenment and the Militia Issue*, Edinburgh: John Donald, 1985; Bruce P. Lenman, "Militia, Fencible-men and Home Defense, 1660-1797", in Norman MacDougall ed., *Scotland and War, AD 79-1918*, Edinburgh: John Donald. 1991; Andrew Mackillop, *More Fruitful Than the Soil: Army, Empire and the Scottish Highlands, 1715-1815*, East Linton: Tuckwell Press, 2000; Steve Murdoch, Andrew MacKillop eds., *Fighting for Identity: Scottish Military Experience, c. 1550-1900*, Leiden: Brill, 2002。20 世纪末至今的苏格兰自治要求进一步推进了此类研究。

时期,但这不等于普遍地恢复了人们在自然状态之中完整的权利与自由。相反,有一些人会更迫切地进入或被纳入具体的支配关系中,其身份建立在一些人对另一些人的服从、依附甚至被占有的基础之上。他们会辨识这种关系,产生对这一关系的态度,这一时期的民兵(甚至包括其间将民兵作为政治议题进行讨论的人)被塑造为支配的对象、动员的结果,比持续存在的常备军以更讲究政治时机和功效的方式被组织起来,去准备承担最彻底的政治后果:牺牲。所以,寻找民兵政治意义的尝试不仅仅是去恢复其行动的意义,而是试图恢复人所处的秩序结构。

也正是由于要从这些政治人身上观察不列颠秩序的变化,这一变化才不等于在全然失序中重建全新的秩序;相反,这些政治人可以被视为本就存在于旧秩序之中却能引发旧秩序变化的环节,在被迫做出调整中主动寻求自身的安顿,从而影响甚至塑造新秩序。民兵制度是旧斯图亚特王朝维系自身的重要环节,但它恰恰也是一个脆弱的环节,内战的起因和过程从一个角度可以视为这个环节遭遇的冲击,以及各种政治力量安顿这一冲击的努力,安顿这个环节的努力也就是建立新不列颠的尝试。由此,民兵问题可以被视为与整体秩序挂钩的问题,民兵问题怎样与构成这种秩序的各个层面发生互动,进而甚至逐渐改变了这种秩序,是本章讨论的重点。也正是因此,本章认为,在英格兰与苏格兰从共同受制于一个国王到一个议会的历史中,不宜割裂来看英格兰与苏格兰的民兵问题。以上述对政治人和宪制变化的理解为前提,文章将尝试通过讨论17—18世纪民兵性质、制度、意义的变化,勾画大不列颠秩序在联合中的建立方式。

二、斯密和弗格森在民兵问题上的分歧

斯密和弗格森对民兵问题的关注和分歧,在时间上属于17—18世纪关于民兵问题进行的第二次集中讨论,与仍在内战期间的第一个时期相对照,这个时期更凸显了使民兵成为问题的不列颠背景,"民兵"概念本身也更为复杂。

1757年威斯敏斯特议会通过《民兵法案》。为应对"七年战争",该法案批准在英格兰召集和训练民兵,而苏格兰被排除在外。这种在民兵问题上将英格兰和苏格兰区分相待的情况既不是第一次出现,也不是最后一次出现。1708年,英国历史上最后一次由国王行使对议会法案否决权,安妮女王否决了议会在苏格兰建立民兵的法案;1776年北美战争爆发,相同的情况再次发生。1757年这一次排除反响强烈,是由于苏格兰境内的詹姆斯党人在18世纪50年代已经基本被肃清,但该区域的民兵议案仍然被驳回,就更使民兵问题成为苏格兰人的心结。斯密、弗格森,以及休谟、卡莱尔都不仅在爱丁堡的文人圈(Eidingburgh Literati Moderate)里对这个问题表达过看法,还参与了与此相关的政治性团体,如扑克俱乐部(Poker Club),在不同程度和不同方向上影响过议会对《民兵法案》的态度。①

---

① 参见 John Robertson, *The Scottish Enlightenment and the Militia Issue*, pp. 8, 60, 86, 128-129; Richard B. Sher, "Adam Ferguson, Adam Smith, and the Problem of National Defense", *The Journal of Modern History*, Vol. 61, No. 2, 1989, pp. 244-246; Victoria Hanshaw, *Scotland and the British Army, 1700-1750*, University of Birmingham Research Archive, E-theses Repository, 2011, p. 215。

　　苏格兰是否需要民兵？不列颠又为何需要民兵？民兵的功能和性质如何？这都是苏格兰理论家在当时的政治处境中自然关心的问题。1776年《国富论》出版，斯密在叙述了社会发展史后，比较了不同社会采取的国防模式，继而发现，一个社会越发达，参与战争的人数就越少。这首先是因为，文明社会的标志是分工和职业化，有工作的人不可能有时间且用自己的钱去打仗；同时，这也是战争技艺变革的要求，它越来越需要参战人员有更强的纪律性，部分人还得掌握相当专门的知识和技术。[①] 因此，文明社会由职业化来提升效率的方式也应该适用于战争和军人，士兵同样可以被视为专门从事战争的一个职业。斯密写道，国家只能够为国防采取两种政策。一种是"它可不管国民的利益怎样，资质怎样，倾向怎样，用一种极严厉的法令，施以强迫军事训练；凡在兵役年龄内的一切公民，或其中的一定人数，不管他们从事任何职业，非在一定限度上与兵士的职业结合起来不可"。另一种则"可维持并雇佣一部分公民，不断施以军事训练，使兵士的职业，脱离其他职业，而确然成为一个独立的特殊职业"；"假使国家采取前一方策，那么这个国家的兵力就是所谓民兵；如采取后一方策，那么这个国家的兵力就是所谓常备军"。[②]

　　不难看到，在斯密关于常备军和民兵的定义中，常备军和民兵的动员对象实指同一个群体：国家中的公民。区分在于他们是专门从事一种战争职业，还是从事包括战争的多种职业。因此，常备

　　① 参见斯密：《国富论》，郭大力、王亚南译，商务印书馆2016年版，第661—666页；坎南编：《法律、警察、岁入及军备演讲录》，陈福生、陈振骅译，商务印书馆2014年版，第44页；约阿斯、克内布尔：《战争与社会思想：霍布斯以降》，张志超译，华东师范大学出版社2017年版，第41页。

　　② 参见斯密：《国富论》，第668页。

军和民兵在构成成分上没有质的差别,也正是由于这个原因,斯密认为两者可以相互转化,"无论何种民兵,只要作过几回战,就可以成为一个十足的常备军"[1];反之,一个长期不打仗的常备军人也能够被视为一个民兵。在其早年《法律、警察、岁入及军备演讲录》中,斯密曾从参战之人社会阶层发生变化的角度,表达过战争覆盖范围的扩大和对以往阶层限制的突破:战争已经"从有体面、有荣誉的人进行的活动转向社会中下层人进行的活动"[2],前者指向有地贵族和乡绅,可以包括对其承担军事义务的扈从,后者则涵盖没有自己土地和没有主人的人,被土地社会抛弃的罪犯和流浪汉尤在此列。《国富论》中,两者都因为有了"国家"而被叫作"公民",根据"国家"的安排和政策同样是"国家的兵力"。

与斯密对经济活动的论述相比,在涉及国防和军队问题时,"国家"的存在以及"立法者的技艺"进一步地凸显出来,"只有国家的智慧"才能决定常备军是否存在。[3] 这意味着,斯密显然清楚,打仗虽然可以被视为社会中的一项分工,士兵虽然也可以被当作一种普通职业,但没有其他任何一种职业在获得职业利润时对职业人本身有像现代战争那样巨大的消耗,在进行职业活动时甚至不以保全职业人的存在为前提。因此,这种职业不能仅靠社会来维持,它需要国家保证有充分的人力资源可供补给和抽调——战争越是频繁,规模越是巨大,这种需要就越是明显。如此,常备军是国家通过所有公民来"维持""管理""供养"的。[4] 斯密定义

---

[1] 斯密:《国富论》,第 671 页。
[2] 坎南编:《法律、警察、岁入及军备演讲录》,第 275 页。
[3] 斯密:《国富论》,第 667 页。
[4] 参见斯密:《国富论》,第 665—666 页。

的民兵从一面看来是不以战争为专业的公民,从另一面看来就是所有能够被国家当作资源,并使其从事战斗或供养战争的人。换言之,民兵是常备军的"常备预备役",所有公民实际上都是民兵的组成部分,他们服务于国家对资源的配置,常备军则展示这种对资源的配置。当对岸的法国正在酝酿一场克劳塞维茨所谓得到"全体人民关切"的"人民战争"或"绝对战争"时①,不列颠理论中并非没有出现相似的端倪。

如此理解斯密的民兵概念,可以揭示苏格兰在不列颠的矛盾处境。一方面,从文明社会的特征来看,苏格兰没有民兵不见得是落后于英格兰的标志;相反,这可能意味着苏格兰在社会发展阶段上比英格兰更加先进和文明。这种看法并非对斯密观点的臆解或是一厢情愿,苏格兰启蒙运动中颇为关注的"社会进步"议题与认知苏格兰的处境和寻求苏格兰文明程度的证明息息相关。另一方面,既然 1707 年之后苏格兰与英格兰已经联合为承认一个主权的"国家",那么苏格兰人毫无疑问应该是大不列颠的"国民",可民兵的缺失——实际上是得不到不列颠的承认②——却让苏格兰人在联合之后失去了一个重要的"国民待遇"证据。但与此同时,苏格兰却是不列颠内部为国家常备军贡献人数比例最高的地区。③

---

① 克劳塞维茨:《战争论》(下册),时殷弘译,商务印书馆 2016 年版,第 852、855 页。

② 晚近的历史研究表明,18 世纪的苏格兰存在着维持地方、边境、海岸治安的各种小规模武装组织,也就是说,苏格兰并非没有"民兵",而是得不到合法拥有并维持这些民兵的承认,参见 Victoria Hanshaw, *Scotland and the British Army, 1700-1750*, Chapter 4。

③ 1757 年在不列颠常备军中,英格兰人占 29.7%,苏格兰人占 27.3%,爱尔兰人占 27.3%;然而,苏格兰的人口总数不到英格兰和爱尔兰人口总数的十分之一。参见 Erik-Jan Zürcher ed., *Fighting for a Living: A Comparative Study of Military Labour, 1500-2000*, Amsterdam: Amsterdam University Press, 2013, p. 299。

如果苏格兰得不到合法拥有并维持民兵的承认,不列颠从苏格兰抽调大量常备军也难逃不合法的指责。

已有研究对弗格森之于斯密在民兵问题上的否定和认同多浮于军队职业化的问题[①],实际上两人的分歧与一致更可从上述两方面进行考虑。弗格森讨论常备军的危害所针对的并不仅仅是个人德性的腐败,更是常备军职业化的趋势对军队内部乃至整个政治权威结构产生的破坏作用。由此,常备军与民兵的区别也主要不是专业的少数人还是非专业的多数人参战,而是前者越来越可能将大多数人牵扯进不正义的战争和秩序中,甚至使大多数人遭受奴役。如果战争仅仅是一门专业,最终一定是专业能力强的一方战胜弱的一方,造成的结果就是拥有强军队的一方统治拥有弱军队的一方。在国与国的关系中这是强国吞并或支配弱国,在国内关系中即掌握强大军事力量的人成为军事力量弱小之人的统治者,或者更可能是,掌握军队的人支配大量没有武器的人。同质问题也会威胁到军队内部,士兵服从军官,是否只因为后者能更便捷地掌握更多的武器?不难看到,统治关系如此便只是强力,没有受到信任的权威和对权威的意愿性服从,和平便实现于"形式上的政治和脆弱的均势";一旦这一局面被打破,国家将陷入"没有停歇

---

① 1776年《国富论》的出版正值苏格兰《民兵法案》在议会中进行讨论之际,斯密对于常备军专业性和必要性的赞同性论述,被认为阻碍了苏格兰《民兵法案》的通过,也遭到支持民兵的弗格森、卡莱尔等人的共同批评。在斯密与他们的通信中,前者同样承认常备军和商业社会会导致德性腐败,后者同样承认战争专业化和平民化的趋势——这被确认为斯密与弗格森的共同之处;而斯密在《国富论》中的论述则被视为对民兵的完全否定,与弗格森对民兵从制度到愿景的设想与支持格格不入——这被视为二者明显的冲突。参见 John Robertson, *The Scottish Enlightenment and the Militia Issue*, pp. 246-247; Richard B. Sher, "Adam Ferguson, Adam Smith, and the Problem of National Defense"。

的战争"。① 如此,用斯密的民兵概念考察苏格兰所发现的矛盾,
在弗格森眼中会是互证的关系:苏格兰文明社会的外衣下,可能是
不列颠用常备军对内部进行的奴役,苏格兰没有民兵绝非因为它
更发达,更接受军队职业化,而是因为它受到不列颠的压迫。

因此,弗格森支持民兵。与斯密将民兵视为确保专业力量的社
会资源不同,弗格森建构的民兵因其能塑造真正得到认可的权威与
服从关系而可以被视为社会的基础。在这个意义上,弗格森视角下
的第二次民兵争论源于苏格兰的境遇,矛头指向的是不列颠联合的
方式与秩序本身,更敏锐地揭示了民兵背后的政制形式。在 1757
年苏格兰被排除出《民兵法案》之前,弗格森就匿名发表过《在民兵
建立之前的反思》的小册子,强调民兵绝不仅仅是功能性的:不能只
建立学会使用武器的组织,而是"应当建立权威结构",教导"团结
和服从,以此形成国家的力量",使其"热爱他们的武装"。这样,掌
握民兵的人"在此应该得到的信任,超过掌握常备军应该得到的信
任"。② 同时,建立民兵不等于不要常备军,而是应该使常备军内
部的结构(如军衔等级)尽可能与民兵中的一致,避免前者成为封
闭的团体。③ 对于民兵内部权威结构的具体形态,结合弗格森后
期的代表作及讲稿,可以区分出两种主要的图景。弗格森强调,军
队的任务首先并主要是保卫土地和家园④,因此第一种图景中民

---

① 参见 Adam Ferguson, *An Essay on the History of Civil Society*, Cambridge: Cambridge University Press,1996, p. 148。
② 参见 Adam Ferguson, *Reflections Previous to the Establishment of a Militia*, London: R. and J. Dodsley in Pall-mall, 1756, pp. 17-18, 27-28, 30。
③ Adam Ferguson, *Reflections Previous to the Establishment of a Militia*, p. 39.
④ 舍尔提供了弗格森于 1776—1777 年间讲稿中关于民兵问题的部分注释原文,参见 Richard B. Sher, "Adam Ferguson, Adam Smith, and the Problem of National Defense", p. 255。

兵的权威结构与土地上、家族内的权威结构基本一致。在一定范围的土地上,有些人拥有的土地和人口较多,受教育程度较高,组织管理能力较强,财产较丰富,自由支配的时间也更多。这些人则可以成为地方民兵的军官,他们极可能是贵族或乡绅,可以负责组织地方军事力量并参与保卫地方的战斗,原则上不前往其他地方,也不统帅其他军队作战。这些军官有权选拔下级军官并训练战士,后者更多的是有稳定收入的佃农;没有稳定收入也没有自己财产的农奴、雇农和佣人则由于很难有时间和合格的能力接受军事训练,因此不被纳入民兵范畴。在这幅民兵图景之中,民兵的指挥权归于国王,后者拥有的土地和人口更多,德性、能力更强,军官对他负责。①

弗格森对这幅民兵图景抱有认真的期待,认为这是仅次于"全民轮流为兵"的最佳选择,它最有可能实现由受到最好教育的上等人且是最有兴趣保卫国家的人来保卫国家。②但弗格森同时指出,"如果不是全部国民进行自我保护式的防卫,一个人或一群人在抵抗外在威胁的间隙,也会用对外的剑指向内部",而在眼下的社会,人们都已悉知了这种危险,因此社会已经从为防范"一个人的特权和众多人受奴役的状态",发展到"所有人要求集体自保"的阶段③;也就是,从依靠国王、贵族等更强大优秀的人的保护,转换到自己保护自己的状态中来。但是,第一幅民兵图景不仅离弗

---

① 参见 Adam Ferguson, *Reflections Previous to the Establishment of a Militia*, pp. 48-50;Richard B. Sher, "Adam Ferguson, Adam Smith, and the Problem of National Defense", p. 252。

② 参见 Adam Ferguson, *Reflections Previous to the Establishment of a Militia*, p. 39;Richard B. Sher, "Adam Ferguson, Adam Smith, and the Problem of National Defense", p. 252。

③ 参见 Adam Ferguson, *An Essay on the History of Civil Society*, p.122。

格森时代必须吸纳大量平民进行作战的实际要求相距甚远,而且在这个所有人都有自保需求的时代,人们已不满于授予少数有德、有才之人全部的军事权威。

设想另外一种民兵图景因而成为必需。在弗格森的作品中,这种民兵只是零散地被提及,缺乏全面细致的描绘。但作为一个愿景,它的原则却得到了清楚的陈述:在市民社会之中,"平等的人组成一个武装力量,这个力量统一且绝对,最自私的人可能只为自己考虑,但在这里他既是在指挥和命令,也是服从"①。弗格森看到的是,在一个不再区分人之等级的社会里,人们可以通过参与战争形成一个"统一且绝对"的整体。在这个整体中,统治者与被统治者是同一的,他们都是作战者本身,由此解决了私人掌握武装及在不同人之间如何建立权威关系的问题。同时,军队的组成方式也是宪制的构成方式,政治共同体因此也具有战争共同体的性质。在弗格森看来,最好的民兵形态就是"全民皆兵"和"轮流作战"②,这在斯巴达式的古典城邦曾经是现实。将弗格森的古典语言换成斯密的说法我们可以发现,要维持一支能应付大规模、高频次、专业性强的现代战争的职业军队,国家中全部公民都要成为战争机器上的不同零件。如果赋予这一要求以合法性,所有参战的公民都应该同时是战争的授权者,或因与战争的联系而具备了授权者的身份。这样,第二幅民兵图景既针对现代战争的可行性和获胜的可能性,又包含了使战争机器能够产生合理权威结构的努力。如果18世纪中期的苏格兰和不列颠都需要民兵,正像前者不断争取而

---

① Adam Ferguson, *An Essay on the History of Civil Society*, p. 144.

② 参见 Richard B. Sher, "Adam Ferguson, Adam Smith, and the Problem of National Defense", p. 252。

后者已经实践的那样,他们需要的就是这种性质的民兵。

如此看来,斯密和弗格森在民兵问题上的分歧虽然呈现出对民兵性质、意义等方面的不同理解,但却共同使一个问题变得清楚:从威廉征服到英国内战之前,英格兰的民兵制度主要就呈现为弗格森所描绘的第一种民兵形态,其中贵族和乡绅作为民兵组织的担纲者,在国王的指挥下,通过参与战争和训练士兵,不断对建立在拥有与使用土地基础上的契约关系加以确认。这种民兵制度是封建关系的一部分,同时也是人们保卫自身、自己之财产和家园的自然反应。就其本身的特质而言,他们不是为大规模移动和保卫家乡、土地之外的目的而准备。而一百多年后,第二种民兵图景看似是古代共和国理想的回潮,实则被用来满足现代不列颠的自保和维持竞争力,同时形成统一的权威结构与共同政治身份。它要求臣民服从的不再是君主或贵族,而是抽象的公共制度与政治体,如此人们便成为"国家"的"国民",同时也是国家的"民兵"。国民不一定都亲临战场,但每个人的意志、身份、工作都能成为国家战斗的理由和资源,并不得不随着国家的需要灵活移动,甚至突破土地的界限。两种民兵形态间,斯图亚特王朝终结了,大不列颠建立了,民兵制度是否完成了从第一种图景向第二种图景的转变?这种转变如何发生?又与苏格兰和不列颠联合秩序的变化存在何种关系?

三、民兵的质变与内战的苏格兰开端

弗格森在讨论民兵问题时,曾首先谈及苏格兰的"祖先"和"传统":他们需要"靠剑来解决争端和保卫自己";战争是"自由人

的职业",而"政府的性质却更接近军事征服"。弗格森所谓"国家
的早期状况",已经是晚于"祖先传统"的后一个历史阶段,在后一
个时期中,才存在分封贵族对国王、佃户对贵族的军事义务,也才
有了封建法律和法庭。① 这一笔实际上可以视为对读者的提醒:苏
格兰在军事和战争方面,存在着不同于英格兰以及封建制度的传
统。在同一个时期休谟写就的《英国史》中,对苏格兰的特征亦有
相似的交代:无论是苏格兰的高地人还是低地人,贵族并非完全出
于遵守契约和法律而投入战争,他们更愿意直接为自己土地上的家
族和君主服务。② 就此而言,仅根据法律(无论是封建法或古代宪
法)规定的军事义务来认识苏格兰人参与战争的原因,并不充分。

　　另一方面,从法律规定来看,在更长的历史中苏格兰民兵的义
务的覆盖范围比英格兰要广,在苏格兰不仅存在着"骑士职责"
(Knight Service),还存在"苏格兰职责"(Scotland Service)。"骑士
职责"针对的是国王分封土地的对象——大贵族和小地主,他们要
接受国王的征召并为其提供军事服务;"苏格兰职责"则包括贵族
可以在16—60岁平民中选出的所有人,他们大多是自耕农,可以
作为步兵组成兵团,故而有别于个人英雄色彩较重、以封授为前提
的贵族骑士。③ 而与苏格兰不同,倚赖步兵以及自耕农作为民兵
的主力在英格兰出现得相对晚,在17世纪内战之前,培根还在针
对英格兰骑士军队的过时疾呼:"军队的主要力量是步兵,步兵最

---

① 参见 Adam Ferguson, *Reflections Previous to the Establishment of a Militia*, pp. 6-7。

② 参见 David Hume, *The History of England from the Invasion of Julius Caesar to the Revolution in 1688*, Vol. I, Indianapolis: Liberty Fund, 2004, p. 21; John Robertson, *The Scottish Enlightenment and the Militia Issue*, p. 4。

③ 参见 Victoria Hanshaw, *Scotland and the British Army, 1700-1750*, p. 26; John Robertson, *The Scottish Enlightenment and the Militia Issue*, p. 2; S. T. Ansell, "Legal and Historical Aspects of the Militia", *The Yale Law Journal*, Vol. 26, No. 6, 1917, p. 472。

好的组成人员就是自耕农,有产者太奴颜屈膝,无家可归者则太不稳定,也缺乏必要的身体素质。"①

所以,苏格兰的传统和历史,使其民兵制度能够存在于封建关系之中,同时却有突破该框架的性质:苏格兰民兵适合以较低阶层组成的兵团为形式,服务于某个家主或君主;法律作用的淡薄,更使这个主人与兵团的关系带上了很强的私人支配与人身依附的性质。而且,兵团可以用主人向兵团支付薪俸的形式,代替由有产者的自我供给来维持民兵的方式,因此实际上能够吸纳比自耕农社会阶层更低的流动人口加入。故而在 17 世纪之初,即使从苏格兰地主和佃户之间的契约中能看到封建关系的军事特征趋于淡化②,苏格兰社会的军事特征及战斗力还依然存在。实际上,面对此时战争从封建骑士战争向现代战争的转型③,苏格兰与英格兰相比能征召到更多可战斗的士兵,国王或贵族与苏格兰人之间建立私人依附也更容易,更少受到土地关系的限制。但与此同时,苏格兰本土则长期困扰于大家族或军事豪强间的火并,大规模私人军事团体的存在让制度性地管理武力变得非常困难④,苏格兰碎片性的、非中心化的、由不和谐的权力网络组成的民兵制度,使其

---

① Francis Bacon, *History of King Henry VII*, in *The Works of Francis Bacon*, ed. by James Spedding, Vol. XIV, Boston: Houghton, Mifflin and Company, 1874, pp. 93-95;参见 Roger Manning, *An Apprenticeship in Arms: The Origins of the British Army, 1585-1702*, Oxford: Oxford University Press, 2006, p. 7。

② 苏格兰16世纪重要的历史学者克雷格(Thomas Craig of Riccarton)观察到,在 16 世纪晚期,从法律关系上看,封建关系中的军事特征趋于淡化,因为在佃户与地主签订的契约中,提及军事义务的频率下降了,参见 Keith Brown, *Noble Power in Scotland from the Reformation to the Revolution*, Edinburgh: Edinburgh University Press, 2011, p. 125。

③ 参见克劳塞维茨:《战争论》(上册),第 405 页。

④ 参见 John Robertson, *The Scottish Enlightenment and the Militia Issue*, p. 3;Keith Brown, *Noble Power in Scotland from the Reformation to the Revolution*, p. 139。

总是吸引政治强人和正在扩张的军事机器,同时也使真正稳定地控制苏格兰变得更加棘手:统治者既需要依赖某些贵族和兵团的军事力量,又要有能力不受制于掌握武器的人。

自共主以降,国王控制全岛的努力就面临上述背景与困难。詹姆斯一世尝试通过大量册封贵族的方式收获可操控的家臣,这一做法尤其针对苏格兰。① 在这一做法带来的政治后果中,私人武装力量的增加是其中之一。欧洲君主间复杂的姻亲网络和权力关系往往使英国君主也无法避免因私人事务的需要派遣军队前往欧陆②,而这原则上不能动用传统的民兵力量,因为民兵不是君主的私人财产,而是有产者与君主之间订立的公共性契约③。如此一来,苏格兰式的民兵,包括英格兰便于操控的家臣,就可以以组建临时兵团的方式,成为服务君主完成海外远征的可靠选项。可是,国王加强了对贵族的控制与稳定统治一定范围内的领土是两回事,且不提英格兰议会的敏感神经因廷臣和私人武装力量的增加而触动,在苏格兰,虽然贵族权力很大④,但他们即使不因私

---

① 参见 David Hume, *The History of England from the Invasion of Julius Caesar to the Revolution in* 1688, Vol. V, pp. 3, 245。

② 例如,1624 年詹姆斯一世新成立的四个英国兵团,名为保护其女伊丽莎白(也就是波希米亚王女)一行前往欧陆,实际上是帮助西班牙进行"三十年战争",参见 Roger Manning, *An Apprenticeship in Arms: The Origins of the British Army, 1585-1702*, p. 48。

③ 参见 J. R. Western, *The English Militia in the Eighteenth Century: The Story of a Political Issue 1660-1802*, Routledge and Kegan Paul, 1965, p. 9;亦参见韦伯:《支配社会学》,第 113 页。

④ 苏格兰的主要权力掌握在"立法委员"(Lords of Articles)手中,没有他们同意,议会不得提出动议,这 32 名立法委员由临时委员选出 8 名主教,主教选出 8 名临时委员,这 16 个人再选出 8 个各郡代表,8 个市镇代表,可以看到,这是一个相当小而封闭的团体,国王主要通过任命主教和册封贵族来控制立法委员。 (转下页)

人关系中常见的亲疏不均而加剧了互相间的争斗,也无助于使苏格兰下层社会变得和平。詹姆斯一世和查理一世的强势统治都极大地刺激了对苏格兰地方平民影响很大的宗教团体,因此实际上,共主后的国王让苏格兰和英格兰的不稳定因素都增多了。这种不稳定又强化了另一种措施的必要性:苏格兰人以及同样在英格兰存在的封建社会边缘人、政治反对派,在包括洛克在内的一些人看来,都是为维持社会安定应该被排除出去的因素①,所以用兵团方式征召其前往海外打仗,就成为排除这些不安定因素的一种方式。这一后果在 17 世纪欧陆战争的背景下则有可能成为对英国影响更大的政治问题:从 16 世纪末到 18 世纪,欧洲大陆已经变成一台必须吸纳尽可能多的人力资源来维持运转的战争机器,荷兰、西班牙、丹麦、瑞典、法国、神圣罗马帝国都从英国征召过士兵;苏格兰军队的服务范围比主要在荷兰服役的英格兰人更广,参战人数也更多,被欧陆国家接纳的程度也更高。仅在 17 世纪初,就有 10 万以上的英国人被从本土抽调出去;而在"三十年战争"中,仅为瑞典服务的苏格兰人就约有 25,000 名;在 1635 年,苏格兰前往海外参战的人数高达成年男性中的 61%。②

出海的家臣在战争中成为军官,也难免与作战国发生关联,不管是出于自愿还是被迫,部分英国军官没有立即回到岛内,而是参

(接上页)参见 David Hume, *The History of England from the Invasion of Julius Caesar to the Revolution in 1688*, Vol. V, p. 245;戴雪、雷特:《思索英格兰与苏格兰的联合》,第 41—56 页。

① 参见 Maurice Cranston, *John Locke: A Biography*, London: Longmans, Green and Co., 1957, pp. 424-425。

② 参见 John Robertson, *The Scottish Enlightenment and the Militia Issue*, p. 4; Roger Manning, *An Apprenticeship in Arms: The Origins of the British Army, 1585-1702*, pp. 50, 63, 181; Keith Brown, *Noble Power in Scotland from the Reformation to the Revolution*, p. 132。

与到欧陆国家军队的作战和管理中去,某些甚至成为欧洲国家君
主的亲信。[①] 他们如此成为另一个君主的私臣,或者成为同时服
务于多个主人的臣民,这难免使其与英国君主之间的关系渐渐松
散,甚至因为服务于英国在战争中所不支持的那一方,而成为英国
君主的潜在敌人。是私臣的特殊身份使这些军官离开祖国,但这
个身份又实际上依赖有限时空范围内的密切交往来维持——欧陆
与英国还是太远,战争也还是太长,尽管部分军官一直承认对英王
的效忠,但已经无法完成保护效忠对象的任务。更为关键的变化
发生在前往欧陆打仗的普通士兵身上。当时的英国与欧陆相比,
战争更少,战争的方式和军队的组织也都更落后,可是这些出海的
士兵却经历了频繁且现代的战争训练。在瑞典、荷兰,包括法国,
他们身着统一军服,由国家而不是地方或个人提供补给和薪饷,在
日渐独立于社会等级的军衔制度中,不再为了个人的荣誉,而是服
从一个整体的战争目标进行作战。这不仅让他们能够更为熟悉地
使用武器,更有经验地配合和移动,还塑造了一部分凭借战功从士
兵中脱颖而出的新军官;他们作为封建土壤中的家臣和雇佣兵,如
今实际上正在被塑造为职业军人。

　　由于欧洲某阶段战争的结束,兵役年限已到,或国内战事爆发

---

　　① 1540—1700 年,大概有 90 名苏格兰军官为瑞典王室服务,他们成为瑞典
军事机器的核心部分,与瑞典国王和军官建立了私人友谊与忠诚,有些得到土地作
为军事功绩的封赏,因而也承担对瑞典领土的保卫职责,参与到瑞典的内部统治之
中,参见 Andrew MacKillop, Steve Murdoch eds., *Military Governors and Imperial Frontiers,*
1600-1800: A Study of Scotland and Empires, Leiden: Brill, 2003, pp. 77-78。曼宁的研究则
指出,大部分苏格兰军官在瑞典还是会被当作"出身低的人"看待,他们虽然是贵族,但是
并不自然享有贵族待遇,这种情况在欧洲国家对自身的主权和民族认同日渐提高之后,
变得更为常见,参见 Roger Manning, *An Apprenticeship in Arms: The Origins of the British*
Army, 1585-1702, p. 70。

等诸多不同的原因,部分出海的家臣和更多在欧陆作战的士兵回到了家乡。如果说原先他们还都可以被视为英国民兵体制中的一部分——即使他们是在这个体制的边缘,靠体制的裂缝才浮出水面的,而今他们的性质已经改变。一方面,君主仍然需要甚至比以前更需要在欧陆有作战经验的军官:他们的战斗力更强,也更有必要进行严格地控制,因此国王愿意收买他们加入自己的护卫队(garrison);护卫队是完全属于国王个人的武装力量,它与传统民兵制度可以形成私权与公权的对立,由此,这部分军官也与为保卫自身荣誉和财产而履行军事义务的贵族分裂开来,前者被后者鄙视为仆从,后者仍然自视为保留着独立性的履约人和自由人。①另一方面,出海而归的大量士兵和部分军官(尤其欧陆战争中塑造出的新军官)则可以结合成为新的兵团。这些兵团与之前的苏格兰兵团相比,对一个主人的需要降低了,形成一个自主团体的能力增强了:士兵遵守普遍的纪律,他们作为整体且为了整体目标作战;军官则要具有指挥作战的专业素养,依赖军功形成等级;两者之间亦有不再完全依赖私人之间的忠诚与信任关系而朝向形成制度性和功能性结合的趋势。所以,这种兵团越来越可能具有脱离本土社会关系的封闭性特征,他们为愿意给其支付薪饷的人服务——也就是说,他们有可能成为欧陆现代战争推动下形成的雇佣军。

从查理·世更为频繁地参与欧洲战事并扩充私人武装的动作,不难理解英格兰议会和一部分贵族对国王越来越深的疑惧,英格兰有因此面对战争的危险。从欧陆老兵组建新兵团的能力和趋

---

① 参见 Roger Manning, *An Apprenticeship in Arms: The Origins of the British Army, 1585-1702*, pp.159-169。

势则可以看出,在前往海外参战人数最多的苏格兰,欧陆老兵大量参与的盟约军(National Covenant Army)会带来怎样的危险与可能,可以说,苏格兰具备对英格兰发动战争的资源。本章无意把盟约军完全当作职业军处理,该军队内部存在家族构成的战斗单位,在高地和岛屿情况更是如此。但是,这支诞生于17世纪40年代初的军队,依靠大量在欧洲(特别是瑞典)服役的苏格兰老兵,并借助清教徒反抗国教教会的宗教热情,采取瑞典模式完成了征召士兵和组建军队的任务。军队初次征召时,由郡议事会代表爱丁堡中央政府,而不是由地方贵族,决定各市镇和教区征召的人数比例(10:1),向郡收取军事开销的税费;它规定士兵承担20年的服役期,组成20个军团,保持着2—3万人的规模。这是在英国最早建立军队内部医疗、福利系统并逐步开始执行军法的部队,也是所有参加英国内战的苏格兰军队中最有动员力和战斗力的一支;更重要的是,这支军队将查理一世拖进了战争,而国王对战争的准备和在战争中的失败使英国陷入了内战。①

从英格兰的角度看,内战的开始有外来军队入侵性质,或至少可以视为内部叛乱者借助欧陆军事力量造成的危害。正如克拉兰登伯爵意识到的,英国暴露在"雇佣军"或外来"援军"(auxiliry)的威胁下,苏格兰军队就是这种威胁的主要制造者。② 然而,单就苏

①　参见 Stanley D. M. Carpenter, *Military Leadership in the British Civil Wars, 1642-1651*, London: Frank Cass and Co. Ltd, 2005, pp, 82-83; Jone Kenyon and Jane Ohlmeyer eds., *The Civil Wars: A Military History of England, Scotland and Ireland 1638-1660*, Oxford: Oxford University Press, 2002, p. 5; Victoria Hanshaw, *Scotland and the British Army, 1700-1750*, p.190; David Hume, *The History of England from the Invasion of Julius Caesar to the Revolution in 1688*, Vol. V, pp.186-187。

②　参见 F. Raab, *The English Face of Machiavelli: A Changing Interpretation, 1500 -1700*, London: Routledge and Kegan Paul, 1964, p. 149。

格兰而言,这也是苏格兰最接近凭借国民军的获胜建立现代国家的机会。这里可以看到,除了将英国内战视为英格兰内部国王与议会之间的斗争,它还有更为复杂的性质和广阔的背景:封建社会一直存在多种裂缝,16世纪末到17世纪初体现在英国部分民兵(尤其是苏格兰民兵)身上的这一条之所以有研究意义,在于它揭示了封建制中为人身依附关系的可能后果:在一个外部战争形式(实际上也是整体政治秩序)发生转化之际,形成了具有建立新支配关系潜能的力量,这种力量通过带上了雇佣兵性质的私臣和流民表现出来,撕裂了由国王维系的宪制之内部统一性,从外部迫使英格兰走向军事现代化。有趣之处在于,如果这种力量可以仅凭战斗力在英国获得全胜,那么英国内战则需要被看作欧陆军事机器的成功扩展,民兵问题则应该被军队的战争功能问题和依据现代战争的逻辑建立国家秩序的问题完全取代。可是,苏格兰盟约军在取得最初的胜利之后,不断被议会和国王的力量吸纳和拆解,并最终化作英国民兵以及不列颠常备军的一部分,那么如其命运所示,整个内战可以视为英国在其原有权威结构中由不同部分来安顿新政治力量的努力。那么,这种努力如何实现?又如何改变了原有的政治结构?

四、对民兵控制权的争夺以及民兵在英格兰的重构

霍布斯在《比希莫斯》中曾经记录过内战的一个关键时刻:1642年,"议会夺走了国王征召和指挥民兵的权力,就是夺走了全

部主权"①。韦伯的叙述亦指向这个时刻:"因反抗斯图亚特王朝违反传统的租税要求所引发的伟大革命里,民兵乃是主要的军事担纲者,而查理一世与获胜的国会之所以无法达成妥协,最终也是因为卡在民兵控制权的问题上。"②实际上,关于民兵的控制权问题从苏格兰盟约军引发内战开始,一直持续到1689年光荣革命:它导致了苏格兰盟约军与国王的谈判破裂,引发了英格兰议会与国王的不断争斗,甚至在17世纪末关于常备军的争论里,这个问题仍然在回响。③ 然而,霍布斯和韦伯对"民兵"的界定并不相同。联系《比希莫斯》的上下文,霍布斯所指的"民兵"(militia)就是"士兵"(soilder),在霍布斯看来,在国王统治之下的所有人都应该被视为可以征召和指挥的民兵,因此议会将这个权力夺走才是夺走了"主权"。而韦伯特别指出,"英国的民兵并非国王的家产制军队,而是基于自由人的武装权",这里的"自由人"仍然指有人身和财产自由的封建贵族和乡绅。其实,英国"民兵"究竟指向谁,从上文所述的一部分非传统民兵的雇佣兵化和职业军化这一质变开始,就已经成为问题,对1642年参与争夺民兵指挥权的人来说,"民兵"仍是亟待讨论的模糊概念,当年的议会辩论中记录道:民兵"这个伟大的词,这个新词,这个麻烦的词","应该得到讨论",它是指"命令所有人所有物的权力,还是一般性地指属于地方和郡

---

① Thomas Hobbes, *The English Works of Thomas Hobbes*, ed. by William Molesworth, Vol. VI, London: John Bohn, 1839, p. 264.

② 韦伯:《支配社会学》,第114页。

③ 参见 David Hume, *The History of England from the Invasion of Julius Caesar to the Revolution in 1688*, Vol. V, p. 328; Roger Manning, *An Apprenticeship in Arms: The Origins of the British Army, 1585-1702*, pp. 292, 294, 296, 312。

的军事权力?"①而在本章的视角下,对民兵控制权的争夺过程,恰恰就是民兵概念变化的过程。

苏格兰在盟约军取得的最初胜利之后一直败北,因此苏格兰的武装力量不再是内战中独立的威胁,而是国王和英格兰议会争取和利用的对象。国王和英格兰议会针对民兵的政策既有改变整体政治秩序的尝试,还更可以被视作以增加私人自身权力为目标,动员和争取更有战斗力人群的努力。首先,从国王一方来看,在查理一世为数不多的、结果与意图不甚相悖的政策中,"打造民兵"(Perfect Militia)计划至少可以列为其一。这个计划从17世纪20年代就开始,起先是为了对付因不满国王税收和统治方式而越来越难以支配的贵族式民兵。但此计划不甚成功,后因为海归老兵力量的扩大和战争的需要得到延续,直至40年代仍然存在。② 让在欧陆参战的老兵返回家乡,以欧陆军队为标准,有规律地集中和训练地方军队,以促进其专业化和统一化,是查理一世"打造民兵"的目的和方式。在这个计划中,关键是授予了国王的治安官(deputy-lieutenant/Lord Lieutenant)向地方征收军税并管理民兵的权利,而这些权利无疑曾属于地方贵族和乡绅。新的治安官一般具有专业军人的身份和素质,其中当然包含了一批海归军官和老

---

① Lois Schwoerer, "The Fittest Subject for a King's Quarrel: An Essay on the Militia Controversy 1641-1642", *Journal of British Studies*, Vol. 11, No. 1, 1971, p. 46.

② 关于查理一世"打造民兵"的计划,有一种观点认为其因为缺少资金而效果不佳;另外一种观点认为其在开始的失败后逐渐形成了对民兵的现代化改革,甚至将之作为导致内战初期"民兵复兴"的原因。这里认为,无论其实际结果——尤其是以民兵战斗力来评判的结果——如何,查理一世改造民兵的意图和方向是明确的,参见 Henrik Langelüddecke, "The Chiefest Strength and Glory of This Kingdom: Arming and Training the 'Perfect Militia' in the 1630s", *The English Historical Review*, Vol. 118, No. 479, 2003, pp. 1265-1266。

兵。十分自然地,国王的计划被视为继续扩展家臣和私人武装的"僭政",但在内战初期,跟随国王参战的"民兵"中不仅有以往的贵族,还确实增加了不受贵族支配,且直接服从向国王负责之指挥官的平民和教众。①

查理一世扩展军队最终丧生于军人之手,查理二世却在复辟后夺回了对民兵的控制权。查理二世虽然声称要按照"传统"组建民兵,也服从议会的监督从而解决了大部分民兵的资金来源问题,但经历过内战的他当然明白应该十分珍惜这一权利。由此,查理二世新建的民兵除了加强武装和训练之外,在两个方面非常不"传统":首先,地方常备民兵(standing militia)更直接地受控于权力更强的国王的治安官,治安官可以解除任何被认为对国家安全产生威胁的人的武装,并防止可疑人员的私下聚集,借此进一步清除国王的反对派;其次,整合内战时支持王党的贵族和地方力量,将其组成一支独立的新志愿军,他们实际在性质上等同于原先国王的私人卫队,御前会议对这支军队的说法是其仅在"必要且紧急的时候"发挥作用,它作为"临时民兵"由国王和支持其的贵族自己出资供养,在一定程度上绕过了议会的监督。②

把民兵转化为私产,同时推进其向现代军队转化,可以视为从内战到光荣革命前英国国王改造民兵的主要方式,前者将确保国王的支配,后者会让国王具有战斗力。一方面,这无疑扩大了民兵

---

① 参见 Henrik Langelüddecke, "The Chiefest Strength and Glory of This Kingdom: Arming and Training the 'Perfect Militia' in the 1630s", p. 1303。

② 参见 Joyce Lee Malcolm, "Charles II and the Reconstruction of Royal Power", *The Historical Journal*, Vol. 35, No. 2, 1992, pp. 309-312。

的范围,原先被排除出民兵制度的社会边缘人和底层群体在此时更方便地进入了民兵系统,海归军官和老兵亦能够被安顿为国王的雇佣军;但另一方面,民兵作为国王私产的属性和建立成现代军队的目的之间,在实际操作上矛盾重重。首先,查理二世的"临时民兵"不具备成为现代军队的条件。这支军队属个人出资,财源有限且不稳定,其中军官与士兵相比数量太多且缺乏战斗力,单就军队的组织与作战方式而言,这支军队也仍然采取封建民兵的标准形态:贵族出于荣誉和意愿对君主承担军事义务,但他们在面对吸纳了新力量的议会民兵时即使能够取得胜绩,也无法持久作战。其次,国王们通过治安官打造的地方性"常备民兵"也不足以转化为现代军队,它们能够做到的是在打仗时争取更多更好的兵源,不打仗时削弱地方敌对势力,但做不到整合地方和中央的人力物力资源,建立一个整体性的命令和服从系统。更重要的是,它们也无法完全归属于国王:当国王的治安官来到地方召集民兵时,会发现自己是一个无法深入地方社会的"外人",缺少得到地方承认的权威,以这个身份,他绝不能很好地完成国王交给他的任务。所以,大多治安官会选择与地方精英合作,通过乡绅、贵族来获得兵源,在他们的支持下进行民兵的组织和训练。这样,国王改造的民兵仍然无法与土地社会脱离联系,各地不同的资源条件和民情,仍旧会在极大程度上决定此地的民兵状况,这也意味着国王依然要受地方精英的辖制。① 从另一个角度看,国王实际上也在有意识地利用地方力量,查理二世正是依赖地方乡绅才安置了内战中的大

---

① 参见 Joan Kent, *The English Village Constable 1580-1642: A Social and Administrative Study*, Oxford: Oxford University Press, 1986, pp. 40, 175-178。

量返乡士兵,并借助其力量打压内战中的共和派。① 因此,在英国,常备民兵在国王手中转化为常备职业军的任务在这一时期没有完成。

然而,面对民兵问题,英格兰议会也并非压倒国王的全胜者。自1642年从国王手中获得了民兵领导权后,议会废除了国王的治安官,采取的征召和管理方式都旨在使民兵作为国家而非私人的军事力量。② 议会于此时制定的招兵方式直到19世纪中期仍为英国所采用:军官首先从议会获得招募兵团的许可证明(包括资金),然后可以要求自己所在的团或排加入该兵团,也可以从其他军事单位中灵活地招募士兵补充到该兵团之中。这样,兵团之间的人员流动加强,与地方和个人之间的联系减弱;而且,该兵团不仅能够在国内作战,还可以被派往爱尔兰或海外。③ 如此,议会军依靠的力量扩展到与土地关系不那么紧密的商人、中产阶级和城市平民,当然也包括从欧陆回来的老兵;同时用议会向地方收税的办法,代替贵族和领主对士兵的供养。克伦威尔的"新模范军"在初期可谓议会军中具有现代特征的代表,这支军队不仅针对高级军官排除了凭借社会等级确定军衔等级的方式④,而且用对所有成员有约束力的,建立在宗教教义上的军纪,取代了传统的

① 参见 Joyce Lee Malcolm, "Charles II and the Reconstruction of Royal Power", pp. 327-329。

② 参见 J. P. Kenyon ed., *The Stuart Constitution, 1603-1688*, Cambridge: Cambridge University Press, 1985, p. 243。

③ 参见 Stanley D. M. Carpenter, *Military Leadership in the British Civil Wars, 1642-1651*, pp. 67-68。

④ 参见 Roger Manning, *An Apprenticeship in Arms: The Origins of the British Army, 1585-1702*, p. 171。

贵族荣誉与道德①。也正是这一支军队,成为英国军队摆脱雇佣军的象征。②

　　实际上,这些都可以视为议会将民兵转化为常备军的努力,甚至制造了民兵被常备军取代的预兆。然而,议会在这条军队现代化的道路上遭遇了严重的障碍:议会难以成为军队的组织者。因此,议会派曾试图借助强意识形态控制军队,如议会辩论中将自己对军队的控制权诉诸自然法③,克伦威尔则诉诸神意④。但除了借助宗教等极端意识形态,以及血腥征服带来的胜利感和严酷的纪律,议会军很难用稳定的纽带将分散的士兵、兵团、军官捆绑在一起,如此不难理解,休谟将克伦威尔称为"靠着军队维持统治的僭主"⑤,这带来的后果就是军队中的分裂主义和派别主义,议会军从来不是一个整体,也就更难由军队建立一个统一的政治体。另一个主要障碍直接造成议会军的存续危机,即供养军队的资金不足。议会通过支持者的筹款和向地方征税来维持军队,然而贵族、乡绅、治安官是提供地方税收的关键性力量,议会开始要与这些力量切断联系,甚至成为敌对方,所以在议会最初拿到民兵支配权时,军费就成为问题,克伦威尔的模范军尚且要防止军队因拖欠军

---

　　①　参见 David Hume, *The History of England from the Invasion of Julius Caesar to the Revolution in 1688*, Vol. V, pp. 339-340。

　　②　参见亨廷顿:《军人与国家:军政关系的理论与政治》,李晟译,中国政法大学出版社 2017 年版,第 19 页。

　　③　参见 Lois Schwoerer, "The Fittest Subject for a King's Quarrel: An Essay on the Militia Controversy 1641-1642", p. 69。

　　④　参见 David Hume, *The History of England from the Invasion of Julius Caesar to the Revolution in 1688*, Vol. V, p. 340。

　　⑤　David Hume, *The History of England from the Invasion of Julius Caesar to the Revolution in 1688*, Vol. VI, p. 43。

饷而发生哗变。①

在这种情况下,议会回头重建地方性的民兵组织,可以视为在造就国家军队时面临失败的权宜之计。在克伦威尔时期,为了防止军队因狂热意识形态和频繁骚乱导致的军权落空,护国公就在几个郡建立了不排除地方势力的民兵组织,为维持其军队铺垫后备力量;其后,议会军进一步与地方力量合作,通过影响地方和国家议会的选举,为地方势力提供在军队中的任职机会,在扩充民兵的同时允许军官担任地方和国家议会的议员。② 这无疑加强了地方与军队之间的庇护关系,但更为重要的是,它给地方性的民兵组织以机会,使其可能在即使不参与战争的时候,也因介入政治关系而成为政治秩序中的重要部分。

可以看到,从内战到复辟,在控制部分变质民兵并难以回避地借助现代战争方式争夺权力时,国王要将民兵收为私臣,议会则尝试打造非个人化的现代军队。国王和议会这两个权力端点力图通过改造传统民兵造就出国王的私人军事力量和英国常备军雏形,然而凑巧的是,这两个端点都必须依赖同一个中间环节才能存在,即在内战中得到重构的地方民兵组织。这意味着,国王和议会作为独立政治力量都没能建立完全可供自己支配的职业常备军,却在这个过程中证明了地方民兵组织的存在必要。经由内战重构的民兵逐渐脱离了封建制度中贵族对国王、附庸对贵族的军事义务层级体系,成为社会阶层更低、身份更平等的平民,在乡绅、治安官

---

① 参见 J. P. Kenyon ed., *The Stuart Constitution, 1603-1688*, p. 244;David Hume, *The History of England from the Invasion of Julius Caesar to the Revolution in 1688*, Vol. VI, p. 53。

② 参见 J. P. Kenyon ed., *The Stuart Constitution, 1603-1688*, p. 244;Roger Manning, *An Apprenticeship in Arms: The Origins of the British Army, 1585-1702*, pp. 294, 312。

甚至是原先土地贵族的组织下,参与地方治理并维护地方安全的军事组织。[①] 这些组织者并不完全是国王的家臣,不靠帮助国王做事获得主要收入,因此可以对君主保持某些独立性;他们也非议会任命的行政官员,所以不需要绝对地对议会负责。但也不像共和主义者所言,地方民兵是服从自身意愿的自主个体,共同维护土地和德性而组成的非依附性力量;相反,至少这部分民兵是高度政治化且不自由的:他们处在国王亲信的监督下,因此是国王控制对象的一部分;或是需要参与和借助议会选举得到组织军队的权利,所以受到议会的约束。一方面,可以说,他们生存在议会和国王的政治需要之中,并在其夹缝之间争取左右逢源;但从另一方面看,这里的民兵可以为君主和议会提供在权力相争时暂时达成平衡的机会,并使双方能够借此解释行政权和立法权如何以地方人民同意为基础实现了联合与分配,如果没有这些条件,很难想象查理二世在议会接受下的复辟。在这个意义上,民兵在内战中完成的重构是英国宪制从危机过渡到稳定形态的重要助力,这与本书"导论"中提示的,孟德斯鸠借助在地方行政过程中实现的权力规范性来揭示封建向现代社会过渡的思路,有重要的相似之处。

但是,这并不是整个故事的全部,也不是联合意义体现得最充分之处。重构后的英格兰民兵更具有对内的政治意义,而不是对外的军事功能,前一种意义逐渐超过后一种也是内战后民兵的重要特征。封建社会的解体让地方上的多数人需要将大量时间投入

---

① 参见 Roger Manning, *An Apprenticeship in Arms: The Origins of the British Army, 1585-1702*, p. 292; Eliga Gould, "To Strengthen the King's Hands: Dynastic Legitimacy, Militia Reform and Ideas of National Unity in England 1745-1760", *The Historical Journal*, Vol. 34, No. 2, 1991, p. 330。

一项不与土地直接相关的工作,将人们聚集起来进行武装训练的可能性就变得更小了。但民兵又确实吸纳了大量人员,动用这些人员,无论是议会、国王,还是社会本身都非常谨慎,因此民兵的活动范围、承担军事任务的性质与参战次数都受到限制。可以说,英格兰民兵的功能更接近警察,维护内部社会稳定是其基本职责,他们也确实发挥了安置内战老兵和控制政治反对派的作用。再者,由于复辟后的议会成为军队的供养人,它更需要在军队与维持军队的金主之间搭建桥梁。考虑到国王也需要将亲信安插在军队之中,因此即使是民兵组织,也成为卖官鬻爵和荫庇护佑发生的场所。所以,无论从战斗力的角度还是从军事制度的角度,这种民兵都难以过渡为国家的职业常备军,甚至还会限制常备军的成熟。①

如此看来,职业常备军(尤其是常备陆军②)对于英格兰来说,极难完全由内部社会催生出来,而是带有外部性。威廉三世及光荣革命导致的英国军事变化从一个侧面体现了这种外部性:这个荷兰人带来的外国军官和外国兵团和他在入主英国后的对外战争中训练出来的英国军官和士兵组成了英国常备军的重要力量,这个过程也是推进英year现代化的关键步骤。来自阿姆斯特丹的金融系统,给英格兰银行提供了参照,使后者逐步建立了战争与财富之间的正向关联,这种关联带给议会中某些成员及其支持者以利益,再传导到与这些议员有关的本土社会当中。然而,无论欧洲战争

---

① 与欧陆国家相比,英国陆军直到拿破仑战争之后都相当落后,落后的表现之一就是其仍然与社会阶层捆绑在一起,忠实地反映社会的结构,参见霍华德:《欧洲历史上的战争》,褚律元译,中信出版社 2017 年版,第 121—122 页;亨廷顿:《军人与国家》,第 39 页;Roger Manning, *An Apprenticeship in Arms: The Origins of the British Army, 1585-1702*, p. 430。

② 1689 年对常备军的争论实际上专指陆军,因此常备军(standing army)的另一种说法就是"地面力量"(land force)。

和海外殖民地对英格兰会带来多大的危险与利益,它们都还和英格兰隔着一道海峡,因此支持英国不需要常备陆军只需要海军和民兵的说法大有人在。① 这些都构成光荣革命之后常备军争论的话语,可以看到,常备军争论不能不与维持内部社会稳定的民兵发生关系,在吸纳常备军的新宪制中,民兵的意涵和意义会发生进一步的变化。

五、常备军争论中民兵性质的再定义及其揭示的不列颠政治形态

常备军对英国提出的真正考验是:是否存在一个作为公共人格的"国家"成为这支军队的所有者和指挥官,而不使常备军成为某一个人或某一派人的武装力量? 由乡绅和平民组成的在地民兵证明不了"国家"这个公共人格的存在。内战后分散在地方的民兵带有社会组织的性质和英格兰地方自治传统的特征,即使从其背后蕴含的权力关系和法权根据来看,它也更可能被用来确认一个由议会和国王(或者贵族与君主)构成的混合政体,或多个维护安全的法团,而无法指明作为一个整体的国家存在于何处。而且,在常备军争论初期的 17 世纪末,威廉三世这个"外人"握有大量军队,若要将这些军队变成日常存在,不难想见会遭到"要将军权

---

① 参见 Arnold Miller, "Some Arguments Used by English Pamphleteers, 1697-1700, Concerning a Standing Army", *The Journal of Modern History*, Vol. 18, No. 4, 1946, p. 310; Roger Manning, *An Apprenticeship in Arms: The Origins of the British Army, 1585-1702*, pp. 403, 428。

变成其特权,并试图腐蚀议会"①的指责。当权力的天平有偏向国王一方的可能时,民兵则被视为常备军的反面,成为议会反对国王的筹码。

在民兵与常备军的对比中,先进行的是对两种军队在社会功能层面的利弊分析。比如,前者培养德性,巩固地方;后者以勤养懒,借贷举债,容易产生兵变,威胁社会安定。② 然而,坚持认为民兵在当时主要作为地方治安维持者的性质,并在这个框架内阐释其优越性的理论家非常少,休谟可能是为数不多的一个:休谟多谈"政府"而少言及"国家",可以反映其对民兵性质等问题的判断。③ 随着议会中不同派别尤其是托利党和激进辉格党在支持民兵上达成一致,民兵和常备军不仅代表两种不同的国防外交战略,也越来越多地涉及宪制层面,针对常备军与民兵的支持者在后一个层面表现出的关键分歧。在威廉国王授意之下支持常备军的笛福敏锐地指出,问题并不在于要不要常备军,而是常备军"能否得到议会同意,能否得到有效控制,因此该军队是否合法的问题"④。同时,笛福也对议会和民兵提出质疑:既然军队不只受到国王控制,还受到议会(实际上是其背后人民)的控制,那么每个人都有掌控军队的权利,是否比一个人或一帮人掌控更为危险?⑤ 这里,

---

① Eliga Gould, "To Strengthen the King's Hands: Dynastic Legitimacy, Militia Reform and Ideas of National Unity in England 1745-1760", pp. 232-233.

② 参见 Arnold Miller, "Some Arguments Used by English Pamphleteers, 1697-1700, Concerning a Standing Army", pp. 310-311。

③ 参见休谟:《休谟政治论文选》,第7—8、23页;David Armitage, *The Ideological Origin of British Empire*, p. 192。

④ Arnold Miller, "Some Arguments Used by English Pamphleteers, 1697-1700, Concerning a Standing Army", pp. 307-308.

⑤ 参见 Daniel Defoe, *A Brief Reply to the History of Standing Armies in England*, EEBO Editions, ProQuest, 2010, p. 14。

所谓"每个人掌控军队的权利"正是笛福从反驳的角度揭示出的"民兵"特征。而且,这种属于每个人的权利可以作为造就"人民"的条件,人民被当成议会授予常备军合法性的权威来源。可以看到,针对常备军争论产生的理论辩护与政治需要又一次推进了"民兵"概念的变化,其中关键的是两方面。第一个方面,它不再仅仅指现实中地方乡绅与平民经训练而成为业余士兵,并组成对社会治安进行管理的组织,而是可以被建构为每个人都作为军队的一部分,自主行使其掌控军队的权利所组成的整体——在这个意义上,民兵可以成为一种政治原则或理想。这个原则或理想的重要性在于,议会能依靠它实现自身整合不同阶层和派系的需要,"人民"能在其中变得可见,并在此基础上使议会具有立法权威。由此而来的第二个方面是,既然民兵的政治原则以及对民兵的支持也是议会形成一个整体的条件之一,常备军的建立又须经议会的同意,而且事实上议会也没有因为同意国王维持议会监督下的常备军而否定民兵的选项,那么常备军与民兵就不再仅仅是完全对立的两种选择,毋宁说,民兵是常备军获得权威的一种来源,常备军则成了实现民兵原则和理想的一种合法方式。这样,如果没有民兵,或民兵原则得不到承认,常备军的维持也就难逃成为不合法和僭政的指责。

如果说在威廉时期的常备军讨论中,民兵性质的变化还只是政论家字里行间所展现的趋势,而且 17 世纪末常备军争论的结果是,国王在议会的严格限制下维持常备军,议会每年都要重新通过关于常备军的法案,对常备军的军费做出了非常苛刻的规定,致使常备军规模很难扩大,国王依旧如敌人一样被孤立在议会及其支持的民兵之外,常备军仍然不能说找到了一个整体性的公共人格

作为依托。到了 1757 年《民兵法案》通过时,情况则显得明朗很
多。这个法案在两党达成一致后由议会批准,决定于英格兰再次
征召和建设民兵,且将民兵与常备军的指挥权统一交付国王,授予
国王成为"所有臣民的首席司令官"一职。法案强调,民兵不再是
一个"自由"问题,而是一个"国家"问题。① 这意味着,议会和人
民对常备军及国王长达半个世纪的不信任基本消除,通过把民兵
的指挥权交给国王,实际上实现了人民与国王的联合。用博林布
鲁克的准确评论说:这是"新的国王与新的人民一起诞生"②。从
此,国王不再是私人军队的首领,而成为"人民"这个公共人格的
指挥官;同时,"人民"也不再是排除国王的"人民",而是包括了国
王的"人民",也就是说,国王亦成为民兵中的一分子。而且,这里
实现了常备军和民兵在权威来源上的一致、执行者的一致,因此常
备军亦被放在了"人民"的范畴内,可以与民兵一起,被视为"人
民"行动的不同方式。应该看到,1757 年法案的意义,更重要的方
面不在于真正"重建"了民兵,而是在于重新解释了内战后甚至传
统上存在的地方性民兵组织。民兵的新意义不仅在于它帮助议会
多数派做出了成功的政治宣传,也不在于它本身是否促成了议会
多数的形成,甚至与它的落实和壮大无关,而是由于它呈现出在战
斗中"我就是我们,我们就是我"这一整体的"人民"形象,回答了
每个人"为谁打仗""以什么原则打仗"的问题,因此常备军需要与
它统合,在其协助下获得对自身存在必要性和权威来源的解释。

---

① 参见 J. R. Western, *The English Militia in the Eighteenth Century: The Story of a Political Issue 1660-1802*, p. 152; Eliga Gould, "To Strengthen the King's Hands: Dynastic Legitimacy, Militia Reform and Ideas of National Unity in England 1745-1760", p. 340。

② Eliga Gould, "To Strengthen the King's Hands: Dynastic Legitimacy, Militia Reform and Ideas of National Unity in England 1745-1760", p. 336.

而这个过程,也是议会在常备军争论中与人民绑定在一起,并借助"民兵"这个塑造人民整体性的政治理想,成为人民意志代表的过程。当议会在《民兵法案》中表达了对国王的吸纳,并与之共同组成人民意志的表达者和人民意志的执行者这一整体时,也同时确认了以人民主权为原则之"国家"的存在。在这个意义上,《民兵法案》是常备军所需公共人格的出生证明,如此,民兵与常备军一起,都成了国家的"国民军"。①

但这个民兵与常备军共同凝聚为"国民军"的辉煌时刻,即本章第二部分中第一幅民兵图景完成,并向第二幅图景过渡的时刻,却也是不列颠开始因民兵问题面临分裂和革命的危机时刻。如前文交代的第二次民兵讨论背景,1757年《民兵法案》因排除了苏格兰,触发了弗格森、斯密等一批人对民兵问题的关切;同时,《民兵法案》作为政策的现实意义,与其后英国面对重大对外战争时即组织、扩充民兵的决定一样,可以理解为国家用民兵为常备军补充兵源和物资的动员策略,但它也肯定了国民面对战争保护自身、保卫家乡的权利与自然反应。这后一点不可能不刺激苏格兰人:不列颠的维系和扩张,是否要以苏格兰人和苏格兰的牺牲为代价? 从理论上讲,《民兵法案》标志着,能够用全体国民自主的自保行动来统一理解民兵和常备军的性质,常备军在民兵存在的基础上获得了作为国家公器的合法性;但是,苏格兰的民兵没有被该法案承认,或者说,苏格兰缺乏此种性质的民兵而且没有得到议会的批准

---

① 所以,即使是"民兵"性质最为理想化的这个阶段,也与共和主义的民兵图景仍然存在着方向上的差异,这里在常备军论的背景下强调,民兵的意义不仅在于个人保存自己的权利,以及自主行动的意愿,而且在于呈现"人民"整体,没有后者,常备军仍然没有存在的依托。

去建立。那么,常备军中的苏格兰部分则会因为缺少人民的授权,而不能与作为公共人格的"国家"直接挂钩。如此,从常备军的苏格兰部分来考察不列颠军队就变得必要:常备军是否只有一种与民兵和人民统一的存在方式?对这个问题的回答也关系到,不列颠是否只有作为公共人格之"国家"的这一种身份。

盟约军的力量在议会长老派和查理一世手中的先后被消耗,又经过克伦威尔的镇压,损失殆尽。这意味着查理二世复辟时,苏格兰已经没有成型的军队能与英格兰抗衡,用休谟的话说,苏格兰因为其"位置、贫穷和勇武,多年来一直独立,现在完全臣服"①。上文谈及查理二世建立民兵的举措覆盖范围同样包括苏格兰,因此复辟后的苏格兰民兵是由国王在苏格兰的关键郡依赖自己的亲信和当地大家族,控制苏格兰(尤其是那里有战斗力的老兵和有组织能力的地方教会)的武装组织。所以在那时,苏格兰人"建立或出钱供养一支民兵"才变成了"向伦敦证明自己忠诚的最明确方式"。② 但是,这种控制方式曾在英格兰造成地方势力对民兵的渗透,与此相似,国王面对苏格兰地方势力时就更加不利。无论是查理二世还是詹姆斯二世,在宗教倾向上都与盘踞苏格兰地方的长老会势力格格不入,再加上距离遥远、人员混杂,更加使国王担心对家臣和军队的控制力减弱,继而助其成为扎根在苏格兰的反叛力量;而实际上,苏格兰民兵也确实与地方长老会等势力关系暧昧,后者在 1666 年前已经发动了数次反抗国王的暴乱。这样,原本就因掌握苏格兰民兵而受到英格兰议会指责的国王,更加失去

---

① David Hume, *The History of England from the Invasion of Julius Caesar to the Revolution in 1688*, Vol. VI, p. 26.

② 参见 Victoria Hanshaw, *Scotland and the British Army, 1700-1750*, p. 243。

了尝试与苏格兰地方进行合作的耐心,对那里的民兵越来越不信任,在詹姆斯二世统治的 1685 年,苏格兰的民兵遭到废除。[①]

但是,废除民兵并不意味着国王放弃了对苏格兰的军事控制;相反,国王使用亲信、苏格兰贵族和部分民兵(尤其是呈家族式聚集且战斗力很强的高地民兵)组成了数个兵团,这些兵团不再与地方直接发生关系,而是以更强的封闭性严格地掌握在国王及兵团军官手中。其中,军官具有国王的私臣性质;士兵则是苏格兰平民,有些是大家族中出身较低的成员或是依附于家族的扈从,他们认同自己的家长或首领,具备苏格兰人好斗勇武的特征,多数有作战经验。这些兵团用于应对突发事件,如镇压苏格兰叛乱;也被派往海外作战,弥补英格兰越来越难以从地方民兵中抽调出来的军事力量。英格兰议会虽然对兵团感到不安,但也因为无法代表苏格兰,所以缺少控制它们的办法。由此,苏格兰兵团逐渐具有了某些常备职业军的组织和特征,但他们同时也是国王的私人军队或者说家产。詹姆斯二世为了应对威廉入侵,命令这些苏格兰兵团进入英格兰,为自己执行抵抗任务,这更坐实了这些兵团与国王本人而不是与苏格兰本土的联系;在詹姆斯二世失败后,兵团被留在英格兰。[②]

光荣革命之后,兵团失去了原先的主人。威廉对詹姆斯党人聚集的苏格兰直接采取军事镇压的方式进行统治,对这些兵团则

① 参见 Elizabeth Hannan Hyman, "A Church Militant: Scotland, 1661-1690", *The Sixteenth Century Journal*, Vol. 26, No. 1, 1995; Victoria Hanshaw, *Scotland and the British Army, 1700-1750*, pp. 220-221; MacDougall ed., *Scotland and War*, p. 176; David Hume, *The History of England from the Invasion of Julius Caesar to the Revolution in 1688*, Vol. VI, pp. 109, 206。

② 参见 Robert Paul Barnes, "Scotland and the Glorious Revolution of 1688", *Albion: A Quarterly Journal Concerned with British Studies*, Vol. 3, No. 3, 1971, p. 122。

采取同化和利诱,用荷兰与苏格兰相同的长老会信仰和加官晋爵吸引他们,也对其取得了有效的控制。[1] 但是,一方面由于常备军争论的展开,威廉要面对将军队当作其"终身家奴"的指责而没有将苏格兰兵团归为己有;另一方面由于威廉之后的安妮女王已选定汉诺威王室成员作为其继承人,这种继承方式则象征着斯图亚特王室的彻底终结——如果说威廉仍算詹姆斯二世的家人,那么汉诺威王室成员则不再有类似的位置,兵团的归属问题便需要解释。于此方面亦可以理解 1707 年苏格兰与英格兰联合的重要意义。1707 年,苏格兰议员进入威斯敏斯特议会,与英格兰议会一起组成不列颠权威立法机构,《联合法案》正式生效,英格兰和苏格兰联合成为不列颠;参考前文中戴雪的解释框架,苏格兰接受了不列颠的主权,与之同时,苏格兰兵团正式加入不列颠军队,承认国王和议会共同的主权性管辖,这个时刻也经常被当作不列颠常备陆军正式成立的时刻。

不过,联合并没有让苏格兰兵团回到苏格兰代表或人民的手中;相反,它强化了不列颠以私人依附关系对苏格兰兵团进行的控制。国王是常备军的指挥官,因此可以继续在苏格兰兵团中发展亲信,建立依附关系。更重要的是,议会再次用内战中控制英格兰地方民兵的方式,通过让兵团中的军官进入议会,以及安排苏格兰议员在军队中任职,把苏格兰军官吸纳进不列颠的权力中心。这些军官会逐渐成为不列颠某些党派、权臣的追随者,军队则会在有政治背景的军官影响下成为票仓。直至 18 世纪 60 年代,苏格兰

---

[1] 参见 Roger Manning, *An Apprenticeship in Arms: The Origins of the British Army, 1585-1702*, p. 375。

军人的人数相比于不列颠其他地区是最多的。① 可以说,苏格兰军团的职业封闭性在苏格兰并入不列颠之后是下降的,他们成了议会政治中的一部分;同时,他们介入议会政治并没给他们自下而上地代表苏格兰民众以机会,而是使其与其他苏格兰议员一起,成为不列颠国王和议会自上而下以庇护方式控制苏格兰的重要环节:苏格兰议员本来就和苏格兰军官一样,多共同源于苏格兰封闭而狭小的贵族圈;与英格兰不同,这个贵族圈内部的结合与斗争,相较于他们与下层社会间的代表-选举关系,对苏格兰政治更具决定性。当这些苏格兰议员进入威斯敏斯特议会,必然因其人数少,不足以形成独立的力量,故而很快便和苏格兰军官一起,投入不列颠不同的政治派系之中。② 如此,从苏格兰兵团的角度说,1707 年的联合虽然使其成为"国家"的常备军,但兵团受控制的方式仍是相当私人性的,苏格兰军官依然具有作为国王之私臣或亲随的身份,而且他们以这种身份,帮助国王或权臣争取议会中与苏格兰本土上的政治势力。可是同时,由于大量苏格兰军官参与议会政治,苏格兰兵团也不再仅仅是某个人的私人武装力量,而是被吸纳到由议会多数体现的"国家"意志之中,成为帮助国家实现统治的一部分力量。

后一种特征在苏格兰兵团中的士兵身上体现得更加明显。不列颠常备军中的苏格兰士兵人数在联合后不断增加,1707 年之后

---

① 参见 Andrew MacKillop, Steve Murdoch eds., *Military Governors and Imperial Frontiers, 1600-1800: A Study of Scotland and Empires*, pp. 231-232。
② 参见 Andrew Fletcher, *Political Works*, Cambridge: Cambridge University Press, 1997, pp. 9, 12; Roger Manning, *An Apprenticeship in Arms: The Origins of the British Army, 1585-1702*, p. 433。

又有 10 个以上的苏格兰兵团被纳入不列颠常备军。① 不列颠国王和权臣控制下的苏格兰军官仍可以通过他们与苏格兰本土贵族的私人联系,从贵族控制的土地上征召部分士兵,但这种征召方式获得的士兵数量有限,并且由于军官们日渐以伦敦为中心,在苏格兰的动员能力有所减弱。因此联合之后,大量苏格兰士兵是由不列颠通过议会立法,在以国家政策的形式实现对苏格兰社会的整体改造基础上征召入伍的。改造的方向是在为苏格兰贵族保留甚至扩充利益来源的同时,将大部分平民从本土抽调出来:议会鼓励苏格兰的土地兼并,但同时制定政策缩短土地租期,这让贵族能够控制的地区进一步扩大了,但也促使平民越来越容易地脱离土地,从而使之更方便地被纳入现代工商业和不列颠军队之中;而且,不列颠为苏格兰贵族提供了资金与机遇,助其发展工商业和开辟海外殖民地,这使他们更能够意识到战争对自己的利益,进而理解军队的需要。除此之外,苏格兰低地和高地在联合后都建立了法律、官僚与税收系统,从而降低了地方贵族对平民生活的介入程度,也削弱了苏格兰传统上一直保存在地方家族中的军事特征;同时,出于防范詹姆斯党人的叛乱,更有禁止平民携带和拥有武器的法律。② 这样,18 世纪的苏格兰社会在和平化的同时成了不列颠的"兵仓",笛福尖刻但生动地描绘了苏格兰资源在国家的安排下遭到榨取的命运:"苏格兰有取之不尽的人力资源,我们陆军和海军中大量的苏格兰人就是明证,更不要说他们还在瑞典、波兰、莫斯科、神

---

① 参见 Erik-Jan Zürcher ed., *Fighting for a Living: A Comparative Study of Military Labour, 1500-2000*, p. 303。

② 参见 Erik-Jan Zürcher ed., *Fighting for a Living: A Comparative Study of Military Labour, 1500-2000*, pp. 302-306。

圣罗马帝国、荷兰、法国的军队中出现。让苏格兰人去为这些君主
们效忠也好,反正他们天天在自己家里互相抹脖子,如此还可以用
'世界上最好士兵'的空名掩盖其贫穷,英国何乐而不为呢? 苏格
兰是印度之外的宝藏。"①

无论描述的是苏格兰军官还是士兵,都不是要把苏格兰作为
不列颠中的一个"特例",毋宁说,是借在苏格兰身上体现得较为
明显的特征,澄清不列颠在此时期的军队与国家形态。从苏格兰
兵团的视角看,不列颠常备军的两面性首先表现在:不列颠常备军
不仅是与民兵统一的一种"人民"行动方式,是建立在民兵原则基
础上的"国民军";也是国家机器中,通过不断补充大量可控人力
资源,以其变成伤亡数字为代价来维持机器运转的一个重要部件。
如此,不列颠"国家"也不仅是建立在人民主权基础上,被确认为
具有"公共人格"的国家;还是建立在征服和占有基础上的一个权
力中心,对其所辖范围内军事和财政资源进行榨取的统治单位。
然而,这一个层次上的"两面性"还只是不列颠作为现代国家的
"一面",弗格森与斯密对民兵所做的不同界定,在一种视角下可
以分别对应于这两个方面。但不应该忘记,弗格森在理论层面讨
论的民兵问题,针对的是不列颠权威结构本身。在弗格森等从苏
格兰角度观察不列颠的人眼中,不列颠的权威结构绝没有实现议
会主权以及背后的人民主权,而是建立在贵族对国王和附庸对贵
族私人性服从的基础上。从现实中看,苏格兰军人和官员的位置
在1707年联合后也确实特殊:他们不仅履行国家公务,也经常以
半官方或私人身份,为国王或权臣处理某些事务,这些事务尤其包

---

① Daniel Defoe, *An Essay at Removing National Prejudices Against a Union with Scotland*, Gale ECCO, Print Editions, 2010, p. 28.

括不列颠内部不同部分间的关系;针对这些既不属于"外交"也不是"内政"的事务,"苏格兰官员常常成为大英帝国内,官方世界和非官方网络的关键连接点和缓冲带"①。而且,不列颠对苏格兰的统治亦建立在专制议会表面上合法的但实际上非法的支配的基础上,对弗格森等人来说,这都是不列颠变得"腐败"的证明。② 所以,从苏格兰的角度看去,不列颠军队以及不列颠本身的两面性凸显出来:不列颠军队不仅是人民军队和国家机器,也是由国王或权臣这样的政治核心用私人间的庇护-服从关系建立而成的伦理、利益共同体;不列颠亦不只是一个由均质个体组成的公共人格,还是一个由私人间的亲疏远近组成的、有中心有边缘的关系网络。

六、民兵视角下不列颠的联合结构

　　一个人想要用自身能力实现对自己的保护,乃是民兵问题的基本人性根据,由此也延伸出对个人意愿、行动自主性的追求,以及保卫属己之身家的愿望。然而更多时候,人必须调用、借助、依赖其他人实现对自己的保护,支配与被支配的关系在这个过程中产生,人也难免成为时空中的政治人——雇佣军和职业常备军的存在可以被视为这一种人之处境的鲜明象征。

　　通过把人与人之间的支配关系转化为契约性质的财产(尤其是地产)关系,封建社会中拥有自己财产的成员都在不同程度上是

---

　　① Andrew MacKillop, Steve Murdoch eds., *Military Governors and Imperial Frontiers, 1600-1800: A Study of Scotland and Empires*, p. li.

　　② 参见 Andrew Fletcher, *Political Works*, pp. 12-16。

"自由人",封建性质的"民兵"也可以视为这些"自由人"为了保护自己,保卫契约而进行军事活动的组织。但是,封建社会的"自由人"终究不完全自由,他们并非绝对私有产权的所有者,而是与其上的领主或其下的佃户以不同方式共同使用一份财产,正是维持同一份财产时恰恰可能建立的权力和利益输送使封建关系中始终包含产生人身依附关系的因素。当一个封建性质的政治单位大量产生封建契约关系之外并且有武装的人士比如作为私臣和流民的军人时,这标志着这个政治体的秩序遭受冲击。苏格兰与英格兰在 17 世纪后的共主,以及同时期欧陆现代军事力量和新型政治单位的诞生,是引发英国传统秩序发生变化的重要内外原因。时代关口的选择从来不多:英国要么依附他人,成为为之提供雇佣军的兵仓;要么能够获取并占有兵源,争取作为独立正常政治单位的资格。

征服苏格兰,控制爱尔兰,在北美、印度等地建立殖民地,继而于欧陆招兵买马,都可以视为英国克服内战,并让后一个选择成为现实的证明。但这并不是一个可以轻易完成的证明:一个总是需要同时也依赖大量其他人来保护自己的人,如何证明自己是个独立的人?一种选择是,被依附者应该使自己利用的力量成为自己的一部分,以依赖关系为基础建立权威关系,从而与自己的依附者一起组成一个属于自己的独立单位。内战中的国王和英格兰议会,或出于主动,或迫于无奈,都以这种选择争取过英格兰的地方势力,在这个过程中,地方势力没有被完全纳入任何一方的内部,而是给双方提供了权力达成平衡的可能。因此,英格兰地方自治传统得以回应国王和议会带来的冲击,重构为乡绅组织地方平民,维持社会治安的民兵组织。这种民兵联结了国王和议会,让地方成为有自保功能的单位,初步实现了英格兰人"保家"的意愿,可以视为复辟后英格兰重要政治力量实现平衡,权威秩序得以建立的基石之一。以这个稳定的有限范围为基础,英国得以进一步开辟扩展空间,发展依附力量。光荣革命后,国王和议会均继续利用私人化的庇护关系,巩固和扩展对苏格兰的政治控制,获得了更多可供灵活调配的军事力量,维持着不列颠陆军的基本规模。而且,这一扩展过程当然没有止于苏格兰,以英格兰为中心延伸出来的庇护-服从关系,在空间中次第扩展的结果,即可以被视为不列颠帝国的范围。可是,每一次扩展也都会带来中心对内部权威结构和外部关系两方面控制难度的增加。当暴露出的困难削弱了扩展赖以维系的庇护-服从关系,或是因必须借助其他控制方式强化控制的深度和广度,从而阻碍了这种关系的生长时,不列颠就需要其他方式的配合来维护政治体的存续。

另一种在政治世界中实现自保与独立证明的选择便浮出水面,被依附者要完成向一个公共人格进行的转化,在这个公共人格之内,每个人既能够自己保护自己,又共同实现了对其他人的保护,这可以说是民兵之人性根据的彻底实现;与此同时,这个公共人格还要能够对外保持独立,只要永久和平没有实现,它都需要维持迅速投入战争的能力,即要维持一支有足够战斗力的军队。这个公共人格的建立可以使对外作战的军队也基于内部原则构成,那么这支军队就不再是某个私人的依附性力量,而是公共人格存在的一个证据,由此它可以与永恒的"我们人民"一起,真正具有"常备"的意义。17世纪末英国本土出现了大量外来军队,为何及如何维持这些军队,带来了常备军问题的争论。这一争论其实也催生于光荣革命后英国再次证明身份独立与自保能力的要求。在争论中,民兵的传统和实践经过个人自保权利和集体自保理想的改造,上升为可以促成议会达成一致,并在此基础上帮助议会争取主权的政治原则。由此,民兵原则的实现与议会代表之公共人格的建立捆绑在一起,通过1757年的《民兵法案》成为民兵原则得以落实和英国公共人格存在的标志:在这个时刻,不列颠不仅是个内部异质的"帝国",还是个均质的现代人民主权"国家"。在国家之中,民兵原则实现了民兵与常备军在权威来源、构成人员、制度衔接等种种方面的统一,却也在以全体国民为常备军的动员提供支持的同时,触发了对宪制更为危险的问题:"人民"可以在全民动员和对外战争中不断重新界定自身,以此对国家的原有范围与政治秩序提出重构要求;结果是,建立这个公共人格的内部原则和军事力量同时会成为切割、分裂、重组这个公共人格的理由和手段。

从民兵性质的变化看来,从内战被触发开始,不列颠既是在重建一个由私人依附关系和不平等的支配关系构筑的"帝国",又是在建立一个由个人权利结合为人民主权,从而具有公共人格的"国家"。而无论是从时间还是空间上说,二者的范围都并不完全重合,说前者为后者提供了出现的基础,后者有助于解决前者的结构性困难,并不算有失公允。这种叠加又不重合的形态在1707年苏格兰与英格兰联合时充分体现出来:联合既以国王、廷臣和苏格兰权贵间的庇护-服从关系为基础,又以威斯敏斯特议会这个统一的代表性机构作为标志。不列颠依靠后者进一步扩展了控制范围与深度,但前者所凭借的内部等级差异、强势执行权、个人专权式地发展庇护关系仍然是联合必须借助的基础。而且,这种形态也让不列颠实现了在内部高效利用人力资源发展生产、积累财富的前提下,得以从世界范围内抽调兵力进行战争,同时保证了对军队的稳定操控。这样,虽然与这一时期的欧陆国家相比,不列颠军队的职业化程度不高、成员来源混杂,但却具有可观的兵力、强大的经济后盾和较高的忠诚度。

所以,民兵视角可以凸显不列颠的联合形态自身要面对的危机。1757 年《民兵法案》激起了苏格兰重建民兵的要求,由于这本质上是苏格兰寻求建立自身公共政治人格的要求,因此频繁遭到不列颠拒绝;到 18 世纪末,不列颠终于批准苏格兰建立民兵,但在弗格森看来,那也不过是又一个"强制招兵"的法案。[1] 实际上,《民兵法案》的正反两面结果说明了,在现代国家的语境中,民兵原则既是建国原则,也是革命原则,它的实现既是不列颠"国家"身份的确认,也是针对不列颠"去帝国化"的开始,揭示了成就不列颠这种联合方式本身蕴含的张力和危险。如果说苏格兰在民兵问题上的难平之意仍然只是不列颠联合形态可能发生变化的苗头,那么对于北美殖民地这样一个相隔大洋的联合成员而言,直接抽调人力财力不再现实,也遭到了以革命为方式的更激烈抵制。如此,不列颠内部有等级差异且需要借助一个有惩罚和强制性的共同执行权来维持联合的方式就必须得到改变。然而,美利坚联合作为不列颠联合的反题,在多大程度上,又将以什么方式摆脱不列颠联合的框架,进而产生了什么样的影响,是我们接下来要关心的问题。

---

[1] 参见 Richard B. Sher, "Adam Ferguson, Adam Smith, and the Problem of National Defense", p. 263。

第三章 "复合共和国"的诞生

——"麦迪逊问题"中的"何为美国"

一、"麦迪逊问题"与本章的讨论方向

确实存在"麦迪逊问题"(the Madison Problem):麦迪逊既是著名的联邦党人,既也是严重分裂并激烈反对联邦党的人;既是坚决否定美利坚扩展国家性军事和财政权力的州议员,也是建立国家军事、福利系统和国家银行的总统;既是坚持自由贸易原则,以普遍理性法处理国家间关系的自然权利者,也是促成美利坚在不排除违宪的处境下完成第一次大规模土地扩张的国务卿。就像伍德(Gordon Wood)曾指出的:"正如当初学者们研究亚当·斯密理论时,发现了他两种截然不同的思想从而引出'亚当·斯密问题'那样,现在他们也看到了两个不同的詹姆斯·麦迪逊。"①

---

① 伍德:《革命品格:建国者何以与众不同》,周顺译,上海人民出版社 2018 年版,第 133 页。"麦迪逊问题"不仅被麦迪逊身后的学者所意识到,晚近的研究表明,麦迪逊自己也多少为自己立场和政策的不融贯担心。比尔德在《麦迪逊之手:对制宪会议记录的修改》一书中就详细考证了麦迪逊在 1789—1790 年、18 世纪 90 年代中期、1817 年退休之后对《制宪记录》的修订甚至篡改,以适合不同 (转下页)

与伍德相似,我们在这里的目的不是要着力呈现两个甚至多个矛盾的麦迪逊①,以前后矛盾的政策和摇摆不定的角色来解构一位"美国国父"可能无助于我们认识一个国家;与伍德和很多麦迪逊研究者不同的是,给麦迪逊多变的角色和政策寻求一个融贯的解释也不是本章的目的②。在笔者看来,首先,应该为麦迪逊

_____

(接上页)时期较为融贯地表述自身政策的需求,该研究以此解释了麦迪逊生前没有出版《制宪记录》的原因,也对以"原旨主义"(originalism)解释宪法和国父们的思想提出了重要的挑战。参见 Mary Bilder, *Madison's Hand: Revising the Constitutional Convention*, Cambridge, MA.: Harvard University Press, 2015; Jack Rakove, *Original Meanings: Politics and Ideas in the Making of the Constitution*, New York: A. A. Knopf, 1996;霍晓立:《麦迪逊的原旨主义》,《读书》,2018 年第 5 期。

① 伍德:《革命品格:建国者何以与众不同》,第 137 页。伍德认为麦迪逊在变化的政策和立场中存在着一以贯之的政治原则和对美国性质的理解,因此强调"从来不存在两个詹姆斯·麦迪逊"。

② 在融贯解释麦迪逊的研究中,代表性的观点和作品有如下几种。巴宁的经典研究认为,麦迪逊的融贯之处在于坚持用共和主义的实验来对抗高度分裂和高度集权带来的不利后果,参见 Lance Banning, *The Sacred Fire of Liberty: James Madison and the Founding of the Federal Republic*, Ithaca: Cornell University Press, 1995。麦迪逊的传记作者拉科夫则强调,要参照麦迪逊对宪法的"原旨性理解"(original explanation)建构麦迪逊的思想,其思想一以贯之的原则是作为批准宪法的最终授权人即"我们人民"来理解宪法,参见 Jack Rakove, *James Madison and the Creation of the American Republic*, New York: Pearson, 2006; *Original Meanings: Politics and Ideas in the Making of the Constitution*。两者的麦迪逊解释都带有共和主义色彩。值得注意的是,以共和主义解释北美革命的伍德提醒读者,要注意麦迪逊变化着的立场背后与现代国家保持距离的态度。麦迪逊可能更青睐作为中立和有限裁判者的"古代政府"(ancient government),而不是具有强大行政权和集中性权力的现代国家,这意味着麦迪逊可能借助了英帝国枢密院的样板来理解新建的联邦,参见 Gordon S. Wood, "Is There a 'James Madison Problem'", in *Revolutionary Characters: What Made the Founders Different*, New York: The Penguin Press, 2006;中文版参见伍德:《革命品格:建国者何以与众不同》,第 140—152 页。希恩则对新发现的一份麦迪逊手稿进行了详细研究,揭示了麦迪逊熟悉古典作家(如亚里士多德等人),并指出麦迪逊有意识地继承古典共和主义并着力解决其困难的努力,参见 Colleen A. Sheehan, *The Mind of James Madison: The Legacy of Classical Republicanism*, Cambridge: Cambridge University Press, 2015。也参见郑荃文:《古典共和理想的追求与美国政制——评希恩〈詹姆斯·麦迪逊的思想:古典共和主义的遗产〉》,《政治思想史》,2018 年第 1 期。吉布森提供了一个关于"麦迪逊问题"的研究的文献综述,总结了麦迪逊对统治原则、政治自由、司法、政治经济模式等方面的态度,并给出了一个较为中肯的判断:麦迪逊在坚持(转下页)

（尤其是作为一个政治家的麦迪逊）保留在政策和立场上不能一以贯之的空间；其次，讨论"麦迪逊问题"的意义在于用它发现每一个被标签化的麦迪逊背后，他本人不能被标签化的复杂性，而且这种复杂性不仅属于麦迪逊个人，更属于诞生之初的美利坚。可以说，与"国父"之中立场较为清晰和一贯的杰斐逊、汉密尔顿、华盛顿等人相比，麦迪逊最诚恳也更完整地表达出美利坚在国家构成方式上的独特和困难之处：美利坚的联合是对原有不列颠联合的革命，但否定了原有联合的秩序支柱，它是否能够建立新的秩序？以什么形态来建立？所以，思考"麦迪逊问题"服务于讨论美国基本的联合方式问题，也从属于宪政问题。

　　本讨论至少包括如下两个方面：第一，麦迪逊如何从理论上解释美利坚的根本政治结构，这为我们判断"美国是一个什么样的政治体"提供了一个重要参考；第二，麦迪逊在理论中保留的复杂张力是否以及怎样有助于解释早期美利坚在现实政治运作过程中形成一个"联合"——这里的"联合"牵涉宪法性政治制度的生成和巩固，政治体领土的保守与扩增，以及制度和领土背后权力的来源与分配等问题的安顿。"麦迪逊问题"在这个意义上恰恰可以帮助我

　　（接上页）人民主权原则和避免把美利坚建成一个由独立、强大中央权力主导的现代国家方面可谓一以贯之。但不足之处在于，文章没能指出这两种坚持内在可能的矛盾，以及麦迪逊如何在美国宪制的框架内调和二者，参见 Alan Gibson，"The Madisonian Madison and the Question of Consistency：The Significance and Challenge of Recent Research"，*The Review of Politics*，Vol. 64，No. 2，2009，pp. 311-338。在国内的研究中，张国栋和田雷也关注了"麦迪逊问题"。张国栋梳理过麦迪逊对何为联邦在认识上发生的变化，指出了联邦存在内部不稳定的原因，但得出的结论是麦迪逊更倾向于建立一个欧式的现代民族国家，对此结论这里笔者持保留态度，参见张国栋：《麦迪逊的联邦主义理论：形成、转变及其内在不稳定性》，《政治思想史》，2015 年第 1 期。田雷亦提及在美国建国的国父中，只有麦迪逊意识到要用联邦主义克服共和主义的弊病，但是对这种克服是否以及如何能够实现没有进行直接论述，参见田雷：《通向费城的道路：麦迪逊的新政治科学》，《书城》，2009 年第 8 期。

们考察宪法能够容纳的政治空间,并检验它被现实拉伸后的形态与活力。而且,彼时在麦迪逊眼前经历构型的美利坚也正是此时我们所见之美国的一部分。

这些讨论不可能回避对美国宪政已有的流行解释,"麦迪逊问题"正有助于揭示某些解释上的困难,并补充受到主流解释忽视的角度。"麦迪逊问题"揭示出,从 1776 年北美革命到 1787 年制定宪法,再到 19 世纪初美利坚的扩张,麦迪逊政治生命在这段时间里的每一步都在改革甚至否定前一步所依赖之政治原则和框架:立宪的重要目的之一是要求通过革命获得主权的人们能够回过头来进行自我限制,但美利坚在扩张时要求的权能又常常先于或超出得到宪法允许的范围。因此,用一种意识形态,以普遍、连续、规范的政治原则,在从小(州)到大(联邦)空间的自然扩展层面上,构筑一套完整的历史叙事,虽然属于这个国家的研究者构建其国史和国家精神的部分职责,但往往使观察者们疏于明鉴美利坚宪政的真正创新与困难之处。比如,自由主义在解释立宪创设有限政府的环节上或许有力,但很难为"人民"革命的行动与具备"集权"能力的联邦政府之出现,提供有说服力的理由。作为对自由主义及辉格史的修正,共和主义建构了更适合解释革命的历史叙事,但在面对由多个具有主权的州再联合成为一个同样有主权的联邦时,却对如何理解这一结构缺少分析框架。① 作为应对,共和主义

---

① 正如奥奈夫所言:"共和主义的意识形态对于美国人从不列颠'僭政'中摆脱出来有用,但对建立一个新政制用处不大。尤其是在解释主权国家如何结合成为一个有主权的联合方面无效。"Peter S. Onuf, *The Origins of the Federal Republic: Jurisdictional Controversies in the United States, 1775-1787*, Philadelphia: University of Pennsylvania Press, 1983, p. 15.参见 James H. Read, *Power versus Liberty: Madison, Hamilton, Wilson, and Jefferson*, Charlottesville: University of Virginia Press, 2000, p. 6。

尝试引入平民-精英互相制衡与配合的混合政府模式,来阐释由州扩展为联邦的必要和设置三权分立制度的合理性。然而在理论上,这种做法可能借助了与现代共和主义逻辑不兼容的思想资源,即精英与平民间的区分。问题在于,混合政府需要借助的人性差异是否能在现代民主革命后留存①,以及,混合政府逻辑与主权逻辑的矛盾是否能够化解。面对这些困难,"麦迪逊问题"却可能提供启发,保持对宪政有张力的认识对麦迪逊而言可能是重要的:可以利用个人自由与人民主权、州权与联邦权力、联邦政府与宪法这些不同系统之间产生的矛盾,来理解美利坚建立联邦的逻辑与构型的动力。因此,美利坚在麦迪逊那里被视为"复合共和国"(compound republic)②。本章将通过追踪"麦迪逊问题"在美国宪政形成过程中的产生和变化,尝试理解美利坚由何种元素,如何"复合"而成。

---

① 以伍德为例,伍德提出"第二轮立宪运动"的说法,以解释某些州(如马萨诸塞州)随着立宪实验的成熟,逐渐达成了精英与平民的妥协,自然催生了立法权之外行政权、司法权的加强,继而呈现出三权分立这一标志性混合政府的面貌,这种在州之中发生的变化似乎也能够用于解释联邦宪制如何从革命中逐渐生成。但是,即使我们忽略马萨诸塞州宪法对英国政体的有意借鉴,尤其是亚当斯以英国君主权力为范本设置执行权对马萨诸塞《埃塞克斯决议》的影响(这与共和主义的革命逻辑并不兼容),并把马萨诸塞的特殊性作为各州经过不同时间段也可能出现的普遍状况,将州的情形直接推论为联邦建立宪政的根据也缺乏必要的论证。何况,马萨诸塞在建立了这种分权宪政后仍面临谢斯起义的威胁,政治并不稳定。从中可以看到,精英与平民在斗争中的妥协是建立宪政秩序的必要条件,而非充分条件。因此,以精英与平民在共和革命后的妥协解释联邦宪政的建立仍面临困难。参见伍德:《美利坚共和国的缔造:1776—1787》,朱妍兰译,译林出版社2016年版,第430页;李剑鸣:《美国革命时期马萨诸塞立宪运动的意义和影响》,《历史研究》,2004年第1期;李剑鸣:《美国革命中的政体想象与国家构建——解读〈埃塞克斯决议〉》,《史学集刊》,2016年第3期。

② 参见 *The Federalist*, No. 39, 51, in Ralph Ketcham ed., *Selected Writings of James Madison*, Indianapolis: Hackett Publishing Company, 2006, pp. 102, 123。

二、制宪会议中"麦迪逊问题"的起点：从"合众"到"联邦"

麦迪逊在 1787 年制宪会议上遭遇的，首先不是联邦党人的胜利，而是一次失败带来的政治教育。这次失败的另一个称谓即"康涅迪格大妥协"（后文简称"大妥协"），发生在 1787 年 6 月，是制宪成功的关键步骤，也可以视为"麦迪逊问题"的起点。麦迪逊在此前和之后对美利坚的宪政设想并不一致，"大妥协"之后麦迪逊面对的不是成功，而是对建立宪政的更大挑战。因此，把"大妥协"之后麦迪逊开始参与撰写的《联邦党人文集》视为他对其政治理想的热情捍卫可能并不准确，文集里的麦迪逊篇章更可以被视为他面对和解决联邦宪政困难的努力，其中已经显露出他在矛盾前的谨慎和游移。

制宪会议要结束邦联内外交困的状态。在"大妥协"之前，从麦迪逊同时反对"新泽西方案"和"弗吉尼亚方案"可以看到，他认为新建的政治单位必须突破州的壁垒才有望成功。州给邦联带来的弊病不难列举，关键是如何解释限制甚至否定这些同样经由人民革命建立起来的主权"国家"（state）。13 个州的立宪方式虽然不同，可结果大多成为以人民立法权主导，由议会总揽立法、行政、司法等职责，具有主权性质的政治单位。① 在州的内部虽然存在

---

① 参见 Marc W. Kruman, *Between Authority & Liberty: State Constitution Making in Revolutionary America*, Chapel Hill: The University of North Carolina Press, 1997；王彬、李娟：《论美国革命时期的诸邦立宪》，《中南大学学报（社会科学版）》，2013 年第 2 期。

着多数控制下立法权的滥用和误用,但这从合法性上来说无可非议,也是人民民主的合法"实验"。但这种情况除了威胁州的稳定、邦联的整体存续和少数人权利①,从外部来说,13 个州还是 13 个相互独立的"国家",有结盟和参战的权利,如新泽西、特拉华和马里兰形成了北部同盟,宾西法尼亚州与弗吉尼亚州对南部则具有主导作用,加之这些不同区域还与不同欧洲霸权存在紧密联系,因此 13 个州结成数个小邦联的可能一直存在。麦迪逊就在给友人的信中提及西班牙利用州分裂邦联:"我们每一天都在担心 13 个州落入同样的圈套。若是数量加倍,困难更会加倍。"②

为此,麦迪逊在"大妥协"之前的宪政方案是建成一个彻底的"合众国",宪法的制定和通过就是"合众"的最佳手段。美利坚要形成一个整体,不是要否定建立州的人民主权原则,而是要更彻底地让每个个体——而非有主权的州,或多数州——结成不可分割的"人民",成为主权的直接授权者。"新泽西方案"以州的同意为基础,将美利坚宪政理解为各州达成的协定(treaty),并倾向于只要任何一个州明确地拒绝任一条款,其他成员就可以解除自身所受协定的约束。麦迪逊看到这种方案虽然最为"合法",却也最无助于改变邦联的性质,宪法仍然类似一个国际法条约。③ 作为应对,麦迪逊强调宪法应该被理解为获得了多数人的同意,由每个人

① 参见 Max M. Edling, *A Revolution in Favor of Government: Origins of the U.S. Constitution and the Making of the American State*, Oxford: Oxford University Press, 2003, pp. 3-4;伍德:《美利坚共和国的缔造》,第 136—149 页。

② "James Madison to the Marquis de Lafayette, March 20, 1785", in J. C. A. Stagg et al. eds., *The Papers of James Madison*, Vol. 8, Charlottesville: University of Virginia, 2007, pp. 251-252.

③ 参见 Ralph Ketcham ed., *Selected Writings of James Madison*, p. 52;阿克曼:《我们人民:转型》,田雷译,中国政法大学出版社 2014 年版,第 53—55 页。

对每个人承担义务所形成的社会契约整体;只有一部分人威胁到整体存在的根本原则才可以解除另一部分人维持整体存在的义务。既然北美革命和各州制定宪法都诉诸人民主权,那么合众国制宪应当再次确认并更为彻底地贯彻这一原则,经由他们对宪法的批准将人民巩固为一个整体①,而不是州之中经常变动且象征分裂的多数。

　　由此我们可以理解麦迪逊力主的制度设计,"新泽西方案"(小州方案)要求立法权体现州的平等自主地位自然不可接受,伦道夫的"弗吉尼亚方案"(大州方案)也因没有赋予新宪法对州立法的完全否决权而受到麦迪逊的指责。② 在"大妥协"之前,麦迪逊一心要实现的是完全按人口比例,而不是以州为单位安排立法权的构成,目的是尽量淡化州的身份在合众国中的作用。因此他精心区分上下院代表不同人口的比值,以缓和南北、大小州之间的不平等,力求取消州对人民的区隔作用,真正实现"合众为一",把

---

　　①　美利坚人民作为一个整体以主权者的身份存在,这一立场实际上在麦迪逊之后对美国的影响相当深远,林肯在发动南北战争时,斯托里在撰写《联邦党人文集》后最重要的宪政解释《美国宪法评注》中如此理解美国宪政的基础,并都将这种人民作为整体主权者的实现前推到北美革命。参见法伯:《林肯:在内战中,1861—1865》,邹奕译,中国政法大学出版社 2017 年版,第 31—32 页;斯托里:《美国宪法评注》,毛国权译,上海三联书店 2006 年版,第 98、133—134 页。这种前推的做法实际上已经背离了史实,但却日渐成为美国宪政的根本原则,虽然在宪法学者的讨论中仍有争议,却也不断得到重要的维护,参见阿克曼对"高级立法"的论述,阿克曼:《我们人民:奠基》,汪庆华译,中国政法大学出版社 2017 年版;阿克曼:《我们人民:转型》。而且,对这一原则的宣扬在某些特定时期真实地影响了美国的命运,"二战"时再次诉诸这一原则的影响一直持续到今天。

　　②　参见 Michael P. Zuckert, "Federalism and the Founding: Toward a Reinterpretation of the Constitutional Convention", *The Review of Politics*, Vol. 48, No. 2, 1986, p. 187。

美利坚变成一个"国家"①;赋予合众国的也不仅是经过州同意的列举性权利,而是可以否决州中所有与合众国矛盾之法律的完全立法权;在宪法通过的方式上,麦迪逊亦不同意直接交给原有的州立法机构,选择坚持专门成立人民选举的代表大会批准宪法。②

　　麦迪逊方案的有利之处是能够利用殖民地革命和各州立宪实验的政治原则遗产,以塑造合众国的方式建立取代州主权的美利坚主权。从麦迪逊写给伦道夫的信中我们可以看到,在这个方案中麦迪逊没有谈及行政权的本质和特征③,立法权仍然是合众国唯一的权力核心。所以,行政权和司法权从根本上来说缺乏独立的依据,它们只是对立法权的实现、补充和某些具体情况下的纠偏。在这种情况下,行政权的强势扩张令人忌惮,这也是麦迪逊总是与汉密尔顿所支持的、追求以强力为基础实现有威慑作用的行政权保持距离的原因。可以说,麦迪逊方案中对合众国宪政的理解仍然没有突破革命后各州的宪政性质,他试图用这一原则的适当延展来使各州过渡到国家,避免再次革命的问题。合众国较州而言是人民主权范围的扩大,并力图在更广阔的范围中将人民塑造为一个整体;但对于主权行使的方式,麦迪逊的合众国宪政方案实际上仍然面对州的困难:基于人民主权的立法权如何有效地限制自身,或接受外部限制,以维持一个稳定的秩序? 也就是说,如

<hr/>

　　① 参见 Ralph Ketcham ed., *Selected Writings of James Madison*, pp. 35-41, 51-56, 57-58, 67-69;李剑鸣:《美国革命时期代表制的实践及其意义》,《社会科学战线》,2015 年第 10 期。

　　② 参见 Ralph Ketcham ed., *Selected Writings of James Madison*, p. 77;Richard Tuck, *The Sleeping Sovereign: The Invention of Modern Democracy*, Cambridge: Cambridge University Press, 2016, p. 206。

　　③ 参见 Ralph Ketcham ed., *Selected Writings of James Madison*, p. 44;Gary Rosen, "James Madison and the Problem of Founding", *The Review of Politics*, Vol. 58, No. 3, 1996。

果此时的麦迪逊方案最终成为美利坚宪法,那么这一宪法应该更为类似法国大革命后制定的共和宪法,三权之间、中央与地方之间各自独立并相互制衡的体系不一定能发展出来,革命也不一定能够因通过宪法而停止。①

然而,制宪会议没有接受麦迪逊方案,而是达成了"大妥协",即上议院采取州平等原则,下议院接受人头平等的比例值原则。这意味着州作为平等、独立的政治单位在宪制中的位置不可取消,也意味着忽略州的架构,直接诉诸奠基于个人权利基础上的"我们人民"来理解美国宪政的实现基础,至少在解释宪政生成方面是不准确的。虽然麦迪逊在"大妥协"之后仍然指责制宪会议"把有害的原则引入了上层制度的分支",并预言时间会加剧而不是解决美利坚因此而埋下的分裂顽疾②,但他也不得不接受"大妥协"的结果,重新思考宪政的基础和运行方式。

州在宪政中的位置不可取消不能仅被视为促成不同权力派别间达成妥协的手段,而是有美利坚联合方式层面上的原因和影响。在革命的视角中,各州没有本质差异,都是人民借助代表其意志的成文宪法建立政府进行自治的政治单位。但从 17 世纪殖民地诞生以来,州还是在混杂的法律体系(包括英国普通法、罗马法、自然法等)中得到确认,由异质的私人财产所组成的可区分领土。在其中,个人的财产身家不只是抽象的物,它们是个体劳动灌注、积累、延伸的结果,同时还是与一片具体区域及该区域中确认和裁定归属的法律不可分离的有主物,在这个意义上,个人的财产、自由

---

① 参见布特米:《斗争与妥协:法英美三国宪法纵横谈》,李光祥译,北京大学出版社 2017 年版,第 120 页。

② 参见 Ralph Ketcham ed., *Selected Writings of James Madison*, pp. 68-70。

并不只诞生于蛮荒且自然的新大陆,而是需要一个先在的法律框架来保护——这个框架就是原先的殖民地法团,1776 年之后被称为"州"。它使人有了具体的身份,物有了具体的归属,土地有了具体的界限。显然,这一片片区域和其中法律的维持在北美独立之前都必须依赖不列颠,包括作为个人的国王、代表国家的君主和议会乃至帝国体制,甚至还牵涉如西班牙、法国等欧陆霸权,并涉及这些霸权间的关系。北美革命、殖民地立宪虽然逐渐抛弃了国王和帝国的权威,但仍然宣称保护个人财产,并力图用鼓励扩增财产,而不是重新分配原有财产的方式显示革命的成果。这使标识财产归属的土地界限和法律手段在革命后也得到了很大程度的保留,因此殖民地法律所确定的州的范围和殖民地司法也仍然起作用,如罗得岛、康涅迪格州就直接继承了原有殖民地中的基本法;弗吉尼亚和纽约虽然经历了重新立宪和改换政府,但也以地方人民及其代表重新赋予原有法律内容以新权威形式的方式,保留了区域内大量原有的自治手段。从这个角度可以说,北美革命没有完全突破州的领土界限,没有在北美大陆上将人们带回自然状态。所以,州这一领土性框架的保存可以视为 1787 年和平制宪的基础。但也正因为此,在重建权威的过程中,北美大陆确实面临着更大的失序风险。在各州制宪时,就有根据原初宪章或因为新占领土地产生分歧因而要求重划州间界限的企图①;制宪会议上,麦迪逊用人头替代州的方案又进一步激化了州之间的矛盾。如果各州因为新的制宪行为而陷入战争,制宪就走到了与其初衷相悖的道路上;而若要避免这种结果,制宪更可取的目的是填补州从脱离英

---

① 参见 Peter S. Onuf, "From Colony to Territory: Changing Concepts of Statehood in Revolutionary America", *Political Science Quarterly*, Vol. 97, No. 3, 1982, pp. 448-451。

王和英帝国那里失去的权威及联合支持,进一步确认具体人的生命、财产、自由能够在具体空间中获得充分的保护,并可以以异质的形态"合成"在一起。为此,制宪要做的不是用一个新的、更高的、唯一集中的权威取代州,而是确认州能以某种方式在保留原有多样性的基础上并存。

如此,美利坚还必须成为一个"联邦"。这里的"联邦"首先不是指与没有强大中央权力的"邦联"形成对照的集权、统一政体,而是如其字面意义,指使得多个平等的政治体以书面宪法、条约、协定的形式,让相互间关系变得可预期、可规划、可持续,并由此构成带有合作、对等、互助性质的系统,共享一个发挥执行、协调、裁判等作用的权力机构,也即多"邦"间相互平衡和妥协,共同承认一个"联盟"(covenant or foedus)的存在。同时,它又与邦联不同,各邦需要借助联盟的存在,以彼此间的妥协和承认为条件,确认自身行使权力的范围和权威,因此联邦成员的独立程度低于邦联成员,故而联邦为实现成员间基于联盟关系的政治义务,对成员进行干涉、控制甚至改造的程度则高于邦联。从这些方面看来,联邦与一种外交和政治体间的秩序形态紧密相连,联邦大会(Congress)也有类似"乌得勒支大会"(Utrench Congress)的外交机构性质。①所以,美利坚不仅是宪法创生的某个单一政治体,也形成了一种新型的政治体间的关系,这意味着完全用有严格边界的单一政治体继而以内外分离的方式理解美利坚并不准确。回到立宪时期,麦

---

① 参见 Daniel H. Deudney, "The Philadelphian System: Sovereignty, Arms Control, and Balance of Power in the American States-Union, Circa 1787-1861", *International Organization*, Vol. 49, No. 2, 1995; Eric Nelson, *The Royalist Revolution: Monarchy and the American Founding*, Cambridge, MA.: The Belknap Press of Harvard University Press, 2014, pp. 36, 46。

迪逊等人对美利坚联合与欧洲主权国家间的力量均衡体系,英帝国和罗马帝国内部都存在的中心与边缘结构,到底有何异同,都存在认识上的分歧。但不能回避的是,美利坚是法权平等但内部相异的成员以一定的规则,借助同一个机构,为处理某些与成员本身或成员间关系有关的事务而形成的联合。同时,在成员尚未完全借助普遍合意的规则联系起彼此,并将共享的机构理解为一个公共服务系统之前,促成该体系形成的仍然是地域上的毗邻、利益上的高度牵扯、相似的治理方式和大致均衡的实力单位或实力组合。①

"大妥协"的结果与麦迪逊方案相比,为美利坚在"合众国"的身份之外加上了"联邦"的属性,州仍然以平等地位构成了立法权的重要分支,并尤其在参议院对行政权处理外交事务时发挥的重要限制作用处体现了"联邦"的性质。麦迪逊迅速认识到并不得不接受了这一点。他承认,宪法同时造出了联邦和国家,是州的联合,同时是人民的主权②,"州没有合宪的废除与退出宪法的权利;但国家也不能要求全然至高无上(general supremacy)"③。在《联邦党人文集》中麦迪逊清晰地指出,宪法制造了一个"具有国家的和联盟的双重性质的复合共和国"④,它确实不是任何一种仅仅是范围由小变大了的既存政体,也不是如一种省力但不准确的解释说的那样,将这种双重属性理解为一个同质政体在中央和地方的

---

① 关于各州形成宪政的地缘政治背景,参见刘晗:《国内公法的外部维度:美国地缘宪制的深层逻辑》,《学术月刊》,2018 年第 12 期。

② 参见 Ralph Ketcham ed., *Selected Writings of James Madison*, p. 102。

③ Michael P. Zuckert, "Federalism and the Founding: Toward a Reinterpretation of the Constitutional Convention", p. 186.

④ Ralph Ketcham ed., *Selected Writings of James Madison*, p. 131.

不同层次上进行职权分割的结果,而是一个有中心、有边界的单一主权国和一个理论上无中心、无边界的政治体系的叠加。汉密尔顿因此曾提醒,这是一个"内部必然不稳定,一种性质的政府要吞噬另外一种性质的政府"①的问题政体。麦迪逊对此十分清楚,指出这是一个"从起源上没有先例,结构上非常复杂","传统的主权政治语汇都无法适用的宪政"②,且"新宪法可能建立在几个不同的原则上,它们会有各自不同的运行方式"③。但如何理解"复合共和国",使其获得良性的运行方式,则是麦迪逊在"大妥协"之后的人生中一直要面对的核心问题,也构成了"麦迪逊问题"的展开。

三、"麦迪逊问题"中包含的宪政解释: "复合共和国"如何可能

麦迪逊在写给杰斐逊的信中曾表达这样的担忧:美国的政治制度"将来会演变成一个压迫性的强大全国政府",还是"会演变成各州之间相互独立的无政府状态",这是一个"只有时间能够决断的问题"④。从中能看到,国家和联邦这两重属性有分离的危险,而且双方分离后不管选择将任何一方的逻辑充分实现出来,僭政或无政府的结果对麦迪逊和美利坚而言都不甚可欲。麦迪逊对

① Michael P. Zuckert, "Federalism and the Founding: Toward a Reinterpretation of the Constitutional Convention", p. 198.

② John Samples, *Recapturing Madison's Constitution, James Madison and the Future of Limited Government*, Washington DC: Cato Institute, 2002, p. 17.

③ Ralph Ketcham ed., *Selected Writings of James Madison*, p. 78.

④ Gaillard Hunt ed., *The Writings of James Madison*, Vol. 9, Chicago: Arkose Press, 2015, p. 75.

美利坚宪政的理解和设计,或可以从保持双重性质的"复合"这一出发点来认识,如此也为阐释美利坚某些重要制度的产生提供了一个角度。

要论及"复合"国家和联邦的方式,"大妥协"前麦迪逊方案的基本原则——人民主权——仍然是重要的理论背景。如果说在"大妥协"之前,用来建立"合众国"的人民主权原则还带有不少麦迪逊个人的政治理想主义色彩,在"复合共和国"的新语境下谈论人民主权,则可以视为麦迪逊权量后的选择:如果没有一种能够为国家和联邦提供相似基础的原则,国家很容易仅剩下在强大、单一的支配性权力下,作为一个巨大行政机器服务于金铁逻辑的一面,这是不列颠在革命语境中给北美殖民地留下的噩梦。如此,联邦也可能完全沦为供各州寻找权宜性手段而进行交易的场所,缺乏控制其成员的实质规范与自身的合法性基础。麦迪逊曾在撰写《联邦党人文集》时考察了从古希腊到近代荷兰联合省、德意志帝国的诸种联合方式,看到无论是在某个强势成员或国王主导下形成的扩张性联合(麦迪逊称之为"封建体系"),还是由有自主权成员组成的经济、司法、军事共同体("邦联体系"),都不足以"维持其成员的服从,或者阻止它们相互争斗和侵害"①——如果是这样,国家与联邦的属性必然无法调和。因此,如塔克(Richard Tuck)所言,麦迪逊一直是"人民主权的朋友"②,但是在制宪之后,"人民"和"主权"的概念,二者的组合方式、实现手段都需要重新阐释,它们比先前"合众国"方案中由个人直接组成"人民"作为主权者的逻辑要复杂得多。

---

① Ralph Ketcham ed., *Selected Writings of James Madison*, pp. 78-79.

② Richard Tuck, *The Sleeping Sovereign: The Invention of Modern Democracy*, p. 224.

　　如何再次定义"人民"和"主权",麦迪逊提供过不同的思路。首先,在《联邦党人文集》(后文简称《文集》)由麦迪逊撰写的第40、46篇中,都出现过"全体人民"(the whole body of people)①、"美国人民这个大整体"(the great body of citizens of United States)②的表述,州政府和联邦政府则以这个大的人民整体为共同基础,被笼统地描述为"人民的代理人和受托人",是"人民这个终极权威的衍生物";两者的区别则在于,它们"被赋予了不同的权力,朝向不同的目的"。③ 这样,麦迪逊就以同一个人民整体中产生不同代表和代表机构的方式,统一了联邦和国家的双重属性,由此申发出他关于人民主权在"大共和国"内如何实现的著名观点。《文集》中代表性的第51篇和第10篇共享这一思路,指出人民主权在美利坚的实现不在于也不可能制造"一种多数"基础上的"一个集中性权力"④,由于大的领土范围中必然会出现更多需要不同代表的不同利益团体,人民主权要在这些不同代表因分立而产生的相互制衡中,也就是在"野心必须用野心来对抗"⑤的过程中得到实现——这确实是有创造力的解释,尤其与用同一个人民整体的不同代表这一粗糙说法来统一联邦和国家的双重属性相比。麦迪逊揭示出,人民主权如果能在更大范围和更高程度上落实,它就不会落入欧洲民族国家的模式,产生唯一、持续、集中的权力核心,而是本身允许多元分权的架构,在相互替换和竞争中实现人民的需求,

---

① Alexander Hamilton, James Madison, John Jay, *The Federalist*, ed. by J. R. Pole, Indianapolis: Hackett Publishing Company, 2005, p. 223.

② Alexander Hamilton, James Madison, John Jay, *The Federalist*, p. 255.

③ Alexander Hamilton, James Madison, John Jay, *The Federalist*, p. 255;参见伍德:《美利坚共和国的缔造》,第488—503页。

④ 参见 Alexander Hamilton, James Madison, John Jay, *The Federalist*, pp. 86-89。

⑤ Alexander Hamilton, James Madison, John Jay, *The Federalist*, p. 281.

不断打破封闭、固定团体的形成。这样,邦和联邦也可以被视为不同多数形成的意志集合,继而作为参与分权和制衡的部分,容纳在"大共和国"中;不过,州和联邦的性质也会因此遭到重构,作为领地继承下来的自然属性和相互间存在的自然联系将被形成和表达集体意志的规则代替。

从正面来说,麦迪逊以人民主权的多重代表之间所产生的分权与制衡来解释复合共和国,实际上为美利坚宪政的实现提供了一个可扩展的社会性层面[①],这对现代政治的概念和美国其后的全球性扩张影响深远,因此无论是麦迪逊本人还是美利坚都从未彻底抛弃这一解释。但是,这一早熟的理论在形塑美利坚宪政雏形的时期仍显得颇为激进:既然宪政的运行中出现的只是各种代表,以及他们在竞争和调和中可能获得的有限优势,又何必假设这些背后有一个作为整体的"人民"和属于它的"主权","人民主权"在麦迪逊的这一分权制衡理论中,难道不应该是奥卡姆剃刀除去的部分吗? 难怪伍德论及,麦迪逊建构了一个"幽灵政治体"(ghostly body politics),这个政治体的支柱(作为整体的人民)看不见也摸不着。[②] 在《文集》更靠后的麦迪逊撰写的篇章中,"人民整

① "第二种办法可以以美国这个联邦共和国为例,所有在其中的权威都应该源于并且依赖于社会,社会本身会分裂成为不同的部分,公民有不同的利益和阶级,个人或少数的权利因此不会由于多数的既得利益者而受到威胁。"参见《联邦党人文集》第51篇,Ralph Ketcham ed., *Selected Writings of James Madison*, p. 124。当代美国政治学者达尔著名的"多元民主"理论就以麦迪逊这一思考线索作为理论背景,参见 Robert Dahl, *A Preface to Democracy Theory*, Chicago: University of Chicago Press, 1956。

② 参见 Colleen A. Sheehan, *James Madison and the Spirit of Republican Self-Government*, Cambridge: Cambridge University Press, 2009, p. 5; Joshua Miller, "The Ghost Body Politic: the Federalist Papers and Popular Sovereignty", *Political Theory*, Vol. 16, No. 1, 1988。

体"以及类似的表述也确实出现得越来越少,在第63篇中,麦迪逊明确指出,"这些(古代政府)与美利坚政府之间的真正差异在于在后者之中排除了以集体资格存在的人民,而不是前者在政府之中完全排除了代表"①,并在为批准宪法召开的弗吉尼亚特别大会中澄清,构成联邦的"不是形成了一个大整体的人民"②。那么,没有"人民整体"作为代表身份基础的代表究竟性质如何呢?是否首先就要代表特定利益团体的特定利益?是否可以代表可分甚至独立的地域、身份或利益群体?这样说来,宪法无非要提供一个中立客观的法律系统,对多种私利进行裁决,其中立和客观可以用司法上的否决权来体现。那么,这与邦联本质上有何差异呢?难道制宪的意义不是为了制造一个与邦联政治理想不同的政治体,而是把邦联的运作方式彻底化、系统化,使其不仅体现为处理州间关系的方式,还成为处理美利坚各个层次中冲突和妥协的方式?

仔细品味麦迪逊针对反联邦党人的写作会发现,他说服对手的方式确实不是讲出一个与对手全盘相反的政治理想,而是充分考虑对手的诉求。所以,我们仍可质疑麦迪逊是否会单方面坚持这个宪制图景及其彻底化,即将美利坚宪政视为一个进行公共协调与服务的系统,从而不仅消解了国家和联邦的冲突属性,甚至还容纳了邦联支持者的愿景。但无论"人民主权"的实在程度有多少,现实是宪法必须经由各州——而不是人民——批准才能获得权威,也不在利益团体的竞争中获得权威。也就是说,宪法最终由13个州中的9个州通过后生效,这首先是用多数州而不是多数人

---

① Ralph Ketcham ed., *Selected Writings of James Madison*, p.140.
② Ralph Ketcham ed., *Selected Writings of James Madison*, pp.146-147.

的同意形成的统一①;再者,宪法明确规定,联邦对于"旧州",不具备不得到相关州同意就拆分或合并原有州的权利,即宪法不认可联邦对州进行人为的全盘重构②。这意味着,即使经历了革命、各州的立宪实验、制宪会议,州仍然保有未被人造政治原则替代的自然属性。麦迪逊没有放弃从州的框架理解宪政,或许不只出于对政治现实的屈从。麦迪逊作为弗吉尼亚州代表的身份的履行是以他对弗吉尼亚有类似于所有者对其财产之关切的方式展现出来的,这也使制宪会议有各州代表为其财产找到更好信托方式的性质。这样看来,麦迪逊问题也是作为独立宪政设计者的麦迪逊和作为弗吉尼亚代表的麦迪逊之间产生的问题。

因此,以州在宪法上达成的一致为基础,存在麦迪逊对"复合共和国"和"人民主权"在另外方向上的理解。首先,麦迪逊承认,州是具有主权能力的单位,不仅仅只是人民主权的代表之一,因此宪法"必须取决于参与制宪的各州的一致同意",且确立宪法的过程不是"国家性的",而是"联邦性的",这等于是肯定了联邦是美利坚先在的基本架构,而不只是受造出来的属性之一③。所以,在《文集》第39篇中,麦迪逊曾给出一连串关于美利坚宪政性质的判断,率先指出的是,"宪法就基础而言,它是联邦性的,而非国家性的"④——这一判断在其晚年仍然得到坚持⑤。其次,批准宪法

---

① 参见蔡萌:《美国联邦立宪时期关于修宪问题的讨论》,《史学月刊》,2018年第10期。

② 参见斯托里:《美国宪法评注》,第398页。

③ 参见 Ralph Ketcham ed., *Selected Writings of James Madison*, p. 102。

④ Ralph Ketcham ed., *Selected Writings of James Madison*, p. 103.

⑤ "宪法取决于'州';在这个意义上是'州'批准了它,而且也是在这个意义上,州是构成联邦政府这个最终结果的协定方。"Stuart Leibiger, *A Companion to James Madison and James Monroe*, Malden and Oxford: Wiley-Blackwell, 2012, p.169.

可以理解为,各州将对各自主权性能力的执行交给一个机构即联邦政府,联邦政府由各州共享,是各州联合成一个整体的象征。而且,由于联邦政府是对主权的执行,因此在权能等级上与各州一致,这样,从它集中行使主权性权力的角度上来说,联邦政府代表着美利坚的"国家"属性,故麦迪逊称:"就这些权力的执行而言,它是国家性的,而非联邦性的。"[1]但是,联邦政府虽然在执行权方面享有最高权力,其执行内容则从根本上因各州一致同意(或者说"不反对")而得到确认,属于联邦的公共部分。所以,"就权力范围而言,它又是联邦性的,而非国家性的"[2]。不过不难想象,一个集体性的执行权一定会突破某些范围上的界限,所以州与联邦政府之间,连带着州与州之间,将会面临在划分权能内容方面的龃龉,对联邦执行权的制衡机构(如联邦和州的司法权)也将产生与发展,美利坚宪政的分权模式亦可以由对行政权的制衡而得到解释。最后,不需要"全体美国人民"直接构成美利坚的统一主权,而是由分散于各州的人民在由联邦政府执行的事务中结成在共同权力下的联合。在这个联合中,美利坚宪法获得了权威,因而麦迪逊说,"就(联邦)政府一般性权力的来源而言,它部分是联邦性的,部分是国家性的"[3],国会参众议院的构成方式可以说体现了这种权力来源的组合特质。

如果上述解释成立,可以说麦迪逊用主权和执行权的划分和勾连,解决了复合联邦和国家双重属性的问题:邦拥有主权,但如果不联合,则主权得不到充分行使——这也符合邦联的脆弱处境;

---

[1]　Ralph Ketcham ed., *Selected Writings of James Madison*, p. 103.

[2]　Ralph Ketcham ed., *Selected Writings of James Madison*, p. 103.

[3]　Ralph Ketcham ed., *Selected Writings of James Madison*, p. 103.

联合起来的各邦共享了一个有中央集权性质的政府,这使美利坚有超过"邦联",类似"国家"的一面,中央政府的活动可以激活沉睡的和被禁锢在各州范围内的人民主权,但这个政府又没有脱离各邦的独立权力作为来源,如此就避免了联邦和各州均作为主权实体会产生的矛盾。这样看来,可以认为麦迪逊在《文集》中提供了两种关于复合"联邦"和"国家"双重性质的宪法解释:一种是社会解释,将宪法理解为以一致性规则维护个人及不同团体基本权利的公共服务系统;另一种是政府解释,将联邦视为各州共享的主权性执行机构。如果回看大不列颠的话,会发现二者分别类似革命前的普通法系统和王权统治,但区别在于,美利坚联合还要安置作为革命原则的人民主权,并容纳在某种意义上法权平等的各州。至此,麦迪逊这两种解释仍可以仅被视作依据《文集》和《制宪会议记录》寻求融贯性而进行的理论推演,但如果我们将麦迪逊放在汉密尔顿与杰斐逊之间来理解他相较于二者的某些看上去颇为费解的政治主张,也许可以更有效地确认麦迪逊对"复合共和国"的坚持。

在1789年到1801年麦迪逊成为总统期间,麦迪逊与以汉密尔顿为代表的联邦党发生分裂是影响美国宪政的大事件;1798年的"肯塔基决议"和"弗吉尼亚决议"作为这一分裂的延续,是杰斐逊与麦迪逊主导下以州权为根基质疑联邦合法性的宪政危机。麦迪逊与汉密尔顿、杰斐逊之间观点的异同,构成了澄清麦迪逊在政治实践中如何理解宪政的恰当视角。汉密尔顿与麦迪逊在制宪会议过程中就存在分歧,前者对后者的"人民主权"原则并不感冒,且支持美利坚走朝向欧洲民族国家的金铁主义道路,二者的破裂可以说不可避免。但是,汉密尔顿也并没有幻想在美利坚中联邦的属性和州的权力不存在。与麦迪逊一致的是,汉密尔顿亦清楚联合基于一个统一的行政权,因此督促联邦政府积极利用其行政权,以在行动中获得超过州的权力和权威,逐渐解决宪政困难。[①]人们常常将是否同意联邦政府建立国家银行作为汉密尔顿与麦迪逊破裂的标志,指责恰恰是在此问题上持否定意见的麦迪逊于其总统任期内建立了国家银行。实际上,麦迪逊即使在道理上对联邦直接支配个人财产有保留,也没有在实践中否认联邦政府有建立中央财政机构的权能,并能够接受联邦在各州不反对的条件下做成此事。但是,首先,把联邦政府的行为直接当作独立、任意的主权意志是不正当的,麦迪逊因此反对汉密尔顿对行政权进行"英国君主式"理解[②],正所谓"即使目的正当也不意味着可以容许所有实现手段"[③]。其次,麦迪逊虽然可以与汉密尔顿共享关于宪政的政府解释,但他要同时维护两种理解宪制的可能——这样才是维护联合,而不是制造分裂的关键。如果汉密尔顿的道路成为美

---

① 参见 James H. Read, *Power versus Liberty: Madison, Hamilton, Wilson, and Jefferson*, p. 14。

② 参见 Ralph Ketcham ed., *Selected Writings of James Madison*, pp. 243-244, 254; John Samples, *Recapturing Madison's Constitution, James Madison and the Future of Limited Government*, p. 45。

③ 麦迪逊晚年对马歇尔大法官在"麦卡洛克诉马里兰州"(1819)和"科恩诉弗吉尼亚州"(1821)的判决强烈不满,认为马歇尔大法官用最高法院的权力剥夺了州法院在宪法和法律允许下应有的权力,同时反对弗吉尼亚法官罗恩(Spencer Roane)认为最高法院对州最高法院没有司法权的意见,指出这会让"美国宪法在每个州都变得不一样",并逐渐剥夺"奠基联合的至关重要的原则:平等"。参见 Ralph Ketcham ed., *Selected Writings of James Madison*, p. 334。以此为契机,麦迪逊再次澄清自己对联邦政府及其与州之间关系的认识:"人民给予政府的权力,被认为可以扩展到所有用来增进共同体福利的法案之上——不论是作为手段还是作为目的,但要落在正当政府的限度内。"Ralph Ketcham ed., *Selected Writings of James Madison*, p. 336.在此背景下,麦迪逊强调"目的正当不意味着可以容许所有实现手段",参见 Ralph Ketcham ed., *Selected Writings of James Madison*, p. 334。

利坚的唯一选择,各州会过早地失去它们在宪制中的位置,自然也会撤销它们对宪制的支持。麦迪逊晚年自陈,他要维护的是"复合共和国"的运行方式,这更接近宪法的完整含义,他在《制宪会议记录》中回忆道:"我抛弃了汉密尔顿上校,或者更准确地说是汉密尔顿上校弃我而去。一句话,我们分道扬镳了——他关注政府行政,更确切地说是力图将如何管理政府部门纳入他设想的轨道;而我则认为政府行政应符合宪法的原则,这些原则由制宪会议产生、确认,由各州通过。"①

麦迪逊与杰斐逊的关系则更为微妙,杰斐逊堪称麦迪逊的事业向导,麦迪逊则长期处于助手的位置上,经常帮助杰斐逊维护其立场。杰斐逊的立场相当一贯。宪法首先是各州共同通过的协议(compact),《权利法案》就是在杰斐逊授意下确认协议基础和内容的设计,联邦立法权是在宪法限度内针对具体情况和情势变化表达各州共同意志的机构,为保证这个框架具有有效的限制性,杰斐逊强调应以列举的方式解读宪法授予联邦的权利,而非衍生式地阐释宪法②。如果联邦立法权突破原有宪法框架,州有权不服从联邦法律——这就是1798年"肯塔基决议"和"弗吉尼亚决议"的法理根据。当时美利坚和法国处于准战争状态,国会通过《外侨和叛乱法》(The Alien and Sedition Acts)等四部法案旨在维护领土完整与安全,但杰斐逊认为其突破了《权利法案》,因此鼓动肯塔基、

---

① Nicholas P. Trist, "Memoranda, Sept. 27, 1834", in Max Farrand ed., *The Records of the Federal Convention of 1787*, Vol. 3, New Haven: Yale University Press, 1911, pp.533-534.

② 参见雅法:《自由的新生:林肯与内战的来临》,谭安奎译,华东师范大学出版社2008年版,第52—53页;斯托里:《美国宪法评注》,第224页。

弗吉尼亚州废除该法案。① 在杰斐逊看来,联邦政府只是各州及其人民所同意的立法内容的严格执行者,它没有先于或超出立法权进行行动的权利,美利坚联合的基础是人民主权这一在州之间和联邦层面共同起作用的一致性规则,旨在确保一系列最终属于个人的自然权利。

在这两次有外交与战争背景的宪政危机中,麦迪逊都是杰斐逊的同盟,除了师生之谊与政治斗争的需要将二人捆绑在一起之外,二者在立场上更为接近:虽然表面上一个统一的联邦立法权是杰斐逊立场的标签,但由于杰斐逊合乎逻辑地给予州与联邦的立法权以平等地位,因此杰斐逊主义宪政的走向其实更类似麦迪逊关于宪政的社会性解释。虽然杰斐逊比麦迪逊更强调"人民主权"的实质内容,并且坚持将"州"作为承载这一规则的形式,但杰斐逊仍然与麦迪逊一致,将联合与宪法的基础系于"人民主权"所形成单位的同质性上,并将二者的根本目的视为对先于政治共同体而存在的个人自然权利的保护。而且,也正是由于杰斐逊对"人民主权"的坚持从内容和形式上来说都更严格,因此他也不太容易具备麦迪逊同时于两个层面上理解宪法的可能。这个角度也许更便于澄清二人之间的政治分歧。首先,麦迪逊并不支持杰斐逊立场的《权利法案》②,强调不可因此法案的通过认为宪政和政府的

---

① 参见 Ralph Ketcham ed., *Selected Writings of James Madison*, pp. 239-269; Keith E. Whittington, "The Political Constitution of Federalism in Antebellum America: The Nullification Debate as an Illustration of Informal Mechanisms of Constitutional Change", *Publius*, Vol. 26, No. 2, 1996。

② 麦迪逊支持《权利法案》的原因更多出于对反联邦党人的策略性反对,参见伍德:《革命品格:建国者何以与众不同》,第 135 页。

性质受到了改变,以及联邦的主权权力受到了这一法案内容的限制①。其次,在麦迪逊起草的"弗吉尼亚决议"里,尤其是在他晚年对 1798 年宪政危机的反思中,还是可以看到麦迪逊对宪政的理解有突破杰斐逊主义的成分。在 1830 年麦迪逊写信给友人论及南加州危机时,麦迪逊则借机澄清了他对 1798 年宪政危机和宪法性质的理解,并清楚地从杰斐逊所缺乏的政府视角来理解宪法遇到的问题。麦迪逊指出,州废除国会立法,既不在宪法允许的范围内,也不符合 1798 年"弗吉尼亚决议"能够同意的解释。他再次强调:"宪法的真正特征是避免将联邦政府视为统一政府(consolidated government)或邦联政府(confederated government),它既不是前一个也不是后一个,而是两者的混合。"②所以,州可以对联邦提出异议,但解决问题的方式不应该是以一个分离的、独立的主权者身份提出与另一个主权者的协商,而是需要利用已有的分权机制实现意愿。如 1798 年的法案在其通过后的第一次换届选举中就被废止了,或者在得到四分之三州支持后发起动议修改宪法。这些方式从根本上来说是调整"联邦政府的最高权力在州作为联合与州作为个别单位之间的权能划分"③,也就是说,这是一个执行中对权力的模糊地带进一步划清界限的问题,而不是否定联邦政府有执行州共同决议的权能。可以看到,麦迪逊是在用对宪法的政府解释解决州与联邦之间潜在的主权冲突,在利用主权性的行政权维系联邦统一的同时,强调接受行政权非规范性带来的结果,将之用来刺激分权与制衡系统的产生与优化。如此来看,相较于

---

① 参见 Ralph Ketcham ed., *Selected Writings of James Madison*, pp. 160-166。

② Ralph Ketcham ed., *Selected Writings of James Madison*, p. 341.

③ Ralph Ketcham ed., *Selected Writings of James Madison*, p. 341.

在 1798 年宪制危机时把州权推向联邦对立面的杰斐逊,麦迪逊对
宪政多出的这一个认识层面大约使其配得上亚当斯在写给杰斐逊
的信中对他的评价:"虽然有千般大大小小的错误,但麦迪逊当政
还是比之前的华盛顿、亚当斯、杰斐逊加在一起,获得了更多的荣
誉,建立了更好的统一(union)。"①

四、美利坚扩张中"麦迪逊问题"的着陆

可以说,从制宪会议开始直至麦迪逊去世,他至少提供了两套
可资形成美利坚宪政解释的理论资源,更重要的是,这是两套可以
同时维持的宪政解释。所以,在面对不同的政治情势时,这些理论
资源可用以支持其政治修辞,也影响了他实质性的政治判断与抉
择。之所以存在"麦迪逊问题",应该与这两套宪政理解的同时存
在及它们在应对不同的政治需要之时或交替或混杂着出现有关。
但如果这种并存状况只是使麦迪逊在政治上左右逢源并为其提供
说词,故事就应该在此结束,"麦迪逊问题"终究对理解麦迪逊个
人的意义更大。可是,"麦迪逊问题"的讨论价值更在于这两套宪
政理解在美利坚发展的过程中紧密地勾连在一起,二者间的相互依
存源于各自理论在美利坚这个特殊背景下面对的困难,这些困难在
宪政建立后集中在一个紧迫的政治问题上,即美利坚的扩张及其带
来的"新州"与"旧州"问题,这个问题的解决方式关乎美利坚的统
一和发展空间。因此,"麦迪逊问题"的落点并非麦迪逊个人政治

①　Stuart Leibiger, *A Companion to James Madison and James Monroe*, p. 223.

生命和自然生命的终结,而是关于美利坚在维系宪政同时的权力扩张方式。

在麦迪逊担任国务卿时期,他与总统杰斐逊在1803年合作促成了美利坚历史上第一次大范围的扩张:路易斯安那购买。购买这一大片与当时美利坚领土范围相当的土地,动机源于避免欧洲权力结构调整可能对其造成的不利影响。一方面,拿破仑战争后原先由西班牙控制的路易斯安那连同新奥尔良地区被让给法国,从属于拿破仑在加勒比和墨西哥湾地区建立大法兰西帝国的计划,这意味着北美洲西部有可能出现与美利坚接壤的"国家",一旦如此,美利坚可能要重新依赖英国以防被法国吞噬。另一方面,西班牙即将失去世界性帝国的地位,已经无力控制北美的大范围领土,但仍保留控制密西西比河航运的权利,这对美利坚进行贸易以及进入世界来说是极大的不便。据此种种原因,以拿破仑兵败北美为契机,杰斐逊和麦迪逊决定从法国手中购买路易斯安那,顺便防止密西西比河被西班牙封锁。

这是执行权的一次成功运作,甚至可以说为美利坚奠定了形成相异于欧洲均势国际秩序的空间基础。购买路易斯安那没有得到国会的批准,即使是有国会的批准,也超出了杰斐逊所谓列举式解读宪法的权力范围,更不符合《权利法案》的内容要求。① 不过,

---

① 参见 Gary Lawson and Guy Seidman, *The Constitution of Empire: Territorial Expansion and American Legal History*, New Haven: Yale University Press, 2004, p. 5;在关于路易斯安那购买的法理争论中,若要捍卫其合宪,则需要对宪法进行"衍生性"阐释,关键会牵涉如何理解宪法中的"公共福利条款"(general welfare clause)和"兜底性条款"(sweeping clause),前者讨论国会和政府是否可以从维护联邦的总体福利中推出获得或购买土地的权利,后者探索为实现法定权利是否可以产生需要通过购买土地来获得的利益和权力。由这次购买引发的宪法讨论本身也改变着人们对宪法的理解(pp. 22—38)。但本书的视角更集中于分析使宪法讨论生效的政治结构。

这次购买同样对麦迪逊主张的从政府角度理解宪政提出了挑战，这种角度的宪政运转方式本来是：行政权表达主权，这种表达超出先前立法所规定的部分，则在分权和制衡的体系中得以宪政化。因此，联邦政府利用其执行权"获得"（acquire）这一大块土地在政府视角下本来并非完全不可行，但其引起的司法争议必须能够顺利纳入分权与制衡的解释系统，如这一块已经被"获得"的土地归属于谁，如何纳入美利坚，都是牵涉宪法解释的重大问题。不难想象，有两条基本的、分别类似于麦迪逊对宪法之社会解释和政府解释的理解思路：其一，这块土地是以与原十三州平等的方式"并入"美利坚的，这意味着它也有可能最终以"州"的形式，参与、监督，甚至在一定程度上决定联邦政府的政策和运行，联邦仍然作为州的契约结果，如果有新州加入，意味着这一契约的扩大甚至重新缔结。其二，这块土地可以被视为联邦政府的占有对象，在本质上它当然可以被视为得到原十三州同意之后原十三州获得的共同财产，但联邦作为整体对这片土地拥有所有权，并按照联邦的需求主导这片土地的用途及土地之上人们的生活。这样一来，如果在这片土地上成立新州，它们要被视为联邦政府代表旧州制造出来的产物，是后者可支配的财产。这样，美利坚将是一个由中心十三个旧州和边缘新州组成的政治体，新旧两部分之间并非平等的地位。实际上，在1787年宪法通过之前，针对扩张得来的西部土地，以汉密尔顿为代表的一派就秉持着这种认识。在1785年邦联颁布的《西北土地法令》中，汉密尔顿坚持邦联对西部土地的支配权力，鼓励邦联以土地财政的方式用西部帮助东部增加后者的财力和权力，并使西部充当平衡邦联内部利益分配的手段①。在汉密尔顿眼中,美利坚的发展方式是由走工商业道路的东部区域主导,西部提供土地和原材料,通过扩张形成一个内部有等级的资本主义生产体系。

所以,宪政的政府解释虽然支持美利坚的扩张,并提供了关键的动力和责任者,但并不支持联邦的平行扩展。在这种视角下,严格地说新州不可能获得与旧州平等的地位,美利坚会成为另一个不列颠,或者说旧的殖民帝国。这种联合的面貌对麦迪逊来说非常危险,理由除了殖民帝国是对革命和自治理想的严重背叛,且会大量增加控制成本之外,还在于这也将剥夺美利坚倚重的一种重要发展基础。从殖民地革命开始,美利坚就必须在与英国、西班牙、法国等的对抗和竞争中争取生存空间。新手凭力量与强者分食是极为困难的,但可以说服强者以一种新游戏规则开辟一个利益均沾的新空间,这套新游戏规则的观念基础是个体的自然权利和以自然法来衡量人与政治体的行为及它们之间的关系,美利坚以此来突破英帝国的封锁,与西班牙人斗争,同法国人交易,建立自己的自由贸易网络,修改欧洲的战争规则②;而如果美利坚也成为一个殖民帝国,它面临的国际环境很可能会更恶劣,与英国、西

---

① 参见 Peter S. Onuf, *Statehood and Union: A History of the Northwest Ordinance of 1787*, Bloomington: Indiana University Press, 1992;徐扬:《美国早期国家建构之谜:"共和监护"视阈下的西部领地》,《史林》,2018 年第 2 期;徐扬、田雷:《美国早期土地政策变迁中的"土地观"与"美国梦"》,《美国研究》,2018 年第 2 期。

② 麦迪逊就发起了美国对英国主导之战争规则的修改。1803 年英法开战,英国要求美国放弃贸易中立原则,禁止其与法国贸易,不承认战争中的"中立国"可以继续进行自由贸易。麦迪逊写作小册子,援引从格劳秀斯到瓦泰尔等国际法学家的作品,并纠正了将格劳秀斯著作从拉丁文翻译至英语时出现的错误,以证明英国对美国的要求所基于的规则没有正当的法律基础,以反对英国对美国贸易自由和中立国权利的干涉,参见 Ralph Ketcham ed., *Selected Writings of James Madison*, pp. 277-278。

班牙的迎头相撞不可避免,与革命后的法国成为同盟则也几乎不可能。因此,宣扬权利平等、贸易自由,以国际法而不是压迫和战争处理政治体间关系,绝不只是美利坚的意识形态宣传,而是新生政治体为在世界体系内立足给自己打下的地基。如麦迪逊已经看到的,美利坚的独立及其对密西西比河同路易斯安那的控制,都离不开自然权利和自然法的观念基础:"自然给予可以傍密西西比河定居的人们以其使用权,就像她给予美利坚以独立一样,西班牙的失策会伤害自然给予的使用权,就像不列颠伤害了美利坚的独立一样。但是,正如不列颠无法战胜后者,西班牙也不能战胜前者。自然似乎在所有方面都在重申其久已被僭政和偏执阻碍的权利。"①如果是这样,在美利坚内部保持各州之间的平等,以普遍的理性规则而不是压制和掠夺来维持联合就是重要的——这是美利坚对外政策的内部基础。也就是说,美利坚的扩张需要伴随联邦的扩展,新州需要取得与旧州一致的政治身份。

这时,麦迪逊对宪法的社会解释就同样有必要参与解决扩张领土如何并入美利坚的问题。新土地上的人们可以根据其自然权利,组成自治政府并制定相关法律,从而成为正式的政治单位,这使其与在社会解释中依据同样原则得到理解的旧州一样,享有构建联邦的权利。所以,新州加入联邦并非旧州同意之后的"被并入",而是性质一致的人民代表机构以合并同类项的方式完成了联邦的自然扩展。实际上,邦联时期以杰斐逊为代表的一派就倡导按照这种逻辑处理西部土地问题,其主导的 1784 年《西北法令》规定,新占领土地上的人民首先具有自然权利,按照自主、自治的

---

① Ralph Ketcham ed., *Selected Writings of James Madison*, p. 28.

方式,建立临时立法机构和政府,在定居者达到一定数量后即可成立永久政府,制定永久宪法,成为与旧州地位平等的政治单位。可以说,在联邦建立之后,肯定新扩展土地上居民的自然权利,承认他们在此基础上组建政治单位的行为和结果,为他们留有形成社会契约必需之时间(所谓"准州"阶段),准备平等地接纳这些新政治单位,也是处理包括路易斯安那等地区并入联邦的基本思路。麦迪逊关于路易斯安那地区的政策建议首先就强调新土地上居民的权利与所有美国公民权利平等:"土地上的居民都应该并入美利坚合众国,尽快承认联邦宪法,享受所有美国公民的权利、利益和豁免;同时应该坚持并保护其自由、财产和信仰自由。"[①]但同时,我们必须看到,对新土地的政策不是宪法社会解释的单方面落实,而是与政府解释的结合,因此联邦建立之后处理新占领土地的方式也与杰斐逊在邦联时代的宗旨产生了重要的区别:首先,新土地上居民的权利被理解为联邦所赋予的,或至少需要联邦确认;其次,联邦政府可以在新土地上立法机构成立之前,为其任命重要的执行官员(总督、书记官、法院),这也就是说,在新土地上产生国会代表之前,联邦就拥有了为其建立规则或废除其已有法律的权力;最后,"准州"需要具备的自由市场等经济制度,也常由旧州中以联邦为背景的大企业、大资本来以投资或借贷的方式,在新土地上进行建设。所以,虽然联邦在不同党派的主导下对新土地的权力有强弱之别,但依靠地方组建自治社会和政府对新土地进行监护并存,可以说是包括路易斯安那在内的新土地并入美利坚的基本方式。

---

① Peter J. Kastor, *The Nation's Crucible: The Louisiana Purchase and the Creation of America*, New Haven: Yale University Press, 2004, p. 43.

可以看到,正是在美利坚的扩张和处理扩张所得土地的方式中,从麦迪逊思想中阐释出的两种宪法解释,即政府解释和社会解释,展现出结合在一起的必要性:联邦政府提供扩张的动力,也通过确认新土地上公民的权利,监护地方政府的建立过程,来防止地方在实现自治时脱离美利坚;社会解释则为新州的建立及新州与旧州的融合提供了基本的一致性规则,对执行权的非规范性起"净化"作用,也赋予宪法的实现空间以极大的伸缩性。在二者的配合下,美利坚被塑造为一个通过复制基本政治原则来进行扩展的联邦,理论上实现了内部个人和政治单位的法权平等,它也因此可以说对接受这些原则的人们产生了吸引,甚至负有了义务。而且,由于这些原则本身的形式性和普遍性,美利坚展示出成为一个"全球性"联合的可能。实际上,也正是出于同样的原因,美利坚不仅可以被视为一个具有政治性质的联合,还是一个由相似规则建立起来的经济、法律体系,这个特质使其具有在空间范围和影响力等方面至少可与大不列颠等量齐观,甚至有超越后者的可能。

但是,如果我们不曾忘记,正是在美利坚的扩张中,联邦政府的权力逐渐得到了空前加强,它远远超出了仅作为十三州共享之执行机构的性质,并带动了国会、最高法院的权力扩张,促成了联邦"主权"的真正形成,那么麦迪逊关于美利坚宪政的政府解释就绝不能被社会解释替代掉,如此,美利坚也就不仅是那个由自由接受某些政治原则的人们所组成的自主性联合,还是一个在强大、集中权力主导下,通过监护与被监护、支配与被支配之间的区分来维持自身存在和扩张的政治机器,就像不列颠曾对苏格兰所做的那样。在这个意义上,它仍然是个有核心地域和利益要保护的特殊政治体。可是,当新州加入进来,它们往往会打破内部原有的平衡机制,如西部扩张对南北分歧的激化作用;更有挑战性的是,当扩张纳入众多异质群体,其中又出现了虽然以基本政治原则组织成代表性的政治单位但实际上不能被同质化的部分,"美利坚人是谁"就开始成为问题,这是从路易斯安那购买之后就生发出来的疑惑。① 因此,政府解释和社会解释仍然是勾连"联邦"和"国家"的不同方式,二者虽然在立宪时期针对的是同一个地理范围内的同一种政治架构,但指向的却是性质上根本不同的"复合共和国",其不可调和之处会在扩张带来的社会裂隙甚至是政治分裂中暴露出来。这是"麦迪逊问题"在美利坚身上的体现,无论解决它们的方式是通过一场历史上的南北战争,还是特朗普曾鼓吹的"建墙","麦迪逊问题"都因展现了美利坚宪政的特性及其发展的不同可能而值得讨论。

---

① 参见 Peter J. Kastor, *The Nation's Crucible: The Louisiana Purchase and the Creation of America*, New Haven: Yale University Press, 2004, pp. 5-6。

第四章　何谓"更好的联合"？

——内战时期关于美利坚联合性质的争论 及林肯对"联合"的再定义

一、美国内战和林肯研究

　　20世纪40年代之后,关于美国内战和林肯研究的进步论辉格史叙事遭到冲击,使这个研究领域呈现出两个值得注意的面向。一方面,仍不可轻易否认的是,内战是美国历史上的一个分水岭,林肯至少是这个变化的标志性人物。且无论是否接受传统研究的观点,亦不难发现内战前后美国的政治制度、经济形态和思想观念变化重大,甚至存在断裂。① 另一方面,若是公正地接纳修正史学

---

　　① 20世纪30年代之前,美国内战及林肯研究基本在辉格史和进步论的框架中进行,在此框架中,代表性的观点是视美国内战为政治和经济制度上的分水岭,由内战前到内战后在政治上实现了从少数精英到大众民主统治的变革,在经济上从半农业-庄园经济形态转变为工业社会,在思想观念上突破了白人中心主义,进一步实现了普遍的自由和平等。此框架中的研究会对哪些要素造就了这场革命存在争论,但在叙事框架上没有显著分歧。参见 Charles Beard and Mary Beard, *The Rise of American Civilization*, Vol. 2, New York: Macmilan, 1927; Sean Wilentz ed., *The Best American History Essays on Lincoln*, New York: Palgrave Macmillan, 2007。

的研究及其当代影响,重要的便不是仅仅承认林肯本人立场的复杂性以及内战的偶然性,而是可以承认,无论是林肯还是当时不同阶层的人们,或许在公共道德、私人意愿和情感倾向上对内战的必要性及支持方已有选择,甚至也能够用某种理性判断出战争爆发的原因、走向并推知其影响,但对其政治行动所指向的美利坚秩序基础究竟若何、向什么方向变化,无论在内战前还是内战后,他们都抱有疑问,进行争论,努力试探,但没有答案。① 所以,直接勾勒

———————

① 受修正史学影响的两项较有代表性的研究可以作为理解此论断的参照,其一是施特劳斯派中雅法(Harry V. Jaffa)的研究《分裂之家危机:对林肯—道格拉斯论辩中诸问题的阐释》(韩锐译,赵雪纲校,华东师范大学出版社 2007 年版)与《自由的新生:林肯与内战的来临》(谭安奎译,赵雪纲校,华东师范大学出版社 2008 年版),该研究要对抗修正主义史学中衍生出的对林肯和内战的相对主义解释,后者把林肯在内战中的选择和内战的结果完全视为权力政治和偶然情境的产物,而雅法则要论证林肯进行内战的"正当"理由。基于这个背景,雅法将林肯与道格拉斯的论战视为"苏格拉底战胜色拉叙马霍斯",并把内战视为一场关于奴隶制的正确和错误间的斗争。雅法的意图是用林肯对自然权利普遍性的非相对主义坚持,确立林肯进行战争的正当性,维护多数决意义上的民主制度乃至美国宪政的正当性。虽然雅法细密的文本解读值得尊敬,为历史灌注哲学根据的意图亦不可忽视,但其对林肯和内战的解释仍存可供甄别之处。首先,对于林肯长期在废奴问题上的游移不定与自相矛盾,以及林肯之政治立场随党派斗争和对手变化进行的调整,雅法的立场缺乏处理这些问题的资源,因此也难以切中林肯及其对手所真实面对的政治问题,其塑造的林肯形象有与政治实践脱节之嫌,在很大程度上削弱了雅法之林肯研究的说服力。其次,对雅法所建构的"林肯原则"——即用普遍的自然权利建立全部的政治秩序正当性和道德基础——是否在道理上能够成立,如若认真对待施特劳斯对现代自然权利的理解,亦可存疑。另一项研究是方纳(Eric Foner)的《烈火中的考验:亚伯拉罕·林肯与美国奴隶制》(于留振译,商务印书馆 2017 年版),该研究一方面接受了修正史学对传统内战叙事的挑战,把林肯和内战作为问题而不是答案来勾连这一段历史中的重要事件和人物行动,展现了社会结构、观念变化与政治行动的互动;另一方面没有陷入相对主义的判断和琐碎的个性化研究,而是将眼光重新集中在林肯对重大问题的判断之上,尝试恢复林肯所面对的复杂局面和在此中不断调整方向的过程。本章接受方纳的研究视角,并在此基础上将林肯面对的具体局面与美利坚联合的性质及其背后秩序图景的变化结合起来,以进一步澄清前者在历史书写中的意义。

历史剧变甚或将当事人视为历史的工具,与细描世情人心之曲折一样,都不能自然勾销下述问题:在建国和立宪时期安顿在美国政治秩序内部的要素——州权和奴隶制——如何会成为政治失序的导火索? 若对此问题不做回应,亦难以判断:以战争的方式摒弃州权和奴隶制,对恢复政治秩序意义何在。

　　所以,并非仅在修正主义史学刻意的解构视角中,内战才不是一出按照既定剧本演出的戏剧:正义对抗非正义,价值对抗虚无,进步取代落后,民主取代自由的叙述或许在帮助后人认知历史的同时,有助于振奋美国的国运人心,但恰恰忽视了这段历史的独特之处首先在于它是一场战争。因此更值得注意的研究视角是视内战为美利坚面对的一次宪制危机。而且,此番危机并非如一些研究者所说,完全由外部因素造就,而是可以视为这一政治体内部基本结构问题自建国、立宪以来的延续。① 虽然立宪早在内战前半个多世纪就已完成,但美利坚的基本政治秩序形态仍然在未定之中。核心困难便是"联邦"和"国家"的叠加,这种叠加因自然条件上和政治竞争上的必然性而无法回避,却在理论上和制度上缺乏可供借鉴的资源,立宪一代的分歧及他们之后的分裂由此而起。到内战之前,立宪一代就此问题提供的不同秩序图景在相互作用和面对新时局时矛盾加剧,因而危机更甚,以至于开战。② 故而,

---

　　① 参见 Daniel H. Deudney, *Bounding Power: Republican Security Theory from the Polis to the Global Village*, New Jersey: Princeton University, 2006。此书用"费城体系"一章阐释了美利坚不同于民族国家的联合方式,但将内战爆发的原因归之于"快速扩张和先前自由因素的残余",而不是结构内部的问题(p. 174)。与本章相近,将内战作为宪制内部问题的研究参见田雷:《释宪者林肯:在美国早期宪法史的叙事中找回林肯》,《华东政法大学学报》,2015 年第 3 期。
　　② 参见阿克顿:《美国内战及其历史地位》,载卡尔霍恩:《卡尔霍恩文集》(下),林国荣译,广西师范大学出版社 2015 年版。

将内战的原因单纯归之于要摆脱奴隶制或否定州权则显得解释力不足。正如当时和后世的某些政治家都曾看到的,如果既有的宪制秩序仍然有效,用战争废除奴隶制并非"顺理成章的合法后果"①——州权面对的情况亦相似。所以,解释内战并不应仅聚焦于奴隶制或州权的存废,而是应该承认着眼容纳奴隶制和州权的秩序图景的变化、崩解和重构,看到这些制度在新秩序图景中的对应物。最后应该澄清,针对宪制问题进行的思考不完全等同于对内战时期美国宪法的研究,内战作为宪制危机可以说与是否能够形成一套有权威的宪法解释密切相关,但这种权威解释的形成并非仅取决于法学方面的突破或积淀,尤其并非来自司法权的成熟。美利坚自立宪以来,在一个宪法文本之中实际上蕴含着不同方向的秩序图景,而且针对美利坚的特殊性,这些秩序图景至少要对下述核心问题有所交代:一个是美利坚内各个部分与中心政治权力的关系;另一个是美利坚作为"一个"政治权威自身的本质和权力。所以,一套有权威的宪法解释的形成应该意味着至少获得了一种对这两个问题融贯成熟的答案。那么,对这两个问题及其间关系——即美利坚"联合"的性质——的直接讨论,便有助于澄清内战的宪制意义。

二、林肯对手的谱系:内战前期以联合秩序为核心的矛盾

作为内战中反奴隶制和反州权一方的代表,林肯留下了大量

---

① 威尔逊:《美国宪制政府》,宦胜奎译,北京大学出版社 2016 年版,第 253 页。

针对性明确的辩论和演说。加之林肯研究已揭示出他为准备这些辩论和演说所阅读的部分参考资料,林肯的对手及双方的立场、思想谱系似乎都很容易辨认。[1] 所以,与林肯进行著名系列辩论的道格拉斯(Stephan A. Douglas)[2],连同在 19 世纪到内战前州权和奴隶制的重要支持者海恩、卡尔霍恩(John Calhoun),都容易被不加分辨地视为林肯的敌人。而林肯援引过的韦伯斯特,以及林肯宣称追随的杰斐逊,也常常被自然地划入林肯一边。[3] 但如果我们考虑到,道格拉斯与林肯共同代表北方和东部势力,前者并不否定废奴政策;卡尔霍恩不谋求以南北分裂的方式实现其政治愿望,更不同意因奴隶制问题而造成南北对立;杰斐逊捍卫州权,而且接受奴隶制,甚至也可以被视为林肯对立面民主党的创始人。那么,更审慎地区分林肯的对手和支持者,用他们共同面对的联合性质问题呈现其谱系,并借此进一步澄清林肯面对的政治处境,就是必要的。这也是本章解释内战爆发原因的角度。

林肯直面的政治处境和内战爆发的直接原因是南北对立,但南北对立的导火索却在西部。一般的见解认为,西部成为问题是

---

① 例如,林肯草拟第一次就职演说时就参考了韦伯斯特(Daniel Webster)在 1830 年国会辩论中对海恩(Robert Y. Hayne)的答复。1830 年,马萨诸塞州议员韦伯斯特与南加州议员海恩围绕联合的本质在一系列互相回应的演讲中进行了争论,涉及联邦政府的政策、职权范围及联邦政府与州的宪法性关系,成为内战爆发前重要的背景。参见 Mark E. Neely, *Lincoln and the Triumph of the Nation: Constitutional Conflict in the American Civil War*, Chapel Hill: The University of North Carolina Press, 2011, pp. 38-42。

② 道格拉斯先后担任伊利诺伊州众议员和参议员,属于民主党,是林肯在竞选参议员和总统时最重要的对手,1858 年曾与林肯进行了七次连续辩论。

③ 卡尔霍恩先后担任南卡罗来纳州议员,国会众议院、参议院,美国国务卿、副总统,从南方和州的角度给出了对美国联邦政府较为系统的理解,著有长篇论文《论政府》《论美国的宪制和政府》,对内战前后的南方乃至整个美利坚产生过重要影响。

由于新的土地和资源打破了东部内部原有的政治与经济平衡,西部若大部分建成选择庄园经济和奴隶制的州,东部中的北方就会自然成为议会和政党政治中的少数派。这种分析可以成立的条件是不同区域已构成一个共同、稳定的整体联合框架:州成为同质计数单位,且将多数决视为普遍有效的宪制原则。然而,西部成为问题的更深层原因恰恰是它成了联合性质的变量——这意味着它并不仅仅是关乎权力分配的政治问题,而是牵涉如何构成与衡量权力的宪制问题。西部问题在宪制层面首先表现为对西部土地性质的争论,这一争论从制宪时期一直绵延到内战之前,法令上关于西部土地政策的不断调整和政治舆论中著名的"韦伯斯特-海恩争论"(Webster-Hayne Debate)都以此为重要背景。如前一章所说,制宪之后,至少有两种理解西部土地性质及它与原有十三州联合的方式:一种是强调西部土地作为联邦财产的属性,如此联邦政府则有权对西部强加一系列的方向性政策,如限制西部土地上的人员流动、土地流转,并由此影响其经济形态、政治选择;另一种是将西部视为公民自由定居并逐渐组成合意性契约团体的产物,西部新州可以在此基础上考虑与原有十三个州继续平等立约,州在形式上的一致和它们之间建立的平衡关系,就是西部并入联合的基础。伴随这一争论的展开和扩张的不断进行,西部问题逐渐不再是宪制争论的投影,而是成为一些人构想联合方式的新基点,反过来为在东部没有解决的宪制问题提供规范或资源,同时严肃地考验着既存的宪制图景。所以在这个意义上,内战不仅是在既有宪制结构内部对权力和利益分配的重新调整,而且是一次借助外部重构宪制图景的选择。经由检讨这些图景,也许能够更好地澄清林肯在内战前要面对的进退得失。

　　在"韦伯斯特-海恩争论"中,海恩一方背后的真正领袖是卡尔霍恩,加之林肯对韦伯斯特的明显青睐,以及对卡尔霍恩政敌克莱(Henry Clay)的肯定,代表南方的顽固派分子卡尔霍恩自然会被视为林肯的死敌。但从19世纪20年代到内战之前,卡尔霍恩是唯一从南方角度为包括西部的整个美利坚联合提供了完整秩序图景的人,因此不同于从宣扬州权和分裂联邦的角度简单化地理解卡尔霍恩的取向,这里强调卡尔霍恩为联合提供一种秩序选择的正面意义,就此而言,卡尔霍恩甚至可能是林肯最严肃的敌人;也正是这样,卡尔霍恩与同样必须承担重建秩序任务的林肯之间,未必没有共同关切。

　　卡尔霍恩能够被视作建制派,意味着他以美利坚既有秩序的支柱为前提思考这些条件的组合与共存。在他看来,构造美利坚联合表面上是要完成有主权权能的各州、大片西部土地与联邦政府的联合,实质上是要把不同时间和空间范围中形成的共和革命政权结合到一个既可以满足一定集权和扩张要求,又能够实现有限政府目标的秩序体系之中。卡尔霍恩因此强调,这一任务不同于欧洲民族国家建构:首先,美利坚没有自然构成一个整体的"人民"存在,用数量上的多数来代表这个整体亦不可取;其次,人民主权并非体现为一种绝对的、集中的、独立的中央权力。在这个意义上,卡尔霍恩反对用以卢梭和法国大革命为代表的现代国家建构方式来规范美国,并将这种方式称为以建立"绝对平等和自由"为基础的"数量意义上的多数共同体"为目的。① 此种共同体若成为美利坚的宪政形式,卡尔霍恩认为它会带来多数与少数间的撕

---

① 参见 Ross M. Lence ed., *Union and Liberty: The Political Philosophy of John C. Calhoun*, Indianapolis: Indianapolis: Liberty Fund, 1992, pp. 23-24。

裂,继而产生"党争、集权、组织化等不良影响,民主政府有堕落为绝对形式的倾向,绝对政府有成为君主制的倾向"①。也可以说,这不过是在重复联邦党人早就已经忌惮的多数暴政,这在联邦党人分裂后对国家主义倾向持反对态度的杰斐逊、麦迪逊那里也并不新鲜;但接下来,相对于这种共同体,卡尔霍恩从正面描述的美国宪制形态则提醒我们,那时美国人质疑绝对多数和大众民主的指向,并非仅仅为了保护少数和实现多元自由,更是为了建立一个在基本条件上与现代主权国家相异的联合形态。

在卡尔霍恩看来,美利坚的秩序应该更接近多个利益团体以"否决权"为基点建立起来的制衡体系,这个体系以产生和执行没有遭到任何部分否决的决定为方向。这意味着,任何决定的做出都有多数和少数的同时在场,或者说,多数永远是临时的,它只是异质各部分的共时性(concurrent)选择。② 如此,否决权而不是主权,实际上是整个体系至关重要的动力因,它造就行动的权力以及阻止或搁置行动的权力,也规定了该体系中共同权力机构的性质:执行临时多数的决定并保证否决权的制度性实现。否决权的归属则依赖美利坚特殊的联合结构,卡尔霍恩将之描述为"社会联合"和"政治联合"的结合。社会联合是指由个人形成的,包括私人生活、生产活动和社会交往过程的共同体,这个共同体在卡尔霍恩看来有可能形塑成员的共同意志,虽不一定以平等普遍的个人权利为基础,但在此范围中可以达成"社会契约"。因此,"社会联合"

---

① Ross M. Lence ed., *Union and Liberty: The Political Philosophy of John C. Calhoun*, p. 35.

② 参见 Ross M. Lence ed., *Union and Liberty: The Political Philosophy of John C. Calhoun*, pp. 24-28。

是个更为自然、紧密的联合,所谓的"主权"如果存在,就是在这种联合层面存在,这种联合在美利坚的首要象征即是"州"。"政治联合"则是指异质但地位平等的成员之间达成的协定,它们以相互间的妥协和竞争作为联合方式,这种联合不可能完全融化各个成员而形成一体,但需要一个机构处理成员的共同事务和相互间关系,这个机构即联邦政府。① 所以,具备社会联合性质并参与政治联合中的成员才拥有否决权,在卡尔霍恩的理想图景中,这些成员——首先就是州——承担着维持秩序的枢机作用,因此他强调州权并不一定意味着反对联合。州是两种联合的结合点,正是由于它们不能也不必放弃其作为异质、独立的社会联合身份,它们才能起到在政治联合中维持政治关系的作用。

澄清如何维持一种政治性的关系是描述卡尔霍恩联合图景的重要环节。首先,卡尔霍恩所谓的"否决权"不只建立在"一州一票"的基础之上。从卡尔霍恩对政治关系的理解中可以推知,这里的"州"并不仅仅是普遍同质的法权单位或行政单位,其在政治联合中的"平等"地位也并非只来自权利和义务的平等,而是具体地域范围中的宗教、经济、社会团体和政治派别形成自主运作方式的集合体,这些多种性质的权力能够在州之中结合成为一套秩序是对州获得平等地位的保障,也对其在联合中如何维系政治关系至关重要,因此州的自然与秩序特质不可从州的身份中剥离。② 立

<hr/>

① 参见 Ross M. Lence ed., *Union and Liberty: The Political Philosophy of John C. Calhoun*, pp. 82, 88。

② 可参考麦迪逊曾指出的"州"的四种意涵:"州是宪法或协议的缔约方……有时候指内含政治社会的可区分的领土范围;有时指这些社会建立的政府;有时指这些社会;以及,组成政治社会的有最高主权能力的人民"(Ralph Ketcham ed., *Selected Writings of James Madison*, p. 249),麦迪逊对"州"的多样性的理解确实被卡尔霍恩及其继承者海因等用来批评韦伯斯特对"州"的理解,详见后文。

足于这些缠绕交织的权力关系,州之间可以建立和利用利益、认同等方面的纽带,甚至凭借相互之间的依赖和亏欠调整矛盾,目标则是在关键的利益团体之间维持一种均势关系。① 所以,卡尔霍恩一直强调他的联合图景是"有机联合"②,不是某种形式的或规范的联合。在这个意义上,联邦政府中的三权分立与制衡在卡尔霍恩的意义上是对联合中政治关系的展现,而非通过形式一致的授权和代表建立起来的、各有分工的法权机构。③ 理想状况下,联邦政府应该能被还原为州或利益团体之间的相互支配关系和过程,没有不可分的实体。

其次,政治关系一定包含成为敌对关系的可能,州或由州组成的利益集团之间也有可能出现不可协调的矛盾。在卡尔霍恩的时代,南方以占有土地和人口维持庄园种植,依靠替代性弱的产品在自由贸易体系中的位置赚取高顺差;北方则开始以提升劳动生产率、建立高级的生产和组织形态获利,故而要求限制人员流动和进行贸易保护。此时,南北方矛盾就接近不可调和。在这种情况下,政治关系的维持需要外部空间和资源将内部的存量竞争和零和博弈的危险缓和下来。所以,卡尔霍恩的联合图景是扩张性的,这不仅是"以世界为市场"的南方的要求,而且能保证联邦的存在和健康。④ 因此,西部土地与联邦政府的重要性不相上下,这也是让政治性的联合能够维持下去的要素。而且,出于上述目的西部要允

---

① 参见卡尔霍恩:《卡尔霍恩文集》(下),第 380、451 页。

② 参见 John C. Calhoun, "A Disquisition on Government", in Ross M. Lence ed., *Union and Liberty: The Political Philosophy of John C. Calhoun*, pp. 3-78。

③ 参见 John C. Calhoun, "A Discourse on the Constitution and Government of the United States", in Ross M. Lence ed., *Union and Liberty: The Political Philosophy of John C. Calhoun*, p. 91。

④ 参见卡尔霍恩:《卡尔霍恩文集》(下),第 531、425 页。

许南北方或者其他利益集团所支配的不同权力形式扎根生长,作为达成妥协的杠杆,对政治联合内建立均势发挥促进作用。在西部土地中常见的"准州"建立阶段就可以被视为政治联合内的各种力量在新占有的土地上的博弈和妥协过程;这个过程若有了阶段性终点,则"准州"就可以拥有自己的确定形式,即以一个社会联合体的身份,作为某一种或某些权力的构成部分参加到政治联合之中。

一方面,卡尔霍恩以否决权促成多种利益团体之间的竞争和轮替以构成美利坚宪制体系的讲法是对麦迪逊在《联邦党人文集》第10篇和第51篇关于"多元民主"体制设想的激进化。卡尔霍恩理解的"多元民主"不用像麦迪逊认为的那样,指的是"人民主权"的多个不同代表;在前者这里,它们可以是异质的、没有共同基础的利益群体,只不过接受同一种游戏方式。另一方面,卡尔霍恩相较于立宪一代,更为明确地揭示出这种多头民主制度要运作起来,依赖的可能不是(或者至少不仅是)形式统一的政治单位和客观普遍的规则,还要考虑权力关系和对外扩张,并依赖多种形式的政治单位与世界上不同的经济、社会组织间建立联系,增加保持平衡关系的筹码。这使美利坚内部实际上有处理以州为单位的准国家间关系的需要。如此,卡尔霍恩希望形塑的美利坚联合形态远不是一幅洁净、整齐、孤立的图景,而是充满了微妙与苟且并存的政治交易,残酷与血气混杂的暴力诱惑,在此类事物之中生成了一种不同州和区域之间的权力关系。所以,某一区域不是仅仅要求或声称有正当权利就可以被视为政治联合中的一员,利益团体的轮替也并非只靠制度、选票和法律来完成。在卡尔霍恩眼中,美利坚是一个政治联合包裹社会联合的形态,是个权力覆盖法权的联合。① 而且,卡尔霍恩的这种说法有与欧洲民族国家建立政治性的方式进行比较的背景。它提醒人们,尽管美利坚联合的构成是按照从社会联合(州内部)到政治联合(由州构成的联邦)来描述的,但维持联合靠的并不是政治状态与社会状态的分离,而是政治性与社会性的相互伴随、相互渗透和相互确保。所以,美利坚不仅是一个政治体,还是一个权力体系,这使其与欧洲单一民族的主权国家非常不同:美利坚的主权需要"外部",但内外之间没有形式上和性质上的绝对差异,"外部"有作为"准内部"的政治意义,也因此是生成社会契约的潜在单位。欧洲的外部可能是野蛮而无形式的"自由土地",而当时的美国却有一个可以建立"准州"的西部世界。

回到内战前的语境中,我们就可以理解卡尔霍恩基于其联合图景的政治立场。卡尔霍恩站在南方的立场上,承认在关税、劳动力、奴隶制、西部土地政策和国际关系等诸多方面,南方都与北方存在矛盾,但这并非导致南北方破裂的直接理由。南北方利用各自手中的权力形式和西部土地进行交易、达成妥协、维持均势,或在权力关系中互相制造一些得失,是卡尔霍恩认为政治联合的正常维持方式。实际上,这种以南北方均势维持联合的方式在立宪之后到内战之前都明显可见,如"1804 年梅松—狄克线""密苏里妥协案""1850 年妥协案"。② 问题是,联合自 19 世纪 30 年代开

---

① 参见 John C. Calhoun, "A Discourse on the Constitution and Government of the United States", p. 82;卡尔霍恩:《卡尔霍恩文集》(下),第 440 页。

② 1804 年,美利坚南北双方在北纬 39 度 43 分建立奴隶制的分界线,南北方阵营中的州数在此线两边达到平衡。1819 年,在"路易斯安那"购买中获得的土地密苏里申请作为新州加入联邦,但围绕该州是否采取奴隶制的问题,南北方发生争执,最后达成妥协:密苏里可以采取奴隶制并加入南方,同时从马萨诸塞州分离出缅因州加入北方,南北分界线随之移至北纬 36 度 30 分。1850 年,联邦　(转下页)

始面对均势瓦解的危机。首先,奴隶制成了一个似乎可以独立存在并要求单独讨论的制度,而在卡尔霍恩看来,奴隶制是财产、社会组织方式、教派、权力构成形式等诸多要素的集合,因此也是平衡各州在联邦政府中的权重、直接税的分配、人口分布与防务要求等联邦重要事务的杠杆,是结合社会联合与政治联合的要素。① 所以,它是一个嵌入到联合这整个复杂网络之中的秩序形态,也是一个可以使用的权力交易筹码,而不是一个可以随意剥离或切除的独立部分。以此为视角,卡尔霍恩认为,奴隶制成为引人关注的政治问题是由于北方在政党政治中达成了基本的势力均衡,这样主张废奴的小党才成了决定胜败的关键。② 从这个角度看,奴隶制成为焦点可以理解成联合机制在北方以政党政治模式运作产生的一种附带结果,这种结果不太健康有诸多原因可寻,但不应该直接将容纳这种制度的整体秩序诅咒为邪恶。其次,当废奴成为政治舆论的中心,卡尔霍恩在警告维系联邦的多种纽带会被扯断的同时,更担心的是西部土地会因此失去其维系政治联合均势的重要作用。若是不允许在新扩张的土地上建立奴隶制,南部会在很大程度上被排除在西部的利益分配之外,这对南方来说,就等于直接宣布西部归北方所有,相当于"共同财产的一部分拥有者将另一部分拥有者的财产放入自己口袋中,并禁止对方继续拥有财产"③,

---

(接上页)允许加利福尼亚州以自由州身份加入联邦,但同时将得克萨斯州部分土地划入新墨西哥州,并规定新墨西哥州和犹他州可自行决定在加入联邦时是否采用奴隶制,与《逃奴法案》的通过一起保护南方及对奴隶主的利益进行补偿。

① 参见卡尔霍恩:《卡尔霍恩文集》(下),第 409 页。

② 参见卡尔霍恩:《卡尔霍恩文集》(下),第 395 页;林国荣:《亚伯拉罕·林肯与民主》,《政治思想史》,2016 年第 4 期。

③ 参见卡尔霍恩:《卡尔霍恩文集》(下),第 382 页。

到这一步,卡尔霍恩看到的是对西部土地性质的更改和对联邦构成形式的根本性破坏。所以,最后让卡尔霍恩呈现出其州权派面目和分裂倾向的原因是联合性质变化的危机,如果用他的话说,就是多元有机的双重联合被一元集中统治替代——就算全国性多数党的产生可以让一元集中统治不成为暴政,它也威胁到作为社会联合的州中的人民主权、作为政治联合成员的州的地位和特质,以及政治联合的构成形式。在这个意义上,卡尔霍恩强调的"州权"并不单纯是在主权意义上作为联邦的对立物——"我的动机就是拯救联邦,假如联邦还有救的话;倘若联邦已无可救药,我的动机同样简单,那就是竭力拯救我出生并长大的这片土地"①——此话虽然有浓厚的政治修辞意味,但放在其理解联合的整体背景当中,亦可在其秩序根据处存同情之理解。

然而,卡尔霍恩的秩序图景在内战之前没有成为美利坚的选择,其原因不宜完全归于时代喧嚣。虽然废奴运动混杂了道德直觉、革命余波和大众舆论,在激烈的公共辩论和政治角逐中将自身和对手都抛出了理性权衡建制要求的范围,但这个图景虽然实际、贴切,却矛盾明显。一方面,秩序只能以州为视角来陈述,可形塑秩序肌理的却是联邦。参照卡尔霍恩对联邦本质的理解,它只是州之间权力关系的投影,卡尔霍恩没有赋予包括行政权在内的任何联邦权力以独立存在的属性,联邦政府的人员构成也只是州的形式性代表,可同时,联邦却要维持"自身"的均势并为这种均势的达成开疆扩土。这样,联邦"公共人格"的缺乏总会使其在政治行动中,或在州与州组成的集团眼中,面临权能缺失或僭越的困

① 参见卡尔霍恩:《卡尔霍恩文集》(下),封底。

难,这会给州或州集团使用没有实质性限制的否决权甚至退出权的机会。另一方面,是州在用柔性边界支撑刚性法权的矛盾。卡尔霍恩的宪制观一开始就排除了对绝对自由、平等权利的设想,他对州成为"社会联合"的描述也颇暧昧。卡尔霍恩提及州中会建立社会契约,但从来没有直接承认"州"有主权,而是强调主权掌握在"州之中的人民"手中,因此州是否就是一个完全独立且可区分的政治单位,似乎大可存疑。① 而在"政治联合"层面,州的确需要为结成利益集团和保持联邦均势打开自身的边界,不难发现,州的官员、税收乃至制度、土地都可以成为交易手段,州也可以被拆分或合并。可是,政治联合的基本构成方式和运作规则却是依赖握在平等的州手中的否决权,那么州在什么意义上是平等的? 拥有同质否决权的基础又何在? 只能说,卡尔霍恩的州权是在联邦运作的事实结构中被辨认的,这确实不妨碍我们承认这种联合的秩序性,但上述问题的模糊还是会让这种联合在道理上的说服力大打折扣。

实际上,在韦伯斯特和海恩的辩论中,卡尔霍恩的联合图景就已经呈现出退守状态,面对以"讲道理"为主的韦伯斯特一方,海恩更多的是代表南方"摆事实";当后者利用历史和现实经验来说明南方及其西部政策的合理性时,卡尔霍恩从整体秩序出发理解南北分歧的意图就几乎降格为南方自身利益诉求的表白。相对地,北方在进一步扩张和吸纳新州的激励中力求实现另一种秩序图景,这种努力中包含克服由立宪一代的担心转变成的当下焦虑:无论是卡尔霍恩的联合图景还是联邦的现状,都面临形式和实质

① 参见 John C. Calhoun, " A Discourse on the Constitution and Government of the United States", p. 137;卡尔霍恩:《卡尔霍恩文集》(下),第 401 页。

两方面在同一性上的缺失,一个界限不明又处处不一致的政治体可能是有序的,但它在什么意义上是一个"政治共同体"呢? 由此理解这一争论,就会理解威尔逊总统对这一争论意义的论述:"美国的整体感受和整体意识改变了,海因先生发出了那个正在消逝时代的声音;韦伯斯特则发出了已经到来时代的声音。"①

不过,这个"已经到来的时代"也包括内战,北方的秩序图景会有一个相当整齐、简洁的外貌,但内部却有不断激进化的动力,可以说,内战爆发的直接原因并非南方及其背后对联合性质的主张,而是北方——就像林肯的直接对手是道格拉斯而不是海恩或卡尔霍恩一样。作为北方在内战前的重要代言人,韦伯斯特并不具备预言家的性质,毋宁说他是实际甚至保守的,他的言论主题就是澄清北方视角中联邦的构成和权限,据此反驳南方在西部土地争议、南北分裂危机中的"错误"主张,若与后来林肯在演说中展示的格局和技巧相比,实在可谓缺乏政治想象力。可是,从韦伯斯特处确实可以发现,他描述的北方制度与联邦构成形态具有内在的一致性和连贯性,这些特性承接了制宪时期关于美利坚自由帝国的想象,使这种秩序图景转换成可以复制和扩展的原则,似乎本身成了帮助缔结联合的纽带。这足够重要,它奠定了北方而非南方为联合提供秩序图景的基础。阅读韦伯斯特,将看到他也借助卡尔霍恩所使用的"州之间的协定"②来描述联邦政府的建立,但在理解建立过程和结果时两者会呈现出重要分歧。从分歧的表面来看,韦伯斯特强调,就算不承认联邦政府诞生于共同的革命和战

---

① 威尔逊:《美国宪制政府》,第71页。

② Herman Belz ed., *The Webster-Hayne Debate on the Nature of the Union*, Indianapolis: Liberty Fund, 2000, p. 151.

争之中,也可以看到它是协定的"造物"而不是协定的"一部分",因而"从事物的本性上说"它具备维护自身存在和发展的权利和义务①;这样就不应该分别从某些州或州集团的角度来考虑西部土地的意义,而是应该将西部视为"公共资源带来的公共利益",在促进联邦政府获得最优发展,从而为美利坚增加整体福利的层面考虑西部政策。② 这看似可以视为重复制宪时期就存在的一种对西部土地的理解,将西部视为联邦及其整体利益支配下的附属品。但是,这并不是韦伯斯特时期所需要的联合图景,故而还有必要看到,在韦伯斯特那里蕴含着一种更重要的变化,使其既可以宣称西部服从于作为一个整体的联邦利益——因此区别于南方的海恩和卡尔霍恩,又可以肯定西部与旧有联邦的平等地位——这让他不再重复以"国家"的对外获取和征服来理解美利坚的新旧土地间关系之路数。

所以,让韦伯斯特与海恩真正错开的,更可能是韦伯斯特经常论及革命、战争、政府、西部的"公共性",却不谈是谁以及怎样发动了革命和战争,建立了政府,获得了西部;不断强调北方能够为劳动力乃至政府界定更清晰、更确定的权源,却不讨论这些权源的取得是否伴随着对其他权利的侵害;一再论及联邦政府崇高的义务和广泛的利益,却不明确义务来自对谁的亏欠,利益建立在对何种产权的回报之上。③ 可是,无论韦伯斯特是否自觉地意识到,重要的变化也正在于此:"权利"的理解方式正遭遇改变,随之而来

①　参见 Herman Belz ed., *The Webster-Hayne Debate on the Nature of the Union*, pp.18, 151, 153。

②　参见 Herman Belz ed., *The Webster-Hayne Debate on the Nature of the Union*, p. 96。

③　参见 Herman Belz ed., *The Webster-Hayne Debate on the Nature of the Union*, pp. 28, 92, 96, 55-73。

的还有以其为线索所构筑的秩序。南方或者立宪时期的整个美国,理解权利都有一个自然亲近的摹本:占有土地的财产权。这是一种空间的、静态的、无法与自然物剥离开来的财产权,它本质上不是工具性的,也不完全可替代,这意味着它无法在不受限制的时空中完全自由地流通,也就是说它甚至有反发展的一面。以这种性质的权利为基础构筑公共秩序,政府就需要具备能够完成特定真实的占有所需要的权力,构建秩序的过程中发生的本质上也是权利的转移或集中,而不是用一种更为普遍、抽象、原初的权利覆盖和替代原有的权利冲突。因此,政府需要处理转移和权利带来的权力关系变化,最主要的方式正面是占取和划界,反面是供给和扩张。这些活动都具有时效性,需要存在具体的施动者,故还不是持续的机制和客观的系统。然而相对地,还有一种时间性的、动态的、工具性的权利观,若也以财产权为例,这里强调的是因占有某种财产而获得的收益在未来不受竞争不合理伤害的权利。如此,这是一种可以与实际占有物剥离开来的权利观念,它允许在确保收益的前提下,将收益的来源进行替换、转让、切分等。进一步地,以保护这种权利的角度理解政府,后者最基本的角色是计算、监管和仲裁,更迫切的发展方向是降低个体竞争间的利益损耗,利用时间的绵延和权利的形变去设计增加利益的机制。实际上,这对公共设施、社会系统的建设和公共人格的形成都是巨大的促进,将为实现积极的、动态的政府和社会控制提供可观的助力。[1] 正是以后一种理解权利的方式为基础,韦伯斯特才可以谈论抽象的政府整体福利和社会责任,同时不确认具体的权利形式、来源和责任对

---

[1] 参见霍维茨:《美国法的变迁(1780—1860)》,谢鸿飞译,中国政法大学出版社 2019 年版,第一、二章。

象。相较于以农业生产为主的南方,北方更适合以这种权利为线索组织起社会和政府,韦伯斯特也曾明确指出,北方体系应该向西部输出,它会避免南部模式可能导致的贫穷与退化。① 更重要的是,北方体系似乎让联合面临的困难变"轻"了不少,当宪制可以与沉重、顽固又复杂的北美大地拉开一定的距离时,离"自由帝国"的秩序想象或许又更近了一步。

　　这样,我们不难理解,为美利坚联合设计"自由帝国"秩序图景的杰斐逊为何同时得到了南方和北方的尊重,既被视为卡尔霍恩所继承的对象,又被理解为林肯的精神向导。在杰斐逊不靠君主和强力,而是用同质、民主的"小共和国"的形式复制和互惠互利所构成的"大共和国"图景中②,南方看到了"小共和国"的充分自治权和"大共和国"不依赖一个集中政府来运作的特质;北方则会对在"小共和国"的复制和扩展中同时实现自由和秩序而感到满意。但是,与其说杰斐逊切近韦伯斯特的时代需求,不如说他更自觉的任务是改良大英帝国的秩序图景,无论对于启蒙时代的政治经济学、法学话语还是开始萌芽的社会学理论,杰斐逊都首先挖掘它们用于替代英帝国的国王,处理原先各殖民(现在的州)内部制度和相互间关系的作用。③ 也就是说,一方面,杰斐逊的"自由"概念仍然不是指一套流动的、抽象的权利制度,而是脱胎于古典共和国,针对具体、有限的空间,描述其中尽可能凭借直接民主和共同意志建立起来的生活方式。而且,为了防止这种自由流于空洞,

① Herman Belz ed., *The Webster-Hayne Debate on the Nature of the Union*, p.31.
② 奥鲁夫:《杰斐逊的帝国》,余华川译,华东师范大学出版社 2011 年版,第74—75 页。
③ 参见奥鲁夫:《杰斐逊的帝国》,第二章"共和帝国";雅法:《自由的新生》,第 69 页。

杰斐逊专门强调,组成美利坚宪制的单位应该缩小而不是扩大,各州的边界应该更为严格,而不是可以随"大共和国"的扩张而愈发松弛随意。① 正是这种对"小共和国"近乎固执的坚持,使得杰斐逊同时具备"大共和国精神领袖"和"小共和国始作俑者"的身份:在立宪一代中,他既为美利坚贡献了最有吸引力的民主和自由共存的图景,却也让州谋求独立和退出联邦获得了正当理由。另一方面,杰斐逊确实具有一种不属于古典时代的想法,在"小共和国"的叠加和复制中同时获得这些单位和整体的规范性,似乎新成员的不断加入进而形成的"利益互惠、永远和平"②关系可以帮助校正每个"小共和国"的意志,使其更符合事物共存的普遍规律——这是卡尔霍恩拒绝承认的秩序建构方式,甚至对麦迪逊来说也可能是陌生的。这两位当然关注美利坚的扩张和新成员的加入,以及整体秩序和部分诉求如何协调,不会忽略成员间及它们与整体之间的政治权力关系。而杰斐逊透露的可能性意味着,对联合秩序的讨论可以与联合内外的政治关系脱钩,而单单聚焦于联合的法律和社会形式。人们会突然发现,在"联合"作为动词的意义上,它从原先作为秩序的困难变成了解决秩序问题的方式。如此,当杰斐逊的"自由帝国"理想具备了更便于其成员扩展的条件,这种秩序图景的意义就不仅局限于提供参照和给出改进方向,而本身成为重塑联合的动力。

经过韦伯斯特与海恩在辩论中体现出来的时代变化,杰斐逊联合图景中的"小共和国"一定会存在结构、民情、风俗特征被进一步淡化的情况,"大共和国"与空间之间的密切关系也遭到严重

---

① 参见奥鲁夫:《杰斐逊的帝国》,第78页。
② 奥鲁夫:《杰斐逊的帝国》,第85页。

削弱。这样,北方体系到了道格拉斯那里成了具有普遍感染力的形式性诉求。针对南北在西部土地上是否应该允许奴隶制存在的争议,道格拉斯的方案是支持以投票形式进行的民主自决①:一定范围内有主权权能的人民所形成的整体意志,既作为面对奴隶制做出的选择,又作为州获得的政治形式。如此,道格拉斯悬置了奴隶制问题本身——只要程序正当即可得到承认的结果。这带来的后果是,一方面,奴隶制可以不受地域限制地推进到西部和北部,如道格拉斯在1854年支持的"堪萨斯-内布拉斯"中所准许的那样。所以林肯曾指出,"是道格拉斯把奴隶制变成了全国性的问题"②。另一方面,州的政治身份与其自然身份实现了分离,道格拉斯用"state"指代前者,用"territory"指代后者。在后者的意义上,州及州中的人都有具体的特征,但它只是一个居住地,没有法权地位;在前者的意义上,州因被人民赋予整体的合意性获得了权利身份和政治形式,成为联合中正式的成员。③ 道格拉斯认为,州作为政治成员的形式一致性可以保证联合的和谐与和平,这种形式一致性就是美利坚宪制的基石。④ 然而不难发现,凭借投票获得的政治形式很容易催生新州,对于原有的州和联合的政治版图来说,实质上是容易造成极大混乱的分裂活动。相较于多次提出退出联邦之威胁,但实际上难以斩断州之间具体关联的南方秩序,道格拉斯的地方自治和人民自决方案其实更容易造成联邦的破裂。其实道格拉斯已经宣布,州拥有绝对主权,这连卡尔霍恩恐怕

① 参见 Steven B. Smith ed., *The Writings of Abraham Lincoln*, New Heaven: Yale University Press, 2012, p. 181。
② Steven B. Smith ed., *The Writings of Abraham Lincoln*, p. 177.
③ 参见 Steven B. Smith ed., *The Writings of Abraham Lincoln*, pp. 184-185。
④ 参见 Steven B. Smith ed., *The Writings of Abraham Lincoln*, pp. 157-158。

也得有所保留,可这确实是秩序崩解和战争逼近时的声音。

可以说,南方对联合中的差异更敏感,但内战的动力在北方。离开北方体系中激进一方用形式规范为南方乃至整个联合中的异质部分进行的"赋权",内战以如此大规模和高烈度的方式展开不可想象。于此意义上澄清林肯对手的谱系可以得知,卡尔霍恩虽与林肯背道而驰,但也并不排除背对背共处的可能,前者为联合准备了较为完整的秩序图景,这个图景与北方体系有全面且根本的差别,却不是引发战争的直接原因。林肯的难处在于他必须面对来自其同阵营的正面挑战,无论是近前的道格拉斯,还是韦伯斯特和杰斐逊,林肯若向他们展示武器,利刃中就会有一边指向自己。对手也是同道,他们都曾试图让联合以更轻盈的方式变得更为广阔和坚固,但却不得不在不断激进化的过程中面对使联合支离破碎的危机,而若要重新构筑联合的秩序图景,则先要以战争为伴。

三、"不问新旧,无论南北": 林肯在战争中构建的革命性联合图景

在既有的秩序图景中,林肯没有太多的选择。从杰斐逊的"自由帝国"处延伸出来两条主要道路:一条即以复制民主的抽象形式来扩充政治单位,实现自由联合;另一条注重在某些范围固定的政治单位中实现实质平等的生活与成员共同的意志,确保有限的自由联合。与前一条道路相比,后一条在处理联合内部分歧和对外扩张政策时会承认异质性的存在,接受带有保守色彩的

划界做法。林肯以及他青睐的杰斐逊和韦伯斯特都对后一条道路有更多的同情,但是在南北方无法通过划界联合而是面临分裂之时,林肯已经很难再以保守的姿态贯彻后一条道路了。所以,利用后一条道路中所强调的实质内容,林肯揭示了道格拉斯道路在形式上的自相矛盾,进而要求北方体系通过彻底贯彻其形式逻辑实现内容与形式的合一,支撑这种做法的动机同时可以兼容坚定的道德理念、纯粹的正误标准以及政治形势催促下的理性权量。但经此一变,一种原本从属于既有宪制的秩序图景却呼唤起了宪制革命。

林肯要说明的道理并不困难,在与道格拉斯的辩论中他对这个道理的表述也愈发清晰:一面宣称享有一致的人民自决权,一面在同一个联合内保留奴隶制是一种错误。通过自决形式形成共同意志的前提不仅仅是指承认某个人群的集体意志,而且是承认"其他人都至少平等、普遍地拥有表达和形成共同意志的权利"①;奴隶制会真正破坏这个前提,它建立在用强力剥夺另外一些人基本权利和意志自由的基础上。而且,建立奴隶制的人与其反对者也不可能拥有完全平等的权利,因为前者已经将更多人的更大范围权利据为己有,并非与后者共享共同的权利起点;即使将前者据有的奴隶视为根据其基本权利取得的合法财产,也应该承认后者有形成共同意志整体的权利,并接受这个整体中对财产形式做出的安排。但《逃奴法案》②恰恰揭示了,奴隶主们不愿承认其他共同体与他们拥有同等的安排财产和成员人身自由的权利。因此林肯

---

① Steven B. Smith ed., *The Writings of Abraham Lincoln*, p. 188.
② 1850 年,美国国会通过《逃奴法案》,允许南方奴隶主到北方追捕逃亡的奴隶。

指出："如果你来到这片土地上，反对奴隶制，另外一个人也在这片土地上，但是要建立奴隶制，两者被视为完全一样的事的话，结果就是他如果具有全部完整的权利，你就不会有。"①所以林肯会认为，如果道格拉斯严肃对待自己许诺的形式一致性，并信任人民投票的形式能获得"正确"的结果，他就应该支持在全联合的范围内废奴，承认黑人共同享有与其他人一致的平等权利，并且具有在得到其同意下的政府之中生活的权利。

这样的主张会带来联合性质和图景的改变。若用卡尔霍恩的话说，林肯实际上让整个美利坚回到了自然状态，其主张成立的基础是设想纯粹的平等理性个体，而不是在具体的州、社团、派系中的个体如何运用自身的普遍同质权利，构成一种规范关系。林肯对此有充分的自觉，这也是为何他将自己的事业视为对 1776 年独立战争（而不是 1787 年立宪）的继承。州权和奴隶制是 1787 年宪法中不可分割的秩序支柱，作为宪法能够通过的事实性保障，它们及附属在它们之中的人和人的关系是考虑联合图景的重要出发点。但是，林肯有意识地改变了联合图景的时空条件，将其放回《独立宣言》的背景，把对美利坚秩序的想象带到那个尚未形成任何确定政治关系的人类社会之中。在那里，区分新州还是旧州，南方还是北方，绝非首要也不一定必要，排除了种族、宗教和地域差异的个体才是构成秩序的支柱。可以说，林肯的秩序图景打破了内战时期关于联合性质讨论的天花板，把大地上不可见，但内在于人性中的某种秩序诉求也带入了塑造联合的过程中。在这种图景里可以设想的理想状况是，向异质群体赋权直接带来联合基础的

---

① Steven B. Smith ed., *The Writings of Abraham Lincoln*, p. 218.

更新和联合困境的克服,赋权在此扮演双重角色:于恢复自然状态的同时形成新的社会契约,将内战转化为革命,把现有政府从革命的对象过渡为革命的成果。如果是这样,阿伦特笔下"革命在美国"的特质会再一次重现,它不仅没有导致社会革命和因此招致的对必然性的屈服,还在把更多的人带向公共生活的过程中成为联合的直接手段。① 林肯亦曾期待,通过废除奴隶制或者限制奴隶制的继续扩张更新联合的基础,促进南北趋同②;或者,退到不够理想的状况之中,即赋权遭遇强大阻碍,但因之而起的战争仍然能够被理解为革命的手段或前奏,也就是说战争之后更有利于革命原则的实现,或者至少革命原则不受战争破坏③。在这种条件下,林肯一方得胜且赋权完成后的美利坚秩序就可以被视为林肯秩序图景的实现,即个体代替州结合成为社会契约整体,从而赋予"我们人民"以作为组织起来的社会及主权所有者的全新含义;在此基础上甚或可以期待,人民与经历"战争-革命"后的政府相结合,把美利坚构建为更加标准的"现代国家"。如此,内战也可以被视为真正的建国战争。实际上,有一种美国史叙事就会将内战视为继1776 年之后的"二次革命"和"二次建国",而马克思的著名论断也同样被视为将内战纳入革命解释轨道的证据:"迄今为止,我们所看的只是内战的第一幕,即根据宪法进行的战争。第二幕,即以革命方式进行的战争,就要开始了。"④

---

① 参见阿伦特:《论革命》,第 14 页。

② 参见 Steven B. Smith ed., *The Writings of Abraham Lincoln*, pp. 66-67。

③ 阿伦特在《论革命》中提及美国革命伴随战争(第 6—9 页),但没有专门处理这种伴随的影响。在笔者看来,这基于她对美国革命的"共和"性质的判断,这种判断对于解释独立战争和 1776 年革命也许尚可成立,但不适用于内战的情况。

④ 马克思:《评美国局势》,载《马克思恩格斯全集》(第十五卷),人民出版社1965 年版,第 558 页。

　　然而,南北战争却有其自身不能纳入革命,甚至与革命原则相矛盾的基本逻辑和进行方式。首先,从林肯的角度说,内战之前的林肯越接近权力中心,越对自己秩序愿景的实现条件有更清醒的认知,即废奴革命难免引发战争,"我们的共和长袍被弄脏了,被拖拽在尘土中。让我们重新净化它。或者在鲜血中,或者在革命的精神里,让我们将它再洗白"①。可是在战争开始之后,革命与战争的关系即面临颠倒,林肯逐渐愿意承认,废奴是作为战胜的手段,是服务于战争的逻辑,是"一种适宜和必要的军事措施"②,而不是作为单纯的革命目的被提出的。尤其是在北方面临战争困局时,废奴更是作为为北方争取更多人员和财富,减少南方有生力量的手段,如林肯在1863年的信中写道:"如果说奴隶顶多只能是财产,那么依据战争法,只要需要,就可以接管敌军或是朋友的财产,这有(或是说会有)什么问题吗？ 如果接管这些财产能够帮助我们自己或是伤害敌人,难道也没有必要吗?"③而且,到了战争后期,尤其在面临结束战争和重建秩序的任务时,林肯越来越少地从奴隶制"本身的价值"出发来判断其存废问题,而是综合考虑南方白人、联邦各州和政党的立场,以重建联合为首要目标寻求处理黑人问题的方式;甚至,如果不解放黑人对重建来说效果更好,林肯也不会排除这个选项。④ 在这个背景下,我们就可以理解林肯的著名言论:"如果不解放任何奴隶就能拯救联邦,我将会这么做;

---

　　① Steven B. Smith ed., *The Writings of Abraham Lincoln*, p. 441.

　　② 维特:《林肯守则:美国战争法史》,胡晓进、李丹译,中国政法大学出版社2015年版,第213页。

　　③ 维特:《林肯守则:美国战争法史》,第127页。

　　④ 参见方纳:《烈火中的考验:亚伯拉罕·林肯与美国奴隶制》,第332页;第九章"合适且必要的结果",第333—369页。

如果解放所有的奴隶才能拯救联邦,我将会这么做;如果解放一部分奴隶、保留其他奴隶才能拯救联邦,我也会这么做……我这么做,因为我相信它有助于拯救联邦;我克制着不去解放奴隶,我之所以克制,是因为我不确定它是否有助于拯救联邦。"①从中可以看到,林肯面对的是战争与革命必然纠缠在一起但两者的方向又不一致的情况。战争后期南部有人讥讽林肯在驾驭两匹马②,一匹被崇高的原则装裱得冠冕堂皇,一匹则充满了不可见人的秘密指令和私下交易。这不应该被理解为对林肯个人品行表里不一甚或政治取向不明的指责,而是能够由此窥见林肯面临的复杂处境和深层考验:激发革命的秩序图景在战争中遭到折损甚至解构,战争本身却又不能够直接带来一套秩序,当无序的深渊就在眼前,是否还能将这两辆马车尽量推入一条或两条可以并存的秩序轨道?无论如何,这至少意味着林肯也很难承认内战可以作为革命的手段,直接实现以普遍个人权利结合成契约整体的联合图景,毋宁说,战争置革命于问题之中。

　　进一步地,我们可以考察林肯所面对的战局。正是在战局逐渐展开并带来一系列政治、制度后果的过程里,林肯获得了其语言和行动的形式,并由这些形式呈现出与纯粹作为思想形态的秩序图景间的差异。在南北战争开战初期,林肯下令"封锁"(blockade)而不是"关闭"(closure)延伸至北卡罗来纳州到弗吉尼亚州的港口——这是一种具有国际法意义的用词,象征着南北双方遵循将对方视为"正当敌人"的国际战争模式。③ 而且,北方将

---

① 维特:《林肯守则:美国战争法史》,第 240 页。
② 参见方纳:《烈火中的考验:亚伯拉罕·林肯与美国奴隶制》,第 314 页。
③ 参见维特:《林肯守则:美国战争法史》,第 133 页。

开战理由限定为夺回南方非法占有的联邦财产,也表现出对国际战争法的遵守。在这种战争中,参战方承认彼此作为独立理性行为体的法权地位,因此它也是一种从进行方式到战争目标都"有限"的战争:在战争中,如卢梭曾经指出的那样,"战争只与战场上的军队有关"[①],军人之外的人员与财产理应受到保护;而且,在对待军人和战俘方面,也有愈加细致的人道要求。同样,在战争后,参战方也能够参照国际法认定战利品,接受对战争结果的事务性裁决,不以彻底颠覆参战国政权或消灭对方为目的。显然,将南方"邦联"视为具备独立法权地位的参战方等于承认南方独立,这绝不是林肯和北方想要看到的结果。可是一方面,以联邦在当时具备的军力和权力,甚至连"封锁"的实际行动都难以完成,更不要说"关闭";另一方面,这也是北方避免同时进行两场战争的权宜之计。英法两国都在密切关注南北战争,由于南方与英法有着切近的利益联系,且英法亦伺机捕捉在北美大陆重拾地缘政治利益的机会,因此若战局严重失衡,英法很可能会出兵干涉。从这里可以看到,以"正当敌人"为基础构成的有限战争模式不仅只成全了一套促进战争文明化的法则体系,还是这套体系的建立者通过识别和影响合法参战方身份的认定,确保自己外部利益的手段。南北战争开始时的美国,显然仍从属于这套以欧洲为中心的世界秩序,就此而言,南北战争的爆发及战争进行的形式——都不存在一个林肯革命图景中的自然状态作为基础。更为重要的是,这套体系自大航海时代至19世纪中期,历经由法国大革命引发波及欧洲的自卫战争和侵略战争,直至克服拿破仑建立"欧洲协调",发展

---

① 维特:《林肯守则:美国战争法史》,第273页。

出来的另一个重要功能就是用有限战争的形式消化革命带来的秩序冲击。实现这一目的的要害不在于消灭或单纯地镇压革命,而是一方面用文明战争立足的更为普遍的法权体系吸纳革命的夺权与赋权逻辑;另一方面用有限战争和国际法替代或规范革命中不受限制的暴力。当然,这一目的的实现实际上建立在以"国家"为共同形式的政治单位对欧洲内部土地无间隙的占有,对欧洲外部无主地的集体控制和分割之基础上。① 但是,在凭借以有限战争为背景的国际会议、协约、军事占领、土地继承等方式消化欧洲内部革命的过程中,它毕竟构成了一种提供秩序的可能。

　　悖谬的是,当欧洲暂时建立起有限战争的规范体系和均势格局,一度消化了初现于北美殖民地革命中因追求普遍自然权利而给欧洲造成的动荡和撕裂时,这种危机却复现于北美大陆。而且,此危机的一种表现形式正是配合林肯革命诉求出现的另一种战争形态,它对南北战争作为有限战争的最初定性造成了严重冲击,同时也对美利坚秩序的重建造成了困难。南北战争的麻烦之处在于它仍是内战,因为这种战争方式中的一方或一些人被完全剥夺了法权,沦为"绝对敌人"。林肯在下令"封锁"港口之后,又宣布邦联调用的船只应该被视为"海盗船",即视邦联船只为"罪犯"而不是"参战军队"②,这意味着,这部分人的自然权利遭到剥夺,出于"军事必要性"可以对其施加包括肉体消灭在内的一切处置手段。随着战争的推进,双方都深切地意识到自身处于一场零和游戏之中:为己方争取更多的人力物力与消耗对方的资源是同一回事;对于仍受到联邦宪法约束的北方而言,获取资源所受的限制就更多,

---

① 参见施米特:《大地的法:欧洲公法的国际法中的大地法》,第三、四章。
② 参见维特:《林肯守则:美国战争法史》,第134页。

在这种情况下,革命的赋权对象首先要被视为战争中的有生力量,而且奴隶若加入北方,还会带来南方力量的加倍消耗,不仅人员和财产会流失,其军事组织和经济生产结构也会遭到严重破坏。因此,北方逐渐放弃了在战争初期对待废奴的谨慎态度,自1862年开始不否认具有解放奴隶的权力[①];这样,林肯的革命秩序图景不可避免地与战争缠绕在一起。然而,这种权力至少有三个不同层面的来源。首先,最直接的来源是战争本身,当有限战争的性质变得愈发模糊,军队和平民之间的区分随之可以打破,合法占有战利品的标准遭到废弃,无论北方是否诉诸更为古老的"正义战争"理由,把南方作为"绝对敌人"的倾向都愈发明确。在这一近于必然性的催促下,奴隶作为南方平民合法财产的性质不再受到战争法的保护,而是北方战争机器榨取、掠夺的对象。所以,从战争的角度来看,奴隶恰恰不是经由"赋权"参战,是被"剥夺"了原有的庇护,失去了在原先结构中的位置,作为战争手段而不是目的去参战。

其次,在内战定性的基础上,权力可以源于联邦政府。以林肯所拥有的执行权为代表,联邦政府的权力随战局的展开大大突破了宪法原有的规定,在废除人身保护令、不通过国会授权直接征召军队等问题上,对林肯是否违宪的讨论自内战至今仍在进行。政府权力的扩大首先突出表现在战争权内容的变化上,内战前联邦的战争权于内受三权分立和州权的严格限制,对外颇为自觉地接受国际法的约束。但内战时期形成的战争法和军事法则允许联邦以行政命令的方式,在战争中没收属于个人财产的权利,并逐渐将

---

① 参见维特:《林肯守则:美国战争法史》,第213页。

军事法庭与审判延伸至平民,深入地扩展了联邦的实际管辖权,而且相对于欧洲的有限战争法,美国内战时期开创了将全面战争法则化的先例;更进一步地,也有声音支持政府有使用"战争理由"直接废除奴隶制的权力。[①] 无论是否将战争法的变化扩展为宪制变化,这里的废奴是将奴隶从南方奴隶主的私人财产变为联邦的公共财产,而且,奴隶以后面一种身份获得了保护。所以,针对南方奴隶在加入北方军队后即获得一定权利的现象,不可直接得出结论认为奴隶的个人权利已经获得承认,而是可以先用来确认联邦作为拟制整体,具备拥有和保护自身财产的权利。相较于建立国家银行、获取西部土地等曾经暗示这一权利存在但又因引发宪制争议故陷此权利于暧昧之中的行动,黑人加入联邦军队即与自由人平等,不仅在战争事实中使此权利得到确认,而且也因为战争,将这一权利提升至主权性权利的高度。就这个层面而言,战争有形塑联合的能力,此种能力并不依赖平权革命,而是需要政府绝对性地占有一部分人和物;但是,从被占有者和敌对方的角度,甚至对于占有方内部的单个成员来讲,都不自然具备与整体权力形式相同的平等、独立权利,甚至可以说,解放者陷革命者于沉默和不可见之中,革命有遭到战争除名的危险。

最后,如果黑人与白人的平权不仅在北方军队中和战争期间实现,加入南方军队以及战争结束后的黑人权利仍能获得联邦承认,内战时期的废奴也可以因为这种时空上的延续性,通过有心经营的解释,被视作黑人争取自身权利发起的革命,联邦则在得到他们的授权之后代表他们处理与其权利实现相关的事务,比如与南

---

① 参见维特:《林肯守则:美国战争法史》,第5—7章。

方旧奴隶主之间的财产和政治关系,从而获得权力运用武力或颁布法令。这样,南北战争同时作为平权革命,并在战争之后导出一个林肯意义上的秩序图景,就是可能的。但一方面,现实给这种时空延续性的存在提供的支持相当有限:内战后期,南方也面临兵源匮乏等困境,因此也在一定范围内允许黑人加入军队,并给予其与自由人同等的权利;北方对这部分黑人,以及通过起义摆脱奴隶主的黑人的权利,都存在承认上的困难,并实际上通过相关军事法和《解放奴隶宣言》撤回了对这些黑人权利的承认。[①] 另一方面,战争后期开始对有关这一延续性问题的激烈争论,又暗示着对承认黑人权利的迫切需求。这些争论围绕的核心问题是,黑人在战争中得到赋权是否就意味着他们在战后可以获得公民身份,争论不仅造成了共和党内部激进派和温和派的分裂,还在后来造成了总统约翰逊与国会的分裂。诸多矛盾的存在确实意味着,并非只有顽固的南方奴隶主拒绝在战后承认黑人的权利,无论是从战争事实还是从战后秩序基础的角度,都有理由否认黑人权利的存在;但是,以何种方式将四百万黑人融入战后的联邦,确实对战后秩序能否成功建立具有决定性的意义。林肯在遇刺前对这个问题也没有给出政治上的确定答案,但无论是在公共还是在私人表达中,都不难发现其谨慎的态度和不断试探的努力。

所以在黑人加入内战之后,摆在林肯面前的是两种相互矛盾的秩序可能。一种由战争形构,正如共和党激进派看到的那样,武力征服是这种秩序的基础,北方的胜利意味着南方邦联和黑人都是被征服者。[②] 从征服者对被征服者的占有中,美利坚获得"联

---

① 参见维特:《林肯守则:美国战争法史》,第8—9章。

② 参阿克曼:《我们人民:转型》,第132—133页。

合"的基础。北方主导的战争机器和主权性政府会破坏、摧毁原有
的南北之分,以及为这种区分提供支柱的州权、奴隶制以及在卡尔
霍恩那里能看到的五光十色的南方式社会联系。若要它们重新被
纳入宪制,则离不开行政命令和军事管制的作用,被改造或者说被
抽空为具有一致形式的单位与系统,已经算是一种保全。实际上,
就像阿克曼分析过的那样,宪法第十三、十四修正案的通过过程本
身是违宪的。这里要留意的并非阿克曼建立美国宪法内部双层结
构的角度,而是强调战后秩序与战前宪制的冲突。战后在处理南
方和黑人问题时创立的宣示忠诚制度以军事审判代替政治辩论,
通过《军事重建法》将10个叛乱州划分为5个军管区,并要求在军
管背景下重建州议会①——修宪也正是这个背景下的政治结果。
此种情形对于1787年宪法以及之后的《权利法案》而言,无疑是
相当陌生的。另一种是革命视角,如前文所述,内战的爆发及它所
波及的范围、深度,离开这一视角无法解释。更重要的是,无论是
对贯通战前和战后的宪制而言,还是就战争后期更为迫切的止战
建制之任务来说,它都具有优势。贯通宪制和止战建制的要害均
在于,找到参战各方的共和基础,再利用它们组成的共和形式,将
之重新纳入到宪制轨道,这也正是为何麦迪逊的《联邦党人文集》
第43篇和宪法第四条"共和政体条款"在战争后期备受关注。在
《联邦党人文集》第43篇之中,麦迪逊用是否延续了"共和政体"
来衡量州或其他性质的代表单位是否在经历变化后仍然享有宪法
权利,这种想法在宪法第四条之中得以确定。也就是说,无论南方
北方、新州旧州,如果在战后仍然被认定具备共和政体的形式,就

---

① 参见阿克曼:《我们人民:转型》,第239页;维特:《林肯守则:美国战争法
史》,第317—318页。

可以延续宪法权利,进而重回宪制框架。倘若内战能被确认为进一步保障和扩展个人天赋权利而进行的斗争,战后各方就可顺畅地通过平等的投票权选举代表、进行立法、建立政府、延续共和宪政。从这个意义上说,革命视角把战争变成了一种在继承中更新社会契约(也即宪政基础)的方式。可以看到,阿克曼力图从宪法解释方向入手,确立"我们人民"作为高级法的位置,也是在发展一种黏合宪制在事实上存在断裂的技艺。

战争及其呈现的秩序是刺目的,令人难以回避;革命和它的许诺则永远让人动心。二者并非一真一假,都是人性在不同层面和不同时空中的真实需求。正是如此,二者之间的抵牾实难消解,且催生了在保留前者形塑秩序之能力的基础上,使后者成为秩序图景和历史记忆的迫切希望。林肯的伟大之处在于他为二者之间的沟通奉献了自己。随着以欧洲为中心的世界秩序的崩解,因战争与革命在构建秩序方面丧失一致性而引发的政治危机并不鲜见,由此也不乏弥合二者的努力,但林肯还是以自己特有的方式调动了美利坚关于秩序想象的资源,在宪制方向上留下了他的印记。尽管那也是一种选择,但林肯并没有完全从战胜方出发,将其作为秩序的头衔接到革命者组成的身体上,那样他的工作会与我们现在看到的大不相同,比如包括构建一个属于北方的建国史与解放史。林肯的立足点仍是革命图景,他仍旧未放弃构建一个超越地域、种族,甚至超越国家、历史的普遍联合,将之作为理想甚至是信仰植入普通个体的心灵,用这个秩序图景与现实之间的距离激发人们,于社会生活中去抹平战胜者与战败者之间的差距,在政治实践里去重建能够容纳不同权力量级的各方并使之重新构成轮替关系的宪制。这当然不是一个完美且没有代价的选择,但越接近内战结束时越能看到林肯朝向此方向的自觉努力。

　　前文已经提及,为强调内战具备的革命面向,林肯已经改变了美国历史的叙述方式,模糊了1787年立宪和联邦政府建立在美国史上的起点位置,甚至还冲淡了"一次性立宪"的神话,把宪法视为可以根据革命原则和革命性事件不断调整的对象。所以,林肯将革命原则表述为"金苹果",将联邦和宪法比喻为"衬托在金苹果周围的银画",而且,"这幅画并非要遮掩或是毁坏苹果;而是要装饰并保存它。这幅画是为了苹果而作——而非苹果是为了画"①,也就是说,"联合比宪制更古老"②。以此为基础,林肯给出了一些明显有悖于史实的说法。比如,在《特殊时期对国会的讲话》中林肯宣称,除了得克萨斯州,没有一个州在加入联邦时是独立的,它们都只是殖民地,所以"联合比任何州都早,实际上,它制造了州"③。这种说法无疑很难面对1776年后各州在有宪法、议会等较为完整政治制度中进行自治的历史。再者,林肯将联合定性为"永久性联合",这种说法来自1707年英格兰和苏格兰联合时颁布的法律,标志着联合不允许退出的属性。④ 但在林肯这里,这种属性不再依赖宪法解释,由人为的同意和规定得出,或在一代代人的延续中经由时效形成,而是越来越被赋予了超出人之意志的色彩。此种特征到战争后期越来越明显,使林肯重述历史的指向带上了反历史和超历史的特征,并非完全服务于帮助美国人在历史的延续中理解联合的意义。在开战前和战争初期,林肯曾使

① 雅法:《自由的新生:林肯与内战的来临》,第394页。
② Steven B. Smith ed., *The Writings of Abraham Lincoln*, p. 327.
③ Steven B. Smith ed., *The Writings of Abraham Lincoln*, p. 343.
④ 参见 Steven B. Smith ed., *The Writings of Abraham Lincoln*, p. 89。

用共同血缘、祖先、记忆、战争、牺牲的说法来维系联合①,这些方式不得不因黑人的加入、战争造成的撕裂等原因而需要改变。内战结束前,自然和神意则浮现为确证联合存在的重要方式。一方面,"从自然条件上说,分裂不可接受",不像夫妻可以离婚然后分道扬镳,美利坚的各部分却不得不"永远面对面"②;即使是经历战争,"一代人逝去,另一代人降临,但土地却永远存在下去"③——人在土地上生活,就没有全部的主动权,人相互之间的完全隔绝既然不可能,即使经历了战争和毁灭,也必须被带回到联合问题中来。另一方面,更让人印象深刻的是,林肯在第二次当选总统前,面临的是严酷的政治斗争和社会舆论对进行了"四年失败战争"的指责,这种情况下,人们有理由预测林肯会在第二次就职总统的演说里对战局做出判断,对己方的胜利或贡献做出肯定。但实际发生的是,在这个只有七百多个单词的演讲中,林肯使用了大量神学语汇,站在超然的立场上肯定了南北双方都有进行战争的正当理由,且将判断战争何时停止以及谁应该胜利的权力交给了上帝,把联合的遭遇转换成了一个共同体在神意中诞生和重生的故事。④ 这里发生的是,联合的现实遭遇与联合在神意中的存在拉开了距离,联合也因此具有现实和神圣的两重属性。若以第二重为视角,第一重不具有决定意义,第一重之中不可解的矛盾可以被宽恕;当然,胜利的荣耀也要褪去光芒,以此清洗战争血污。同时,超越意义的存在为联合的革命图景找到了安家之地,通过将林肯

---

① 参见 Shirley Samuels ed., *The Cambridge Companion to Abraham Lincoln*, Cambridge: Cambridge University Press, 2012, pp. 72, 73, 77。

② Steven B. Smith ed., *The Writings of Abraham Lincoln*, p. 330.

③ 林肯:《林肯选集》,朱曾汶译,商务印书馆 2010 年版,第 254 页。

④ 参见 Steven B. Smith ed., *The Writings of Abraham Lincoln*, pp. 481-482.

放在宪法和联邦之上、美国历史开始之前的"永久性联合"置于彼岸,无法在一种血统、宗教、民族和历史叙事中获得安置的"美国人"却可以在想象和追求这个联合图景中"合众为一"。

　　如果林肯的演说仍可被视为政治修辞,那么他的遇刺却使之与其推向高处的革命图景一起,成为联合超越属性的代表。林肯身后美利坚联合的形塑也许可以从现实的战争秩序和具有超越色彩的革命图景之间产生相互作用的角度来理解:在战胜方武力控制的支持下,联邦政府得以克服原先州权和区域性制度的障碍,将大量战前属于各州和地方管理的事务转变为需要联邦政府授权的工作,包括土地的出售、学校和法院的创立等,由此重新规定了联邦与地方关系的性质。① 至此,联合不再面对州和联邦间的主权性冲突,如何以及在何种范围内保障个人权利则成为主导联合政治的新话题,这是联合存在均质内容和统一形式的证明。可以说,战争确立了美国战后联合秩序的基础,使之更接近主权国家;但是,让秩序再走向可以承载美利坚诸多非民族国家特征的宪制,则要借助革命图景的作用。值得注意的是,革命图景在战后不一定再从构想联合作为整体秩序这一政治角度起作用,经历了修宪、赋权和在西部成立新政府,加之战前的庄园、教会等公共生活纽带遭到毁伤,追求和维护个人权利成了更为普遍和更政治正确的要求,个人也得以借助选举和代表制度来试验其作为私人信仰的革命精神。这些情况催生出大量较立宪时期具有更少公共精神的利益团体,这些团体迅速主导了党派和国会政治,派系夺权和分权则成了战后政治生活的主要形式。在这种情况下,革命图景和精神发挥

――――――――

　　① 参见方纳:《烈火中的考验:亚伯拉罕·林肯与美国奴隶制》,第369页。

的作用趋向于加速解构集中性权力，以及促成轮替者和轮替机制的形成，个人的表演性政治诉求为政治提供核心议题。我们能够看到，在林肯去世后，于战争中确立的行政集权随秩序的恢复迅速被国会替代，国会又很快成为党派和各种常设委员会竞争的舞台。在这个恢复宪制的过程中，并非维护国家性、整体性联合利益的概念取得了胜利。相反，宪制或联合更接近容纳个人从各方面对诸种权利进行试探的制度性外壳。①

四、"为了更好的联合"？

林肯在第一次就职演说中重述美利坚历史，指出立宪是"为了更好的联合"，这之后联邦的遭遇也应该"为了使联合更完善"。②内战之后的联合秩序，相较于立宪时期，首先应该说是更为清晰周全的。为融合"联邦"和"国家"这两种政治体类型，联合秩序在麦迪逊处曾显示出两种可能：一种以行政权或者说联邦政府为主导，在与联邦相关的事务上推进其主权性权力，但仍保留州的完全权能，它们对联邦权力的牵制性规范仍然是建立宪制的重要动力，也因此，州权与联邦权力无法完成清晰划分；另一种将联邦和州都理解为对部分人之部分利益的代表，联合旨在为这些代表的平等共存与公平轮替建立一套中立的社会机制，包括麦迪逊在内的立宪一代对这套机制之动力的理解仍然是所谓"用权力制衡权力，野心

---

① 参见阿克曼：《我们人民：转型》，第二编"重建"；威尔逊：《国会政体：美国政治研究》，黄泽萱译，译林出版社 2019 年版，第一、二章。

② 参见 Steven B. Smith ed., *The Writings of Abraham Lincoln*, p. 327。

制衡野心"①,但追逐权力和野心实际上并不能保证该机制不板结为少数垄断者的游戏,或遭到撕裂。到了林肯的时代,不仅这两种联合路径所依赖的条件得到了进一步澄清,二者之间更复杂的关系也浮出水面:就通过行政权联合而言,要附加上联邦政府在武力的支持下,占有原先属于州或个人的财产,建立和完善系统性的军事、管理制度的条件,才得以将其真正确认为主权性的权力;同时,在把个人权利树立成绝对原则的前提下,将此原则用来衡量个人全面的生活境遇并用之理解政治的意义,才能保证作为社会体系的宪制能在不断地加入和轮替中维持正当与活力,在这个意义上也可以说,以平权革命的图景想象联合已经成为相当一部分政治参与者的私人信仰。而且,如果两条路径针对的是一个确定而封闭的联合范围,它们之间很容易产生一种反向强化的关系,前者的控制力越是强大集中,建立的体系越稳定,后者之中的个体和利益集团要求解构集中性权力的动力越大,通过加入和参与竞争来挣脱既有体系的目的越明确。

　　就此而言,一方面,联合秩序可在政府和社会这两个轨道上分别获得支持;但另一方面,更值得注意的是,秩序因此面临撕裂甚至可能流于虚无。就像今天的人们并不陌生,在熟悉强权塑造秩序这一逻辑的人的眼中,主张社会塑造秩序的人都是政治幼稚病患者,同时还可能因参与街头政治和民粹运动被视为对公共秩序不负责任;而在仅将政府视为平权原则和程序正义之守护者的人看来,信奉政府塑造秩序的人已经腐化,所谓的秩序也已丧失吸引

---

　　① 参见《联邦党人文集》第 10 篇,Ralph Ketcham ed.,*Selected Writings of James Madison*,pp. 84-89。

力。他们在接受压迫和进行反抗两个极端间理解公共生活,这不仅会造成联合的裂隙,危及政治体共同性的存在,更深远的影响是产生了对秩序基础难以纠正的误解,以及因无法真正涉足政治生活而造成的政治真空。实际上,内战比立宪时期更明显地揭示了战争秩序与革命图景对联合的连续存在而言缺一不可,但由于二者难以结合,林肯等关键人物又在关键时刻尝试在二者分离造成的张力中,维持联合的秩序,以至如今无论内外,越来越多的人将美利坚的一面认为真时必定判断另一面为假。进一步地,在二者之分裂带来的互相攻讦及其造成的话语混淆和意义消耗中,战争秩序中的政治沉降为赤裸裸的暴力,沦为必然性压制下的沉默荒原。革命图景则继续上浮乃至成为纯粹的政治理想,认真者将其埋藏在心底最深处,视为信念;政客们则把它挂在嘴边,塑造为意识形态宣传。结果是,公共性的政治——在真实而复杂的人与人之间出现的权力关系——恰恰失去了秩序的支撑和应有的讨论。此种对美国秩序的误解印证了伍德的敏锐观察。在《美利坚共和国的缔造》的末尾,伍德指出,联邦秩序与州秩序、精英联合与平民联合之间的冲突被笼统的革命话语所掩盖的结果是,"开启了美利坚政治史上永难弥合的动机与意识形态断层"[①]。我们很难质疑林肯以及最普通的美国人"为了更好的联合"的奋斗动机,但维系联合的意识形态是否能切中"让联合更好"的政治问题并催生有价值的答案,应该说也需要加一个问号。

　　由此可以理解,南方为何受到怀念,西部如何值得畅想,它们都是战后秩序的边缘,可也是联合的可能性之所在。卡尔霍恩虽

---

① 伍德:《美利坚共和国的缔造:1776—1787》,第 516 页。

然不是林肯最为直接的对手,却给出过另一个可能的联合图景。在那里,战争是一种"事务",革命属于特殊人物的特殊时空,可以说都尚存古典世界和欧洲秩序的风貌,因此也是新大陆不得不挥手告别的文明图景;但是,那里的战争和革命还都是建立公共性政治关系的手段,前者明确支持对外扩张和内部均势,后者只用来塑造"小共和国"中的领袖和政治同一性,因此汇聚了多种建立政治联系和处理政治关系的方式,似乎可以在战后宪制所允许的地方自治中于一定程度上得到复活,以充实秩序外壳背后的空虚。西部则更为重要,与卡尔霍恩亦重视的"西部"不同,内战后联邦对西部的需要首先不是要获得扩张的结果,比如占有土地,而是强调向外扩张的过程。因此对于成熟的美利坚联合而言,其对外战略不再完全服从于地缘政治和均势格局的逻辑。在向外的过程中,随着战争机器的推进,革命图景获得进一步扩大和实现的机会,两种秩序则可以期待一种正向结合。这时,"为了更好的联合"作为努力和企盼,未必会给外部带来确实更好的生活,但却能为内部所真正看见。所以,内战之后的重建任务不可避免地伴随着美利坚的扩张,以及借助外部秩序解决内部宪制问题的方式,这不仅形塑了美国在 20 世纪的秩序形态,还在很大程度上影响了美国之外政治体的联合方式和自我认知,这可能是一种"联合"形态具有其世界历史意义的关键。

第五章　美国形象的世界投影

——威尔逊"国联"中美利坚内外秩序的同构

一、威尔逊的"脸谱"

和麦迪逊的暧昧与林肯的复杂相比,威尔逊(Woodrow Wilson)的形象太明确,这可能恰恰是我们容易忽视他的原因。但仔细考察会发现,威尔逊的身后影响呈现出矛盾的两方面。一方面,威尔逊及其支持的处理世界事务之原则,连同他对美国在世界中扮演之角色的定位,都成了"理想主义"的代名词。如果我们不像卡尔(Edward Carr)一样,从欧洲视角将威尔逊直接划为"乌托邦主义者",也比较容易接受冷战开始后凯南与基辛格对威尔逊的评价:威尔逊将世界政治理解为法律和道德应该发挥作用的场所①,美国亦由于推进和代表这些法律与道德,在世界政治中具有特殊地位。这使威尔逊的形象在国际关系理论框架中与"现实主义"对立,威尔逊认为,各民族能够建立基于被统治者同意的民主体制与

---

① 参见 Thomas J. Knock, *To End All Wars: Woodrow Wilson and the Quest for a New World Order*, Princeton: Princeton University Press, 2019, p. 274。

共和政府,依靠法治和理性的公众舆论选择国家内外政策,并由此进入开放的、非歧视性的、遵守普遍规则的市场经济,组成支持集体安全与控制军备的自由国家联盟。正是因此,威尔逊也被认为是脱离"现实"的,越是在美国于现实世界政治中遭遇失败的时刻(比如越战时期),威尔逊主义就越被理解为与现实主义对立的理想,越容易进一步被纯净化、极端化,甚至要为无法认清和无力面对现实而承担责任。① 另一方面,又正如威尔逊曾经那自信的预言,"经由我们,世界会变成前所未有的样子"②,威尔逊及其主义实实在在地参与塑造了这一个世纪的美国与世界。就美国而言,即使是站在威尔逊主义对立面的基辛格也曾不止一次地感叹:"威尔逊主义至少对他之后的三代人而言是美国外交政策的基石","不管美国何时要面对建设新世界秩序的任务,它都会以这种或那种方式重返威尔逊主义的原则"③。实际上,从富兰克林·罗斯福到里根,美国都在塑造国际秩序时采用了威尔逊主义中的某些重要元素。时至今日,威尔逊风格——支持民族自决,强调建立在国家互动上的合作机制,鼓励国际法的发展,承诺有限使用武力,用高度修辞化的语言陈述国家利益与对外目的——也仍然是美国对外政策的主流,因此人们才会对偏离这种风格的"例外"感到奇怪与不安。在当今国际政治中,我们也仍然寻求多边制度性安排,尤其是在法律与经贸领域,普遍规则及其要求的制度形态极高程度

---

① 参见 Lloyd E. Ambrosius, *Wilsonianism: Woodrow Wilson and His Legacy in American Foreign Relations*, New York: Palgrave Macmillan, 2002, p. 155。

② Woodrow Wilson, "An Address in Pueblo, Sept. 25, 1919", in Arthur S. Link et al. eds., *The Papers of Woodrow Wilson*, Vol. 63, Princeton: Princeton University Press, 1990, pp. 512-513.

③ Henry Kissinger, *Diplomacy*, New York: Simon and Schuster, 1994, p. 54.

地塑造了多数人的日常生活。但人们明白,这不仅仅是凭法律和经济维持着秩序;如果我们一定要回到政治层面,并且对威尔逊式的集体安全之政治效用保持高度怀疑,那依然重要的是,这是一个各国不断追求在超国家的联合、体系、文明层面上发挥作用,并经常受到来自异质文明的"次国家"甚至"非国家"力量挑战的世界。而这种部分"统一"与多元"碎片"共存的结构,正是威尔逊曾认真面对甚至参与造就的政治现状。

　　不过,当我们试图解决这个矛盾,将对威尔逊的"理想主义"脸谱化认识转变成"现实"地把握威尔逊时,会发现这项工作并不简单。在威尔逊研究中,修正主义史学和现实主义国际关系学者曾经尝试"现实"地理解威尔逊。"二战"后的修正主义史学解构了威尔逊的理想主义,学者们借鉴比尔德(Charles Beard)等人的左派立场,侧重分析威尔逊原则和政策的经济根源,将威尔逊对美国中立原则的强调理解为保护美国自由资本主义利益,尤其武器工业和银行投资等利益团体的方式,威尔逊的"国联"也由此成为划定美国势力范围,对抗社会主义与欧洲传统帝国主义的政治武器。[1] 修正主义史学的这种理解的影响超出威尔逊研究本身,实际上,他们进一步塑造了美国在战后的单边主义国际形象,重新界定了美国的例外主义和特殊主义的实质。在修正主义史学的基础上,威尔逊的国际政策研究者也从现实主义角度对其政策进行过战略分析的重要尝试。在这种视角中,威尔逊并非为了某种理想或原则,而是根据美国当时的国家实力,选择了一条既不挑战欧洲

---

　　[1] 参见 Charles A. Beard, *The Idea of National Interest: An Analytical Study in American Foreign Policy*, New York: Macmillan, 1934; N. Gordon Levin, *Woodrow Wilson and World Politics: America's response to War and Revolution*, New York: Oxford University Press, 1968。

主导的世界体系,又能够充分开发国家利益的道路。所以,威尔逊
对中立的坚持,连同其对民族自决与"国联"的设想,都被解释为
协调欧亚霸权,借助"门户开放"诉求加入世界政治利益分配格局
的努力。这种研究思路也同时被用于理解威尔逊的国内政策,其
建立联邦储备银行等国家路线的经济措施,与其对社会少数群体
如女性、工人进行的赋权改革一起,被视为威尔逊在美国内战后消
弭国内政治经济裂痕的协调性策略。①

　　不难看到,上述对威尔逊的现实主义分析虽然在美国以积极
还是消极的方式得到权力,权力的核心是经济还是政治等问题上
存在分歧,但共同点是都把威尔逊原则的基点确定为无论生存还
是发展都与外部边界清晰的"国家",好像美利坚与欧洲、亚洲的
秩序区别不涉及政治体形式这一基本载体,似乎"国家"是一个理
所当然的实体。但我们仍旧可以问,这虽然符合现实主义理论的
经典定义和基本逻辑,可是否真正把握住了威尔逊实际的出发点?
毕竟,威尔逊完全可以有一种与现实主义不同的对"现实"的理
解,以及与"现实主义"预设所不同的"现实"处境。威尔逊所在的
并不是一个由长期频繁的战争塑造出清晰边界和相对固定成员的
欧洲国家,而是一个边界、人员不断发生巨大变化,内部构成秩序
存在多个中心和多种次序的政治体。而且,威尔逊出生在这个政
治体发生内部分裂的南北战争时代,其政治生涯一直伴随着这个
需要重建的政治体对其发展方向的问寻。因此,"现实"地考虑这
个政治体要扮演的世界角色,未必只是单纯且确定地保存与扩大

---

① 参见 Lloyd E. Ambrosius, *Wilsonianism: Woodrow Wilson and His Legacy in American Foreign Relations*, p. 154; Ross A. Kennedy ed., *A Companion to Woodrow Wilson*, Malden and Oxford: Wiley-Blackwell, 2013, p. 3。

某个既定范围中的明确利益:它不能加入另一个地区吗,就像某些州加入它一样?它不能以其他政治体中的某些人为存在条件和利益指向吗,就像外部政治体及其中的人早已对它提出要求并产生重大政治后果一样?它不能随着时间的变化伸缩疆界并调整联合秩序吗,就像后来者看见在其之前有历史的政治体都经历的那样?所以,如果美利坚的秩序落点毫无疑问地是一种"联合"的话,构成威尔逊"国联"的为何一定是"国"呢?实际上,"国联"的现实遗产也确实是某种超国家的制度框架与联合方式,其至更接近一种代表西方文明的整体形态。就像施米特曾从反面批评的那样,威尔逊实际上并不认为其原则有确定的运用范围,这恰恰不仅是一种理想或臆想,而且是现实的秩序取向,有着颠覆原有秩序的力量。[①] 那么,如果我们不以现实主义为预设来"现实"地理解威尔逊,而是将"国联"与美利坚的联合形态互相参照,以此作为进入威尔逊及其政治处境的线索,厘清对于威尔逊来说什么是"国家""中立""集体安全","民主"与"主权"又该在什么条件下得到理解,也许可以在一定程度上摆脱威尔逊的脸谱化形象,更准确地把握威尔逊及其政治遗产;同时,这也是澄清美国秩序之世界意义的努力。

二、"国联"的联合方式

要厘清"国联"的意涵,首先应该承认,它作为威尔逊以美国

---

① 参见施米特:《大地的法:欧洲公法的国际法中的大地法》,第278—279页。

为视角对"一战"后世界秩序的表达,经历了一个酝酿、定型、操作、失败的过程。它以 1914 年"一战"爆发和 1916 年威尔逊的第二个总统任期为开端,直到 1918—1919 年"一战"结束,同时威尔逊的总统生涯也将近尾声。一般的见解会视之为威尔逊过于乐观的国际主义理想遭遇现实政治抛弃的过程,"国联"也因没有美国的加入,又在实践中遭到扭曲而沦为笑柄。这里我们应该认识到,威尔逊所坚持的"国联"与欧洲及美国国内某些政治力量对"国联"的理解存在重要差异,后者也确实影响了前者作为政策的定型与操作,甚至是其遭遇失败的一部分原因。也就是说,在这个看似连续的历史过程中,"国联"的意涵和制度形态其实都发生了重要的变化。所以首先,我们要澄清威尔逊原本设想之"国联"作为新世界图景的内在逻辑。我们将要阐明,无论是"国联"还是"十四点原则",都不是一些个人信念或道德原则的随意组合,或者对政治派别或流行意见的简单吸纳,而是包含了一种内部自洽的秩序设计及操作方式;更重要的是,我们要理解它为何是"美国式的",这不仅意味着它是以美国为出发点提出的世界秩序图景,而且意味着,它是对美国这样一种有特定形式的政治体"能够"得到组织并在世界中生存之条件的表达。因此,我们才可以说,威尔逊是"现实"的政治家而非理论人,也才能证明威尔逊的"国联"作为一种失败的现实操作和秩序安排仍有意义。继而以此为基础,我们可以避免将"国联"的失败归于外部原因,而是沿着威尔逊世界图景的内部线索,看待它要为其命运所承担的责任。

就威尔逊所坚持的秩序图景而言,对"国联"形态最充分的专门阐发是 1917 年 1 月 22 日他在参议院发表的"一个为了和平的世界联盟"演讲。这篇并不长的演讲承接了他在 1915、1916 年以建立"普遍联盟"回应美国在"一战"后如何设想和参与世界秩序的问题,也规定了几个月后美国正式加入"一战"的理由与方式,并且能够作为威尔逊1918年正式提出之"十四点原则"的基石。这篇演讲确实提出了一种相当特殊、颠覆欧洲传统的世界秩序,威尔逊将此明确表述为"美国原则、美国政策"。这里我们由这篇演讲开始,通过分析它提供的秩序形态,所涉及原则的内部关系,阐明其所倾向的操作方式,从而进入威尔逊的新世界图景。首先需要提示的是,"世界联盟"(world league)和威尔逊在1916年用过的"普遍结盟"(universal alliance),比"国家联盟"(league of nations)更接近这种秩序设想的原初面貌。在这篇演讲中,"联盟"直接针对"人民"给出秩序,政治体更多以"政府"(government)而不是"国家"(state)现身①。选择这种表达的原因会得到后面构成秩序之诸要素的解释。其次,威尔逊在开篇不久就强调,"只有协定带来不了和平,必须创造出一个'力量'(force)"②,这个"力量"作为和平的保障,要比一个国家或传统联盟的力量更大,以至于没有国家或联盟能够与之对立。可以看到,在对权力的认知方面,威尔逊其实很现实。所以,存在一个"共同权力",而不是多个权力在其之间进行持续或不持续地合作或妥协,是"国联"区别于传统和平机制的要害。"国联"不是几个国家分别争取各自利益最大化的峰会式组合,这是它区别于欧洲传统中常见的霸权联盟之关键,威尔逊也正是在这里紧接着指出他对以均势方式维持和

---

① 参见 Woodrow Wilson, "An Address to the Senate, Jan. 22, 1917", in Arthur S. Link et al. eds., *The Papers of Woodrow Wilson*, Vol. 40, Princeton: Princeton University Press, 1982; Colin Dueck, *Reluctant Crusaders: Power, Culture, and Change in American Grand Strategy*, Princeton: Princeton University Press, 2006, pp. 55-61。

② Woodrow Wilson, "An Address to the Senate, Jan. 22, 1917".

平的质疑。威尔逊看到的是,维持均势靠的是战争,在各方有绝对权力保护和扩张自身的情况下,唯有战争才能揭示它们之间的力量对比状况;当均势又因成员自身实力及成员范围的频繁变化而潜藏不断变动的可能时,战争就会变得非常频繁而且暴烈。正如目前的欧洲已经不可能维持既定范围以阻挡新世界进入权力竞争,"每次对和平的讨论都理所当然地认为,权力得以充分协调就会带来和平从而终结战争,然而这实际上是不可能的,任何一个灾难都会重新降临在我们头上……通过合作达到和平的契约如果不包括新世界的人们,就不能确保在未来有抵挡战争的安全"①。所以,"国联"是取代欧洲秩序支柱——均势与战争——的新设计,威尔逊也是在这个意义上提出这一次要实现的是"没有胜利的和平"②。那么,考虑一种共同权力的形成方式,就是理解"国联"联合结构的核心内容,也是我们理解日后"十四点原则"的入口。

"共同权力"这个说法曾经被霍布斯用来描述"利维坦"的形成标志:通过个人将原来属于自身的自然权利授予利维坦,利维坦拥有了超出所有人的权力,并可以不受其成员阻碍地对所有人使用这一权力,用以维护其和平与安全。③ 如果参照霍布斯式的"共同权力"形成逻辑,"国联"应该被理解为各个成员让渡主权给一个超国家机构,再依赖这个超国家机构维持各成员的安全与秩序。那么这意味着,首先,构成"国联"的成员是同质、平等的主权国家;其次,这个设计在国际层面确实是高度理想化的,因为它要求

————————

① Woodrow Wilson, "An Address to the Senate, Jan. 22, 1917".

② Woodrow Wilson, "An Address to the Senate, Jan. 22, 1917".

③ 参见霍布斯:《利维坦》,黎思复、黎廷弼译,商务印书馆 2008 年版,第 131 页。

各主权国家要自愿、同时放弃属于自己的最高权力,服从"国联"
对其使用这种权力。这意味着,它们将不再能够决定自身的安全,
且需要为公共安全投入可能牺牲自身安全的力量。这种由主权国
家放弃权利实现世界政府的思路常常先入为主地引导我们理解威
尔逊的"国联",也成为人们将"国联"视为乌托邦的理由。但事实
上,如果我们仔细对待威尔逊,会发现他没有从主权国家让渡权利
并授权的角度理解世界联合的形成,而是借助了一组独特的时空
元素:海洋与自决,前者作为保存"共同权力"的空间,后者作为实
现"共同权力"的时间轴。

在陈述以"没有胜利的和平"实现平等者之间的秩序之后,威
尔逊马上转向"海洋这一高速公路"。绝对的海洋自由也成为美
国从宣战到巴黎和会期间一直强调的战后秩序核心原则,是"国
联"和"十四点原则"从未放弃的支柱性元素之一,绝不能因其看
似与战后权力分配无关而轻易忽略。在威尔逊笔下,人们不可能
分割海洋,只可能在同一个不可区分的海洋之上航行,这意味着海
上的自由航行权是一种普遍的、中立的权利,它既为所有人共同享
有,又属于单个的群体或个人。可以说,这种对"自由海洋"的宣
示,在从地理大发现到英帝国于全球扩张的过程中都扮演重要角
色,它慢慢从"通道"转化为一种秩序生成的空间。我们可以从威
尔逊那里看到的,恰恰也属于这个过程中的重要一步:威尔逊将以
海洋原则为基础进行的人类活动理解为和平、平等与合作的活动,
认为他们可能带来人与人之间的信任和亲密关系,进而降低战争
的风险,促成一种非零和竞争式的政治。更重要的是,由于共享海
洋,威尔逊相信人们具有一种普遍中立的自由权利,这种权利在性
质和内容上与现代早期确立的自然权利概念没有实质差别;但特

别之处在于,海洋完整地保存了这种权利,让这种权利获得了不预设、不介入、不让步于任何一种政治选择和既有政体的空间,由此让人与其所处的政治体变得可分,所以它可以与任何一种政治体共存,又不在它之中。它超出特定政治体而存在的部分,构成了一种"共同权力"。

很大程度上,这改变了个体通过"放弃"自然权利获得政治秩序的思路。在这种思路中,当共同权力存在,成员的自然权利只能严格在私人领域以不阻碍和利用公共权力的方式实现。就是否拥有共同权力而言,成员与主权者之间是零和关系。但如果我们引入"海洋"这一象征所保留的普遍自由与中立,并将其作为各政体中臣民一直保有的权利与既存的各政治体并置,实际上为人们提供了一条在主权者存在的条件下,重新获得自然权利的道路。这意味着,获得它并不需要推翻或完全摆脱既有的政治体,所以这条道路不完全等同于接受洛克透露的革命之诱惑,海洋与我们共同存在,似乎只要我们走向它、前往它、参与它、投身它就能够分享它为我们保留的权利。正如威尔逊所言"每一个民族,都应该能进入海洋"①,通过"进入"一个承诺如海洋般自由与中立的世界联盟,人们也许亦能够在政治体之中获得一种在它之外的权利保障,并可以享有它赋予的生活方式。在这个意义上,威尔逊用海洋赋予的自由权与中立权作为世界秩序的共同基础,实际上模糊了政治体的内外界限,它让人民与国家在国家仍然存在的时候可分,让人获得从外部视角理解和处理内部事务的眼光,这也是为何"国联"直接对"人民"而非"国家"说话。也正是因此,我们不能将"国

---

① Woodrow Wilson, "An Address to the Senate, Jan. 22, 1917".

联"视为仅仅由国家构建的共同秩序,它与国家并存的同时渗透、改变甚至冲击和拆解着国家。

　　但是,海洋及其蕴藏的权利超出特定政治体并构成共同性的部分,却很难成为一种可以"使用"的共同权力。海洋属于每一个人或不属于任何一个人,我们在它那里获得的权利难以成为我们自身得以支配的一部分,因此也难以让渡或授予,这使它本质上与任何一种权力的使用集中和代表相矛盾。人们可以想象并理解,海洋那里放置或储存着一种他们的共同权力,但这种权力似乎永远是潜在的,难以被提取出来得到主动地执行或整体性地使用。而从这个角度,我们也许可以理解威尔逊接下来对美国在"国联"中扮演角色的设想,以及"国联"发挥作用的方式。首先,美国不只是加入"国联",而且"美国人民和政府可以加入世界其他文明国家"①。这是一种非常特殊的理解,代表性地揭示了威尔逊头脑中美国及"国联"内部关系的特殊形态。此处,理解权力发挥作用的方式转变了:美国的特殊性并非简单地在于它作为霸权国家有特别的权力地位和利益范围以至于可以采取单边行动,而是它试图效仿这种共同的、中立的海洋性权利;借助而不是代表"国联",美国突破自身的边界,渗透进入其他"水域",与这些"水域"相关的人直接建立超出国家间关系的联系,成为共同权力的融合渠道和载体,体现人民的共同意志。必须注意,这种获取与使用权力的方式是反向的,不是在既有的权力分配中得到支配性的那一份,也不是争取全部或一部分的权力集中,而是通过放弃固定的份额和位置,尽可能借助共同权利的重合之处与不同权力掌握者建立联

---

① Woodrow Wilson, "An Address to the Senate, Jan. 22, 1917".

系,并在这些人的多样活动中通过一个表达其共同意志的中立的制度、规则和系统来获益。同时,这样一幅图景的起点就是海洋对陆地式空间界限的突破,因此它指向的是世界和全球,这也是为何威尔逊的反对者准确地看到其意图并加以讽刺,"总统认为他是全世界的总统","威尔逊要给全世界写一部宪法"。①

其次,美国与其他地区人民之间的普遍、中立、互惠关系不仅限于与他们进行经贸活动。美国"加入"其他文明国家,更期待的是使那里的人民也认识到海洋性权利的存在。因此,威尔逊设想美国并不经由"征服和占有"②来进入其他国家,"国联"也不应该允许任何强者对弱者的兼并,而是通过国家之间的、官方与非官方的人际交往与活动,等待、促成和加速某一个范围内的人民意识到,他们需要一个得到其同意并保障其权利的政府,进而以所谓"自决"的方式构成这群人所在的政治单位。③ 可以看到,"自决"必须是这个范围人民的"自主"选择和决定,无论是否有其他力量的潜在渗透与干预,这个行为要能够被理解成一种意愿行动——当然,威尔逊希望借助"这个机构最依赖的伟大力量",即"世界民意的道德力量"④来促成"自决"的发生。因为要通过"民族自决"获得"国联"的成员并实现共同权力,"国联"其实包含了一个时间性的维度,它不仅是个横向的联合,还是个纵向的时间轴,包含着

---

① Thomas J. Knock, *To End All Wars: Woodrow Wilson and the Quest for a New World Order*, pp. 113, 212.

② 参见 Woodrow Wilson, "War Message to Congress, Apr. 2, 1917", in Arthur S. Link et al. eds., *The Papers of Woodrow Wilson*, Vol. 41, Princeton: Princeton University Press, 1983。

③ 参见 Woodrow Wilson, "An Address to the Senate, Jan. 22, 1917"。

④ Lloyd E. Ambrosius, *Wilsonianism: Woodrow Wilson and His Legacy in American Foreign Relations*, p. 58.

改造甚至重塑政治体形式的可能。也正是因此,即刻进入"国联"的"国家"身份并非不可突破或一以贯之的成员资格象征,"国联"的存在对于其内外政治体的制度形式有潜在的转变要求,所以威尔逊坚持将"民族自决"作为"国联"的基本原则,并认为"'国联'是一个会成长而不是被造就的管理机制"①。而且,由于"自决"能够为性质和实力不同的成员附加形式上的平等,因此威尔逊也可以许诺"国联"不再以权力政治为运作逻辑,而是平等地保护各成员的完整与独立。但参考"自决"的时间性,平等并非一种"现状",而是一个"进程"。

最后,如果我们据此将"自决"作为"国联"成员得到资格确认的标志,我们会发现"国联"是个内外界限不明确,处在开放和扩展状态中的机制,故其现有成员的权力总是不绝对的,也达不到真正的"共同";而"国联"权力在某个阶段的直接来源实际上是已经具备成员资格——也就是能够被认为通过自决建立政治形式的政治体②——对尚不具备这种资格的政治体的权力,权力来自二者的发展等级之别,但仍然是暂时性的。所以,威尔逊必须将"国联"与一种进步主义捆绑在一起,朝向普遍、中立、自由权利以及民族自决的进步对这个机制而言绝非仅仅是意识形态修辞,也是权力生成的方式。

所以,我们可以将"海洋自由"与"经由人民同意的政府"作为

---

① Thomas J. Knock, *To End All Wars: Woodrow Wilson and the Quest for a New World Order*, p. 149.

② 有时威尔逊也会将这种政治体称为"共和国",在可以被视为"国联"于西半球的前身——"泛美协定"中,威尔逊就希望英国以"共和国"而不是"帝国"的身份加入协定,因为在其看来,英国虽然能够被视为"共和国",但仍以"帝国"的方式在拉美行事,这是威尔逊对英国加入西半球的担心和不信任的重要因素。参见Thomas J. Knock, *To End All Wars: Woodrow Wilson and the Quest for a New World Order*, p. 73。

威尔逊在 1917 年 1 月 22 日演讲为新世界秩序提供的核心要素①，由此出发认识威尔逊对"国联"其他原则的规定。其中重要的是控军、裁军和托管制度——它们分别是针对不同地域的战争替代物，以及对"一战"中相关国家的政策安排。一方面，对平等的正式成员而言，"国联"只能消极地执行权力，因为这个联合的共同权力在严格意义上不能无条件地集中使用。所以在面对如侵略或安全威胁等情况时，各成员可以保留自己选择应对的方式②——这是威尔逊理解"国联"成员义务的前提，也是他一直不认为加入"国联"与美国自身安全、利益存在根本冲突的原因，虽然在巴黎和会前后，面对欧洲和国内的反对意见，威尔逊对"保留自己选择"的解释做出了些微调整。巴黎和会前期，就著名的"国联"第十条即"义务条款"③应该如何解释，威尔逊的回答包括如下几个方面。首先，"国联"成员的安全不能被认为是互不相关的，因此如果某一成员被袭击，成员间不应维持互相孤立状态，而是应该向受到袭击者施以援助。其次，"国联"提供的援助不应该由固定的国家以固定的方式来完成，而是要在得到成员同意的前提下，考虑适合每一次具体情况的援助主体与措施："如果你要在中欧的某些地方灭火，你不需要派美国的军队。"国联"会挑选准备得最充分、最合适的权力，且得到他们自身同意，美国没必要在全球引

---

① 参见 Woodrow Wilson, "An Address to the Senate, Jan. 22, 1917"。

② 参见 Lloyd E. Ambrosius, *Wilsonianism: Woodrow Wilson and His Legacy in American Foreign Relations*, p. 53。

③ "联盟会员国担任尊重并保持所有联盟各会员国之领土完整及现有政治上独立，以防御外来之侵犯。如遇此种侵犯或有此种侵犯之任何威胁或危险之虞时，行政院应筹履此项义务之方法。"世界知识出版社编：《国际条约集(1917—1923)》，世界知识出版社 1961 年版，第 270 页。

火上身。"①也就是说,义务的承担方式是在同意基础上的,对非捆
绑性、非永久性集体任务的自主执行,执行的单位及其组合都可以
改变,没有"国联常备军"存在的可能。在巴黎和会后期,威尔逊
为争取支持对英国的要求妥协,将这种义务进一步消极化,承认
"国联"成员有拒绝执行共同军事任务的权利。但必须看到,威尔
逊对"国联"义务的消极理解并非要维护和突出成员作为国家的
主权,这也是威尔逊与英国代表的根本分歧:对于英国来说,不承
担"国联"义务有助于维护其范围广阔的商业利益,更重要的目的
是保护海军实力,同时避免"国联"对本国军事事务进行干预;而
威尔逊恰恰相反,他否认"国联"的军事行动是各成员的义务,是
因为他将采用军事行动来维持安全理解为临时的、非常规的,甚至
是边缘性的"国联"任务,他更倾向于通过裁军和控制军备,甚至
限制大军火商的经济活动来维持成员间的长期和平。因此裁军和
控军是威尔逊集体安全原则的基石,备战与出战不是"国联"的日
常关切。②最后,对于"国联"的决议机制或者说最高权力机关,威
尔逊强烈反对将之理解为借由"大国一致"形成的整体最高意志,
并否认有成立如协约国一般高层"混合委员会"(mixed commission)
的必要。威尔逊的态度是将"国联"视为一个单纯的"管理"(gov-
ernmental)机构,并表示不需要一个"在'国联'成员政府间再建立

① Woodrow Wilson, "Remarks to Members of the Democratic National Committee, Feb. 28, 1919", in Arthur S. Link et al. eds., *The Papers of Woodrow Wilson*, Vol. 55, Princeton: Princeton University Press, 1986. 参见 John M Thompson, *Russia, Bolshevism and the Versailles Peace*, Princeton: Princeton University Press, 1966, pp. 240-241。

② 参见 Thomas J. Knock, *To End All Wars: Woodrow Wilson and the Quest for a New World Order*, p. 35。

一个相互串联的复杂咨议网络"①。实际上,这是在承认基本原则的前提下,将"国联"的立法问题转化为行政问题,将国家间权力关系转化为规则的接受,裁决与处罚。而且由于希望避免战争,因此这种行政距离包含惩罚权的行政距离较远,更接近借助私法裁决的日常治理。在治理当中,只要涉事方不反对(无须积极同意)针对具体事务的决议,行政就可以被视为有效并继续进行下去,"国联"也就是存在并运行着的。

如此,从军事同盟、大国协调、安保机制的角度来理解"国联"的性质都不甚准确,也错失了理解威尔逊主张的"美国式"世界秩序的焦点。它实际上更接近一个共同规则作用下的私法框架,提供可将同质的准入者嵌入的公共竞争和管理机制,基础是某些共同权利和普遍原则。在内部,成员事实上没有实质性的共同目的,它们或独立、或组合地在实现自身目标时进行相互间的竞争和妥协,但服从共同的管理机制,其行为及动机都是多元的,只在不违反法律的意义上是共同的。更简单地说,威尔逊设想的"国联"内部的运作方式更类似一个国际私法领域的经济组织。但悖谬的是,它的成员资格、组织目的、建构逻辑都是高度政治性的:"国联"在用政治标准界定成员资格,要达到的目的是形成一个维持和平的共同权力,经济作为行动方式并不是可以选择的行动方式之一,而是实际上被体系规定的、带有强规范性的最合适的行动方式。如此说来,这是以政治为基础的经济形式,或者说,用经济的方式进行着的政治的游戏。

---

① Thomas J. Knock, *To End All Wars: Woodrow Wilson and the Quest for a New World Order*, p. 173.

　　但是,对尚未且可能成为"国联"成员的政治体而言,"国联"具有积极权力,且能够作为一个可见的整体履行执行权。"国联"享有积极权力的标志性条款就是威尔逊引以为豪的,坚持要留在"国联"条约里的托管体制。[①] 托管体制针对的首先是列强的海外殖民地,尤其是属于战败国的殖民地。这些土地在传统欧洲秩序中是"战利品",理应得到战胜方的瓜分;而且,它们因严格处于欧洲秩序的外部,所以应由欧洲内部秩序的关键构成者——霸权国家及其权力格局——来决定瓜分方式与分属对象。威尔逊反对这种"欧洲式分赃",要求终止将殖民地作为战利品分给战胜方的做法,代之以"国联"名义对其进行的整体托管。在巴黎和会上,最接近美国立场的英国曾经认同抛弃原先由霸权瓜分殖民地的做法,接受由小国和大国一起,以某种比例共同划分殖民地并决定殖民地事务,但威尔逊对此仍然不满意。在威尔逊看来,殖民地不能被归还或转交给霸权国,无论是战胜者还是战败者,殖民地都不是应该被兼并的附属品,没有任何一个国家可以声称对自由土地有理所当然的永久领有权;相反,殖民地应该被视为潜在的、可以通过"自决"成为平等政治体的"准国联成员",因此它们应该被"国联"这个整体暂时托管(in trust),而不是被任何一个霸权进行占领式的"伪托管"。"国联"为此需要建立一个并非由霸权国,而是由法学家和专门行政人员组成的托管体系,负责原先的殖民地事务。他们先给予这些地区一定的商业和法律权利,监督这部分权利的实施,接着引导和鼓励这些地区进行自决、立宪,进而促使其形成

---

① 参见世界知识出版社编:《国际条约集(1917—1923)》,第 275 页。

共和式的独立政治体,最终使它们成为"国联"的一部分。①

　　这一处理殖民地的思路其实也延伸到对战败国及其周边地区的安排上,并因此突破了欧洲传统国际秩序在欧洲与非欧洲之间划定的基本界限。在传统欧洲秩序中,欧洲内的战败国及其周边土地以"国家继承"的方式由得到霸权同意的战胜国占领。② 这意味着,这些土地虽然改变了归属,但性质没有改变,仍然属于"国家"。正是因此,新占领这些土地的"国家"对内要维持被占领国的安全与秩序,甚至要"继承"其债务,不轻易变更原有的政治体制;对外作为一个"国家"则意味着,它是得到各霸权承认的一员,拥有掌控自身资源并应对外部威胁的实力,与其他霸权之间形成了新的均势,可以暂时终止战争。观察巴黎和会会发现,这仍然是法国要求占领德国某些地区及处理对德边界的思路,虽然法国已没有足够的实力完全做到这一点。但是,威尔逊追求的是在"没有胜利的和平"中建立"新德国",这意味着模糊战胜者与战败者的区别,不通过重新划分土地和明确土地的性质来解决战后问题:"德国并非唯一的战争责任者,在我们看来其他国家也必须承担一定的罪责,没有完全的胜利或惩罚是比较好的。"③事实上,威尔逊对包括德国在内的欧洲土地划分不感兴趣,也不认为美国与之有直接利益,他是把德国当成了一个有待进行政体改变和国家建构

---

　　① 参见 Thomas J. Knock, *To End All Wars: Woodrow Wilson and the Quest for a New World Order*, pp. 206, 211-212; Ross A. Kennedy ed., *A Companion to Woodrow Wilson*, p. 495。

　　② 参见施米特:《大地的法:欧洲公法的国际法中的大地法》,第 164—189 页。

　　③ Thomas J. Knock, *To End All Wars: Woodrow Wilson and the Quest for a New World Order*, p. 35.

的对象,一个有可能以自决方式但尚未这样做以建立民主共和制度的政治体,并认为促成德国的自决与政体重建从而将其纳入"国联",是最彻底长久的调停方式。因此,威尔逊愿意为德国提供经济援助,并同意承认其在政治改革之后拥有一定限度内的军事力量。这再次证明了,威尔逊眼里人民与之所在的国家、土地及这两者涉及的权力关系是可分的,所以威尔逊对待德国及其盟友奥匈帝国,同法国、波兰的态度并没有实质差别,这让巴黎和会上的法国和意大利领袖非常恼火,克里蒙梭因而讽刺威尔逊"像耶稣"而不是一个政治家。① 值得注意的是,正是这样一种对德态度标志着"国联"对全球所有政治体都有效,它不承认任何空间、土地性质、战争结果所划定的界限,甚至突破了历史传统与既成体制。这造成的最终结果是,世界上的政治体要么是正式的"国联"成员,要么是"国联"已经开始对其提供帮助,为其设定政治方向,将其纳入托管的准"国联"成员。除此之外,则是尚不在"国联"范围内,但不排除"国联"能够对之发生影响,使之发生改变的潜在"国联"成员,以及那些阻碍这些地区的人民通过自主选择加入"国联"的政权,它们是"国联"的敌人。

所以,如果沿着威尔逊"国联"的内部逻辑来评价"国联"是否"现实",会发现它要带来的重要结果并不只是一个看得见范围的集体安全机制,特别不是一个如"轴心国"那样的传统军事同盟,也不简单等同于后来的联合国与北约。假设我们足够敏锐,在发现威尔逊一直不放弃将海洋自由作为"国联"的秩序支柱时,就应该转变主要通过空间和安全来理解其世界秩序的思路。威尔逊预

---

① 参见 Thomas J. Knock, *To End All Wars: Woodrow Wilson and the Quest for a New World Order*, p. 200。

设的是,海洋汗漫弥散,会环绕、渗透、联通并改变着每一个政治体。因此,"国联"中的"国"也并不是既存或现有的国家和政府,而是包含了不同历史阶段的政体形式,完全能够落实其原则的,则是通过自决建立起来的某种共和政体。事实上,"国联"要将欧洲熟悉的空间秩序转化成一种时间秩序,这可能是它最重要的现实影响。① 在传统欧洲秩序中,我们看得见的各种联合划分、占有、标记着空间,秩序就体现在它们自身及它们之间的关系上;可对威尔逊的新秩序而言,重要的不是联合有一个明确界限的空间范围,而是它能够建立一个发展和进步的过程,以决定世界各政治体在全球秩序中的地位。这个过程可以被表达为以海洋性中立、开放、平等的权利和原则,通过衡量其在经济、政治体制、法律、社会等方面的实现程度得到指标,来建立一个内部有等级的文明框架。更重要的是,由于这个框架中权力有特别的构成方式,其成员差别越大,联合的存在感才越强,也就是说联合权力的支配范围和强度就越大:"国联"只通过共同规则和客观机制来处理平等的"国联"成员之间的关系。实际上,越处在发展阶段的顶端,联合的权力越消极,表面也越接近一种经济和私法关系;但"国联"成员对处于其监管之下的准"国联"成员,就有监督和管辖权,能够通过资本、法律手段对其进行控制;对于尚未成为"国联"成员的政治体,"国联"不排除使用积极、强制手段,对发展程度较低且有可能阻碍"国联"扩展的政权及其行动加以纠正,事实上履行着惩罚权。这

---

① 大不列颠不缺乏用时间性的辉格史解释其帝国秩序的尝试(参见殷之光:《宰制万物——来自帝国与第三世界的两种现代时间观及全球秩序想象》,《东方学刊》,2020年第4期,第23—37页),但仍然由于其维持联合的方式不能完全脱离中心与边缘、欧洲与非欧洲的空间区分,所以其秩序的扩张仍伴随着务实且目标有限地维护某些关键区域的地缘政治利益需求,而非普遍地传达一种发展愿景。

也是"国联"条约第二十二条中体现的次序,解释了"前属奥斯曼帝国"与"非洲之民族"以何种理由如何受到"国联"的区别对待。① 这样说来,"国联"最大的现实遗产是它设立了一种内含权力结构的文明标准,因此可以作为一种衡量其他政治和文明形态的手段(同时也是武器)将处于不同传统和特定空间的政治体组合到一种秩序之中。在这个意义上,即使威尔逊式的"国联"在现实中没有落地,美国甚至没有加入"国联",威尔逊也没有完全失败:脱离美苏用来定位自身及其阵营成员的发展阶段时间轴,冷战的权力斗争原因与进行方式不能被理解;冷战之后,则是"文明冲突"的时代,而且西方文明作为一个对异己文明具有主动改造和攻击意图的文明类型,仍然在全球范围内影响大部分政治体和国际组织对"发展"的理解及它们的政治形态,无论这些被影响者采取顺从还是对抗态度。即使是在这种西方主导的文明进程和等级秩序被认为逐渐遭到解构的今天,建立新世界秩序的任务也仍然建立在回应这个秩序规定之问题的基础上:如何生成一种全球性秩序,以及如何解释政治体在时间中的历史形态与发展方向。

三、"国联"中的美国形象及其生成

就像不承认"国联"这样一种世界秩序图景会带来重要的现实影响是有问题的,认为这样一种世界秩序图景不需要条件,或只需要以认同某些理论性假设以及威尔逊本人的某些信念为条件,也

① 参见世界知识出版社编:《国际条约集(1917—1923)》,第274页。

是成问题的理解方式。我们必须指出,上述以"国联"为形式表达的新世界秩序,依赖一个非常特殊的条件,即威尔逊阐发的美国联合方式,或者说美国特殊的"国家"形态。应该观察到,威尔逊"国联"秩序内涵的那个发展阶段论不是个"无限进步"、通往开放式未来的时间轴,而是个终点确定的时间轴。或者说,"国联"的起点——也就是威尔逊式海洋自由和自决等基本原则——就是其理想的终点,后进入这个秩序的成员所经历的进步过程是对这个起点的不断接近;同时,这个起点又必须借助一个特定的政治形式来到达,它不单纯是一幅平等地摆在所有人眼前,使他们全都能看见并同时进入的历史终结状态;相反,威尔逊一直强调的是,人们通过美国进入他们来进入海洋,美国不仅是新制度的成员,而且是主动架设的通道。美国能够作为这样一种通道,是因为"他们从其政体的原则和目的中做好了准备",新秩序的"和平要素与美国政府的原则一致,与美国的政治信念和政治实践一致"①,是"美国的形象投射到整个世界"②的产物,因此"美国人民不参与是不可想象的"③。所以在此,我们需要重点关注威尔逊阐发的美国有怎样特殊的"政体原则和目的",它能够作为秩序"通道"的原因和结构是什么。以此为基础,我们尝试评判他这种阐释的性质,并且希望更为深入地理解和反思其新世界秩序成立的条件。

事实上,威尔逊当时面对的美国,由于经历内战和重建,从正反两面来说都恰恰缺乏一个确定的"形象"。毋宁说,它非常需

---

① Woodrow Wilson, "An Address to the Senate, Jan. 22, 1917".

② Lloyd E. Ambrosius, *Woodrow Wilson and the American Diplomatic Tradition: The Treaty Fight in Perspective*, Cambridge and New York: Cambridge University Press, 1987, p.11.

③ Woodrow Wilson, "An Address to the Senate, Jan. 22, 1917".

要,威尔逊也非常迫切地要赋予它一种"形象"。人们往往将威尔逊关于世界秩序之理想所遭遇的国内外多重困难,视为"国联"因过于脱离现实从而难以被各方接受的证据,却忽略了这些国内外难以统一的意见几乎对于当时任何一种积极的美国政策都会存在:参议院确实否决了威尔逊的"国联",但同样也没有任何一种反对派意见获得了多数,而且在否决威尔逊之后,美国实际上没有替代性的包括对德关系和对欧政策在内的国际秩序方案。所以在这两个方向上,威尔逊本人及其主义都仍然在发挥作用,威尔逊的后继者柯立芝还表现出在尽量于威尔逊方案里争取获得美国特殊地位与尽量避免为此承担捆绑性义务之间的摇摆。① 实际上,"国联"面临的主要反对意见在"国联"成为问题之前就存在,可以说,这些问题的出现不是"国联"导致的结果,而是促使威尔逊提出这样一种战后秩序的重要原因之一。所以我们应该认识到,威尔逊面对的困难不仅是"国联"这个方案自身的困难,还是美国政治秩序本身的困难,那么,他要做的也不只是给出一种外部的国际秩序,而是有意在世界秩序中同时解决美国内部宪制的问题。

通过考察"国联"外部遭遇的内部根源和映射,我们可以具体地认识威尔逊当时面对的美国问题。"国联"在巴黎和会上遭遇的最重要反对意见来自法国。法国要求美国将"国联"理解为与法国结缔的捆绑性军事联盟,一起反对德国与俄国,一旦法国遭到安全威胁美国即可出兵;同时,美国应该与法国一起派驻军事力量占领萨尔地区及莱茵兰地区。这种有武力保障的实际控制,相较于要求德国进行非军事化并进行普遍的裁军、控军而言,是法国更

---

① 参见 Lloyd E. Ambrosius, *Wilsonianism: Woodrow Wilson and His Legacy in American Foreign Relations*, p. 106。

为信任的维和方式。① 虽然在巴黎和会上克里蒙梭对威尔逊表现出了近乎不能理解的讽刺和愤怒,但威尔逊对克里蒙梭为代表的立场实际上应该毫不陌生。早在"一战"之前,威尔逊最重要的政敌——西奥多·罗斯福及其代表的共和党——就在考虑一种国际军事同盟,西奥多·罗斯福认为应该扩充美国军备,防范德国日益增强的军事力量,尤其是海上力量。在"一战"爆发后,西奥多·罗斯福等共和党领袖更是反对威尔逊主义,认为美国应该建立一个更具体、更有针对性的军事联盟,反对有可能破坏欧洲和世界力量均势的国家;应联合西欧可能的盟友,比如法国,从而要将法国的安全理解为美国的国家利益。② 二者之间的争论从美国宣战前延伸到宣战后,实际上,威尔逊与西奥多·罗斯福之间的分歧绝不仅仅关乎国际秩序和应对"一战"的方式问题,互为竞争性的反对党也不能概括二者对立的全部。两者之间的矛盾应该被理解为美国在"一战"前后最重要的政治争论,因为它涉及美国宪制的内在张力,及在此基础上对联合道路的不同选择,而且双方也都在整合并改变着美国的政治传统,为美国正式进入世界树立形象。

西奥多·罗斯福的政治立场实际上延续了美国建国一代中汉密尔顿的传统。这种传统强调,美国基于立宪时人群、信仰、政治形式都具有高度共同性的东部十三州,应该以成为一个强大、独立、统一的民族国家为政治目标,这是宪法以"我们人民"为基础

---

① 参见 Lloyd E. Ambrosius, *Wilsonianism: Woodrow Wilson and His Legacy in American Foreign Relations*, pp. 53, 55。

② 参见 Lloyd E. Ambrosius, *Wilsonianism: Woodrow Wilson and His Legacy in American Foreign Relations*, pp. 94-97;Thomas J. Knock, *To End All Wars: Woodrow Wilson and the Quest for a New World Order*, p. 10;Colin Dueck, *Hard Line, The Republican Party and U.S. Foreign Policy since World War II*, Princeton: Princeton University Press, 2010, pp. 13-16。

建立联邦的目的,也是美国参与世界政治的基础。如此,联邦能够超出各州的分散性权力,建立中央银行、财政体系,并拥有常备军。联邦外部则是需要凭借实力去竞争的战场,美利坚为了自己作为一个国家的利益,可以选择与霸权进行结盟或为敌,这类盟约是军事性的政治结合,要求承担安全责任,但也可以随政治情势改变。汉密尔顿的政治传统到了西奥多·罗斯福时期由于完成南北战争之后的统一而显得更为突出,西奥多·罗斯福也不反对自己被贴上"民族主义"的标签。于内,他强化联邦对地方的"家长式"管理,并要求扩充联邦军队及控制军队的权力;于外,他积极于拉美甚至太平洋地区推进美国的国家利益,划定美国的势力范围,同时前瞻性地寻求与欧洲霸权结成有助于对抗对手的联盟。

这条思路作为国家建构的方式乍看起来没有问题,但是除了威尔逊一方对均势和权力政治能够长期使国家受益的不信任外,针对西奥多·罗斯福还有更重要的反对意见。首先,最大的接受障碍源自西奥多·罗斯福的扩军计划。常备军扩充及其连带的税收、动员制度可能对个人权利与自由造成的威胁是北美革命之时就为美国人熟悉的话语;但更重要的是,军方权力的扩大在20世纪初的美国已经是个事实,这个事实意味着军方有可能脱离政治控制的严重挑战。议会委员会制度和政党政治的成熟使支持军方的大军火商等利益团体能够更容易地控制立法、行政分支,旧有的三权分立模式实际上不足以应对这个变化。这也揭示了美利坚在内战后向常规秩序过渡时的一部分重要困难:内战前州和地方民兵对联邦军队构成限制作用;内战后对南方的军管和国内治安的重建很大程度上让军队从一种政治力量变成了国家化的工具,但当军队能够更深入地抽调整个联邦的资源并且单独对外时,联邦则要能够相应地提供规范和调度它的整体机制,这不仅仅是增强和集中国家的权力就能够做到的。① 所以,西奥多·罗斯福的道路可能很危险,扩军带来的也未必是美利坚安全的增加,也许是军方专权甚至内乱;而且,"一战"时威尔逊政府已经面对这一类现实问题:美国军方和情报人员在战争中与德国军方建立了秘密联系,这些举动没有得到总统的完全授权,也没有反馈给总统足够准确的信息,他们激励德国领导人用一种与威尔逊和协约国意图不接近的方式理解"国联"和美国对战后秩序的安排思路,暗示美国可能与德国单独媾和,这给美国处理对德连同对欧的相关问题都制造了障碍。② 所以,军队可能脱离国家及行政体制的控制,在当时是个能反映美利坚宪制在内战后存在漏洞、联合存在缺陷的真问题。对西奥多·罗斯福而言,这是总统权力仍不够强的证据,但对威尔逊而言,这不仅给他以不走罗斯福道路的理由,也提示他,美利坚联合的维持需要的比一个有强大军事实力且权力集中的国家更多。

其次,无论是汉密尔顿还是西奥多·罗斯福都不忌讳美国拥有敌人,并将敌人视为权力政治下政治单位生存的必然处境。但即使是在《联邦党人文集》中火药味甚浓,表示要让美利坚通过建国向欧洲"提出新旧世界交往的条件"③的汉密尔顿,所见所思的国家间敌对关系也基本囿于有限战争的范畴,并可以期待,若美国与欧洲霸权国家的实力愈接近、地位愈平等,冲突的形态就会更为

---

① 参见亨廷顿:《军人与国家:军政关系的理论与政治》,第 199—239 页。

② 参见 Lloyd E. Ambrosius, *Wilsonianism: Woodrow Wilson and His Legacy in American Foreign Relations*, pp. 117-124。

③ Alexander Hamilton, James Madison, John Jay, *The Federalist*, p. 60.

文明和节制。汉密尔顿所见的英美战争,西奥多·罗斯福对美法结盟以应对德国的设想,也都接近相互承认的敌人之间不破坏规范的战争形式。这种对敌人和冲突的认识实际上依赖欧洲公法处理欧洲内部合法成员之间发生冲突的方式,并将美国直接置于这一套秩序体系之中。但是,"一战"揭示出来的是,美国并不在这样一套有限战争的框架之中,而且正是因此,拥有确定、强大的敌人对美国而言要付出比经历有限战争更高的代价。如同我们在前一章提及的那样,这种危险在南北战争时其实就有端倪:英国隐蔽地给南方提供支持,其中一种方式是煽动印第安人等少数群体对北方进行破坏,这种破坏用不着宣战的形式,也不涉及战争的规则,而是可以对平民和战士进行无差别的伤害。[①]"一战"期间,在美国尚未对德宣战之前,德国为了制止美国为其敌对国提供武器和资金,秘密策划促使墨西哥对美宣战以牵制美国。这个阴谋的重点在于,德国和墨西哥要联合亚利桑那州、新墨西哥州和得克萨斯州,共同加入反美阵营。[②] 实际上,战争性质在这些时刻都发生了变化,内战和外部战争混淆在了一起。可以看到,尽管美国可以把自己"想象"和"武装"成一个边界封闭、内部同一的"民族国家",并使自己朝这个方向发展,但事实上它仍然不是或至少不全是如此。那么,美国若要进入一场全面战争,必须做好准备,即能够为那些异质程度较高的州或社会群体提供超出"民族主义"和主流价值的更为普遍的获利空间——即使是修辞性的。这也意味着,它有必要给出与欧洲民族国家间战争所不同的战争目标,并改

[①] 参见维特:《林肯守则:美国战争法史》,第 31 页。

[②] 参见 Thomas J. Knock, *To End All Wars: Woodrow Wilson and the Quest for a New World Order*, p. 124。

变进行战争与维持和平的方式,这是威尔逊主义的现实前提:美国的联合状况决定了,它不能以凸出和执守一种固定的单一政治取向作为维持自身在世界中的存在与形象的方式。

最后一个原因无法与上述要素割裂来看,因为它更直接地影响了威尔逊政策的着眼点以及美国于"一战"之前介入世界的方式。西奥多·罗斯福路线在经济方面也相当类似汉密尔顿,两者都以东北部的大工商企业为基础,用他们提供的基础设施和资本开发西部和南部,通过将西部和南部纳入国家整体的经济发展框架中来使其获益。为保障他们的利益,西奥多·罗斯福并未承诺降低关税,这种贸易壁垒的维持与扩军、战争的取向相配合,将使美国成为一个经济与政治方向更一致,受益者更为固定,获益次序也更为明确的联合体。但是,在这种"新国家主义"的思路中,南部和西部会认为自己是被剥夺的。与北方相比,南部和西部的经济形态更为分散且复杂,从畜牧业、林业、渔业到农业、矿业、工业;从原始的制造和交换形式到商业化、国际化、资本密集型的生产和贸易方式,都夹杂交汇地存在着。这种情况下,一方面,南方和西部的经济发展所需要的政治形式不是大资本集中、划一的统一管理,而是承认相当程度的灵活组织与地方特色。[①] 另一方面,西部和南部的产品由于不可替代性更高,实则更需要一个低关税、高国际化程度、许诺贸易自由的经济体制。这一在内战之前就存在的南北分歧并没有因为内战结束而消失。相反,南部和西部不断增

[①] 如这些地区在开拓过程中形成的"土地俱乐部"等社团,就由于在联邦政府授权之前已经建立了一系列产权制度和经济规则,因此认为他们有不接受联邦强制的经济发展选择权,参见 Johan Huizinga, *America: A Dutch Historian's Vision, from Afar and Near*, trans. by Herbert H. Rowen, New York: Harper and Row, 1972, pp. 31-40。

长的人口和地理范围的扩大使这个分歧转化为内战后政党政治的争执焦点。共和党与民主党也正是在如何将南部、西部的经济发展与社会需求纳入联合之中这个问题上展开竞争。作为共和党的对手，威尔逊争取的是中西部以及南部草根选民的选票，满足这部分人则要求一个不破坏个人以多元方式追求自身利益的开放式联邦经济形态。[①] 且不谈威尔逊是否成功地实现了这个个人与联邦共同增进利益的愿景，更值得注意的是，南北战争之后，随着原奴隶制地区政治形态的彻底改变，许多南方人和西部人丧失了原有的家园感与归属地，他们是否还将自己的利益与一个具体的地区、国家、联合捆绑起来，实际上成为问题——南北战争是普遍权利的胜利，这种胜利同时也激发了人们对抽象权利的追求。所以，威尔逊面对的，并不只是以解决具体需求问题为诉求的政治参与者，还是对联邦发展方向有意识形态要求的社会运动者，他们要求实现工人、女性等受剥削群体的普遍权利。[②] 因此，他们虽然身在美国，从属于具体的选区和党派，但诉求却超出了有限的区域，经常是国际主义的。威尔逊从他们手中获得选票，也不得不被他们以"非美国"的方式带向国际舞台。

无疑，西奥多·罗斯福道路将更多的问题摆在了威尔逊面前：美国迫切地需要成为"一个"，以弥合战后南北、东西、军政、社会、种族之间的裂缝，这要求的统一程度实际上要比建国时和内战前强得多，意味着要在宪制层面上能够建立新的一体性；但同时，它

---

① 参见 Ross A. Kennedy ed., *A Companion to Woodrow Wilson*, pp.114-118。

② 参见 Thomas J. Knock, *To End All Wars: Woodrow Wilson and the Quest for a New World Order*, pp. 96-97；Colin Dueck, *Reluctant Crusaders: Power, Culture, and Change in American Grand Strategy*, pp. 55-56。

必须以不只是"一个"的方式来达到这个目标,尤其对南方以及后加入联邦的地区和人群而言,如果美国成为一个典型的民族国家,其内外承受的分裂风险都更大。简单说来,美利坚的一体性要以碎片化得到保存的方式来实现。必须承认,这并不是一个在威尔逊时代才出现的问题,但困难在于,传统上应对这一问题的秩序支柱已经不复存在或遭遇重大改变。这里,我们通过回溯威尔逊之前解决这一问题的两种主要方式,去理解威尔逊失去了什么选择,能够继承和重新获得什么道路。

早在建国时代,后来倾向于州权派的联邦党人杰斐逊、麦迪逊就认识到美利坚联合内在的张力。对当时的美国而言,东部十三州之外的西北领地及其所在的密西西比河流域,既是美国维系自身安全与发展非常需要控制的战略空间,又是人群、经济、政治组织形式与东部差异甚大,且呈现相当程度碎片化的地区。但是,这一地区还不能仅仅被理解为发展程度不高的蛮荒之地,实际上,由于英、法、西班牙等欧洲霸权在这一地区早已开始攫取权利,通过占有土地和控制密西西比河的航运来实现自己对北美大陆的某种控制,使这片区域布满错综的欧洲法权形态,并形成了这些权利背后的复杂的政治关系。① 因此,如同我们在"麦迪逊问题"中提到的,美国若要控制住这一地区,意味着要以相当早熟和尽可能的中立姿态进入欧洲权力游戏,通过扮演一个欧洲霸权的"调和者"来争取在这片区域中有更广阔的活动空间和更重要的位置。所以,主张一种尽量普遍、中立的权利,以不排他的方式争取对北美大陆尽可能广泛的控制,同时为州保留大量自主权,以容纳异质成员或

---

① 参见 Peter J. Kastor, *The Nation's Crucible: The Louisiana Purchase and the Creation of American*, New Haven: Yale University Press, 2004。

使其有成为联邦内平等成员的可能,就成了杰斐逊、麦迪逊等人要在宪法中解释和基本政策中贯彻的内容,也让他们对美利坚的认识不同于一个边界确定且封闭的民族国家。①

因此,州是重要的。如果完全按照"人民主权"的逻辑解释美国建国与立宪,将州从宪制基础中排除不是巨大的理论困难,但它之所以深刻地影响着美国的政治实践并参与形塑其政治传统,是因为州曾是美利坚一体性和碎片化能够结合共存的重要制度支柱,而且让这种合成表达为一种空间秩序。在威尔逊之前,借助"成为"以及"作为"州这个共同形式,杰斐逊为美国在纳入其他异质地区和人群的同时还能被理解为一个"统一"整体准备了"自由帝国论"。依据这种思路,形成自由市场,占有土地和财产流通得到承认从而确定土地边界,在这片土地上建立得到同意的地方政府并通过宪法,使得一个地域空间成了"州"。也正是州的这种成立与存在方式覆盖了族群和内部社会阶层的多样性,保证了联邦内各州之间、各州与联邦之间的共同性。因而,美国作为一个"自由帝国"与古罗马、英国的不同之处也在于,它声称不以获取领土和经济利益为扩张目的,而是以州为载体的共同形式进行扩展。这种思路的特殊之处还在于它影响了美国进入世界的方式,"自由帝国论"确实支持美国(尤其是以东部十三州为样板的州制度与联合形式)自先而后的扩展,但其扩展并不是抽象权利和制度的无限复制,而是必须落实于共和国——杰斐逊专门强调,应该是"小共和国"——的自治状态。所以,杰斐逊式的扩张实际上是以陆地为通道,更多地依赖加入方之主动性进行的有限扩展,带有保守的

① 参见 J. C. A. Stagg, *Borderlines in Borderlands: James Madison and the Spanish-American Frontier, 1776-1821*, New Haven: Yale University Press, 2009。

风格。但是,随着内战的结束,州不再能够作为一个有独立经济、政治形式的实体,杰斐逊道路中平衡美国一致性、扩张性与自主性、多元性的支柱性要素也就随之丧失。所以,在威尔逊时代,杰斐逊的遗产实际上不足以支撑一种融贯的内外政策:一方面,它成为依附于核心政治争论上的一种保守风格与传统记忆,对于巴黎和会以及对战后秩序的安排上,这种保守倾向发挥的作用是调和性的,它的存在往往使美国在一些"国联"条款上能够得到对手的理解或盟友的支持,比如美国保守派国际主义者在对"国联"消极义务的坚持上就适合了英国的需求①;另一方面,当杰斐逊式的图景失去了扩张的载体而只留下扩张的形式,它实际上很难抵抗抽象形式无限复制的诱惑,这意味着美国的扩张没有了空间上的限制,威尔逊很明显受到过这种诱惑。

借助州的存在,在实现美利坚联合的同时保留且不放弃纳入多样性,不只是有杰斐逊"自由帝国论"这一种方式。"自由帝国论"实际上不需要将"世界"作为思考美国存在方式的背景,在这种思路中,美国作为一个有具体特定空间和制度要求的政治体,可以是区域性的,也可以与世界其他部分划开——这也是为何杰克逊式的孤立主义也可以被视为一种对杰斐逊的继承。但另一种方式可能对威尔逊有更大的影响,相对于以北方和东部为出发点来构建美国由内到外的秩序,南方在内战前存在一种直接将美国放

① 对于民主党而言,存在国际主义者中的保守派,他们与支持威尔逊的国际主义者大多来自西部和南部不同,这些人更多是北部的知识精英,支持协约国和美国加入协约国参战打败德国,不认同裁军;同时,他们反对美国为了某种普遍的意识形态无限制地介入欧洲乃至世界事务,并为此承担原则性的义务。在共和党之中,同样有反对罗斯福积极催促美国建立强大军队进行对外扩张的保守声音,他们更支持用强大武力和军事同盟维持一个孤立但足够安全的美国,参见 Thomas J. Knock, *To End All Wars: Woodrow Wilson and the Quest for a New World Order*, p. 241。

在世界"当中"来理解的视角,这种视角的秩序基础虽然也遭到内战的改变,但离开它我们不能很好地理解威尔逊及支持他的那些西南部国际主义者介入世界的主动、丰富和多样程度,连同威尔逊新世界秩序的起点。

在内战之前,以卡尔霍恩为代表的南方对自身和美国渐次扩展所得之西部在经济、社会和政治构成形式方面的多样性有清晰的认识。我们在讨论内战时已经指出,他们强调州相对于联邦在权源方面的优先性:海恩斯在代表南方与北方的韦伯斯特进行辩论时,就强调公用土地及其获得的剩余收益应该属于各州而非联邦,联邦拥有的财政权可以理解为对各州同意所设的一种公用基金的信托管理[1];卡尔霍恩则更彻底地将联邦权力的性质定位为在州"之间"而非"之上",进而将联合的一致性理解为没有遭到各州"反对"所得到的"共同",因此联合是一个允许多元竞争单位自发形成、自由组合的协调制衡体系,可以用关税等手段协调各州之间的关系。[2] 这里要强调的是,南方反对的是将联邦理解为一个"国家",并非反对将其理解为一种"秩序"。实际上,南方眼中的联邦接近准国家间的秩序,是制度化的权力制衡方式,或者说是一个北美大陆上的"联盟"。所以,卡尔霍恩不否定南方各州有在联邦内外结盟的权利,值得注意的是,这种结盟并非以夺取政治权力为第一需要,而首先是满足生存需求,获得经济利益:西部和南方产品与产业的多样性使其需要一个流通性强的系统,因此以畅通

---

① 参见 Herman Belz ed., *The Webster-Hayne Debate on the Nature of the Union*, pp. 5-18。

② 参见 John C. Calhoun, Ross M. Lence ed., *Union and Liberty: The Political Philosophy of John C. Calhoun*, Indianapolis: Liberty Fund, 1992, pp. 93-99。

的密西西比河航运以及新发展的铁路为媒介,这些地区可以使产品销往西印度群岛、大西洋沿岸、欧洲、南美等地,反过来用其收益造就匹兹堡、圣达菲与新奥尔良之间的河谷工业基地,再惠及东北部和东南部,并支持联邦进一步西扩。[①] 如此一来,美国作为联合的一致性是通过异质成员在世界范围内不受阻碍的自由贸易由外而内建立起来的。在这种思路中,美国并非世界上的一个特殊部分,而是世界的投影。

可以认为,南方在内战中的失败使上述这个世界性的秩序图景"随风而逝",但从威尔逊那里恰恰可以看到,南方进入世界没有完全丧失其影响力,反而衍生出更为激进的要求,同时成为支配美国制定国内政策和对外战略之权力格局的一个重要因素。就像上文已经指出的那样,曾经可以通过州及州之间的协调来体现或保留自身异质性的群体,现在只能通过要求肯定性的赋权,以突出自己差异性的身份来获得平等的利益,尤其当东部大工业和国家主导的建设工程深入南部和西部之后,原有的生产方式和生产者被边缘化,因而这些边缘群体尝试在体制外找到申诉自身利益的空间,以此进入体制。所以,他们组织工会,要求平等的工作机会,抨击大企业主和大军火商,成为社会主义者、女权主义者、和平主义者。这样,南部和西部原本就强大但曾被框定在土地上的社会组织力量如今愈发成为流动性的和输出性的,也使南部(以及人员异质程度更高、经济多样性更强、人口和面积增长更快的西部)成为社会运动和政治意见的策源地。他们很容易地与欧洲相关社会组织联合在一起,并准备好进入世界其他部分,又一次由外而内地

---

① 参见特纳:《美国边疆论》,董敏、胡晓凯译,中国对外翻译出版公司 2012 年版,第 67 页。

发挥政治影响力。但这里还要强调的是,无论是出于对南部的熟悉或同情,还是纯粹的政治需要,威尔逊选择了与这部分社会力量站在一起,毕竟"威尔逊需要进步主义者,就像后者需要他一样"①。这当然不是唯一的选择,但是一定会带来政治责任与立场的政治选择。在争取到这些人的选票之后,借助进步主义甚至是社会主义者的支持,威尔逊于国内推行的经济、社会政策及他对大法官的任命,实际上比西奥多·罗斯福的"新国家主义"更反自由化②。从中可以看到强势总统代表国家借助激进社会力量,推动社会革命,重组权力结构形成新联合方式的端倪。对外而言,威尔逊在巴黎和会前的欧洲,受到"人民"的巨大欢迎,成为自由派、工人和社会主义者在同盟国发起运动的导火索,虽然这引起了意大利、法国等政府的反感,但威尔逊有意识地利用了这些运动,在各处发表演讲,为谈判制造舆论气氛和政治筹码。③ 从中我们能看到:首先,美国以这种方式加入国际秩序,使新秩序绝不仅仅再是一个以国家为中心的、单纯的权力政治关系;其次,从威尔逊的选择看来,美国内外秩序的建立被勾连在了一起,并且它的建立依靠的不是美国中心地带的权力扩张,而是边缘的甚至带有革命性的非传统力量。如何将这部分力量组织到美利坚联合之中,来协调美利坚的一体性和碎片化,并使之成为让美国在世界上具有独特意义的政治体,实际上是威尔逊的任务和期望。

---

① Thomas J. Knock, *To End All Wars: Woodrow Wilson and the Quest for a New World Order*, p. 89.

② 参见 Thomas J. Knock, *To End All Wars: Woodrow Wilson and the Quest for a New World Order*, p. 86。

③ 参见 Thomas J. Knock, *To End All Wars: Woodrow Wilson and the Quest for a New World Order*, p. 162。

四、威尔逊在世界历史中塑造的美国

至此我们不难理解,为何威尔逊会对比南方还边缘、落后和蛮荒的西部感兴趣。也恰恰是威尔逊,第一个对他的好友兼学生特纳(Frederick Jackson Turner)的"边疆论"表示欣赏,并看到在那里可以发现并解释美国为何可以成为一个世界性的政治权力。[1] 特纳确实是标志性的:首先,西部在其笔下,从建国之初"最不美国"的地区成了美国文明和精神的象征,政治和经济进步的新动力,甚至是"最美国"的符号[2];其次,在这个过程中,西部曾是美国内部与外部的分界处,故而因引发"如何成为美国"之问题而曾成为美国宪制争论的焦点,并可视为宪制分歧的标志。经过特纳和威尔逊的阐释,西部反而让美国在世界中具有了一个尽管仍有模糊之处但可以视为整体的形象,并且因其构成了"开放边疆说",让内外区隔对于美国而言不再构成宪制层面的困难。

这个效果的实现有赖于从两方面理解西部。一方面,由于西部的存在,美国可以被视为一个包含了人类文明各个发展阶段的"微缩景观",一个"不同经济发展阶段的博物馆"[3],一个由西向东汇聚了原始畜牧业、林业,再到农业、手工业,直至大工业、现代金融业的组合。不过,与内战前南方的秩序图景对比一下就可以

---

① 参见 Lloyd E. Ambrosius, *Wilsonianism: Woodrow Wilson and His Legacy in American Foreign Relations*, p.150。

② 参见特纳:《美国边疆论》,第1—34页。

③ 参见特纳:《美国边疆论》,第8、24页。

知道,这种说法不只是现代化程度的排序,还暗含了对西部常见的政治组织方式、经济发展形式的"降级"。在卡尔霍恩的"美利坚帝国"中,西部和南部不同于东部,但都属于多样性中的平等成员,而不是其较低的发展阶段。"降级"中留存着的,是相当清晰的战争痕迹。当林肯将内战的理由上升到铲除奴隶制以推进民主、平等、文明在全球获得实质性进步时,西部仍有可能保留奴隶制的"准州"与联邦之间就已经被林肯转化成为类似孩子与父亲之间的关系。① 虽然威尔逊继续重建事业以抹平战争的痕迹,但这个痕迹还是留在了美国内部由空间区隔转化成的发展时间轴上。所以,西部能够完全重新被纳入美国是以美国将自身组织为一个文明发展进程为基础的;以此为前提,西部原有的政治和经济秩序被转化为待定型的社会力量,需要借助更高文明形式来确认存在意义和发展方向,确认的标志实际上就是由联邦对身份和利益诉求不同但在现代政治与生产中有具体功能的边缘群体进行肯定性"赋权"。必须看到的是,这种转化本身也是对西部原有政治秩序的进一步解构,尤其是对其更接近战前南部的成分。如今,当我们想到"西部",眼前浮现的是潇洒、独立、勇武的白人牛仔,而不是受庄园主和资本寡头支配的黑人集体劳作,正是依赖这一解构。② 所以,当威尔逊以进步主义为旗号,为西南部的各类社会运动分子赋权,他没有认为自己在做一件与东部、联邦和美国发展方向相悖的事情。也正是在这个意义上,西部以及美国整体从空间

---

① 参见雅法:《自由的新生:林肯与内战的来临》,第 708 页。

② 参见 Heather Cox Richardson, *How the South Won the Civil War: Oligarchy, Democracy, and the Continuing Fight for the Soul of America*, Oxford: Oxford University Press, 2020。

与地理的区隔转向历史秩序,是美国在内战后重建联合一体性的重要方式。

更为特殊的是对"西部"的另一方面理解。就前一个方面而言,西部无疑是落后的,是美国的欠发达地区,可也正是因此,特纳笔下的西部同时最为充分地体现了美国政治的精神与制度样态。特纳指出,首先,西部作为美国"自由和开放的边疆"为美国提供了不停歇的发展动力与可能,它蕴含着新的经济增长点,因此可以被视为美国的经济发动机。其次,它给予人们依靠自身得到财产,结合成共同体,获取政治权利的空间,因此不仅重现了美国革命与立国的精神,而且应该作为其他地区的政治样板和"民主加速器"①,故而可以纠正堕落与腐败,标志着美国政治努力的形式与方向。这里能够看到的是,西部作为发展阶段的低端反而具有的先进性与主动性,它的开辟过程被描绘成更接近美国政治与经济理想的图景:个人自由、民主共和、社会进步在同一个方向上得到充分实现;对进入者平等且开放的新能源、新商机和新产业,在个体积极地劳动与竞争中,被转化成为可以扩大增长和贸易范围的利益来源。因此与之共存的其他部分,将被这种图景唤醒或净化,从而被西部所带动,正如威尔逊强调的,"东部已经开放并被改变;无论我们是否愿意,西部的标准会施加于它之上"。而且,这种影响不仅对美国东部有效,也对世界的其他部分有效,所以威尔逊继续写道:"数百年来静止不动的国家和人民会被加速,成为普遍商业世界的一部分,同时被纳入的,还有一代又一代缓慢地以推

---

① 特纳:《美国边疆论》,第27页。

进这种结果为理想的欧洲霸权。"①也就是说,西部作为在时间上的后来者,反而为先进者提供引领的动力,并构成一种经济和政治的发展目的。而且,欧洲以及世界其他部分,也被威尔逊有意无意地放在了西部能够影响的范围内。最后也是最为重要的,西部还是产生新社会的力量,并因此可以催生新职能部门的革新地带。在20世纪初,西部某些州采取全民公投的方式,决定加入联邦政府等重大与宪制相关的问题;不少地区赋予女性以投票权,支持农业中产阶级反抗华尔街寡头,采用的也大多是动议、公投、申诉等社会运动的方式。② 实际上,通过将新兴或边缘的社会群体自发组织的运动不断吸纳到国家之中,并以这种方式实现政治与经济的整体进步,从而在多元群体的交替与更新中理解美国宪制的统一性,是特纳和威尔逊眼中美国政治制度先进、成熟、有自我更新能力的标志,也是将美国多元并存的秩序与权力政治主导的欧洲内外秩序区分开来的关键。如特纳所说:"与欧洲历史不同,美国历史关注的重点是在为适应形势而进行的国家变革中起着建构作用的社会势力,而这种形势又将逐步发生新的变化,施加新的影响,最终产生新的社会机构和职能部门。"③

所以不乏悖谬的是,发展落后且成分驳杂的西部,经过威尔逊等人的解释,进入美国与世界的方式反而成了东部甚至世界其他地区的发展目标;甚至可以认为,东部等其他地区要借助西部的进入,通过效仿西部来获得秩序和进步。美国在这个意义上已经相

---

① Thomas J. Knock, *To End All Wars: Woodrow Wilson and the Quest for a New World Order*, p. 11.

② 参见 Johan Huizinga, *America: A Dutch Historian's Vision, from Afar and Near*, pp. 148-149。

③ 特纳:《美国边疆论》,第82页。

当特殊:这个政治体的进步与发展同时是朝向原初或自然状态的返回,因此它建立的发展时间轴并不是"一条直线的前进运动"①,而是由西部既是起点又是终点的特质形成了一个可以反复但不重复的过程:通过边疆的不断开拓,美国在不断进步中形成,这也就是美国本身。在这个意义上,历史在美国早已终结——它的形态不过是在西部能看见的"自然状态"的规范化和宪政化;但又从来没有终结——只要"西部"总是存在,并能够进入美国,它就总是处在"成为"的过程中。我们要看到的是,这种关于"西部"和"边疆"的独特认识,是威尔逊等人针对美国存在的宪制困难,利用西部在成长中表现出的某些鲜明特质,抓住其能够作为融合多样性之场域的可能,并借助其重组派系和更新意见的能力,对之进行了宪制层面的规范性理解与建构。在这个意义上,威尔逊与特纳一样,都是"西部"的"制造者";实际上,威尔逊比特纳更进一步,他把西部模式转化成为美利坚宪政的图景与发展方向。

在威尔逊担任总统之前,他曾在其《国会政体》等书中揭示美国宪制的困境,那是国会专权和权力碎片化的同时存在与互相加剧。一方面,由于政党政治及其金主所支持的议会游说团体、委员会制度的成熟,国会和立法权已经非常强势,能够决定诸如总统选举结果、财政、筹款、立法动议的提出与法案内容等重要事务;在这种情况下,总统及其代表的行政权被威尔逊视为国会及政党政治的工具。但另一方面,由于立法过程混乱低效,各委员会之间缺乏协调,控制政党的金主相对固定在大财团手中,实际上国会又无法形成统一的意见和明确的方向,也起不到将新政治力量与边缘政治团体纳入政治过程的作用。而且,这也意味着在宪制层面没有

① 特纳:《美国边疆论》,第2页。

权力分支直接体现人民的意志及较为底层的利益,因此缺乏真正的问责与负责机制。所以,存在国会专权,但共同的"联合"并没有实现。在这种情况下,借助对英国内阁制和德国官方学等的比较研究,以及威尔逊对进步主义和历史主义的接受,他提出了建立强大、及时、灵活、高效之行政权的要求,并将这种要求与美国作为一个"民族"的整体性与自觉性及其政治发展进程和历史地位绑在了一起。[①] 为此,威尔逊建立了一套政府"进化论",在这个时间轴上有四个主要阶段:第一个阶段政治体由统治者与臣民组成,两者间缺乏统一的"共同体"意识,比如罗马帝国与欧洲中世纪封建国家;第二个阶段是"有德"君主之下的统治,人民对其统治者有要求,统治者也需要具备某些获得承认的资质,两者之间会形成一个有一定程度认同的共同体,如路易十四时期的法国,伊丽莎白一世时期的英国;第三个阶段是革命时期人民反抗并开始由自身构成的政府,此时人民虽然成为政府合法性的来源,但仍与已经建立的政府之间存在敌对关系,如内战之前的美国;第四个阶段则是人民及民选领导者组成的政体,由于政府管理者与服从者之间存在着明确的协议,人民也能够认识到自己与其政府是"同一"的,因此类似黑格尔式的"国家",这个阶段社会将形成有意识的整体,政治体也真正具有了共同性与民族意识,能够认识到自己是"一个"——威尔逊经常因此将这种政治体称之为"有机的"(organic),认为这是政治进步应该争取的方向,也是宪制发展的最终形态。[②]

---

① 参见威尔逊:《国会政体》;Woodrow Wilson, *The State: Elements of Historical and Practical Politics*, Charleston, SC: Nabu Press, 2010;王希:《威尔逊与美国政府体制研究——〈国会政体〉的写作与意义》,《美国研究》,2019 年第 4 期,第 142—160 页。

② 参见威尔逊:《美国宪制政府》,第 37—38 页。

据此,威尔逊将其面对的美国置于第四个阶段,或至少应该处于朝向这个阶段的过程,并将美国立国和内战时面对的宪制层面分裂解释为第二、第三个阶段中的问题,这两个阶段连同其中的困难都也可以对应到欧洲某些国家的政治形式上去。[①] 在第四个阶段中,应该存在的是与人民、社会这个整体相匹配的统一权力,它要能够直接表达公共意见和人民意志,整合国会中长期存在的碎片化和不负责状态。所以,威尔逊主张"强总统"的宪制形态,并将之作为人民与政府达到统一的标志。[②] 而且,由于在这个阶段中实际上重要的不是在各种有分歧的政治派系中进行权力斗争,而是整体性地推进社会进步与国家治理,所以总统应该能够建立和支配专业、高效的行政官僚,以此加强行政权,对抗立法专权。为了做到以上方面,威尔逊倾向于让人民代表甚至社会运动者通过绕过立法机构的方式,采取诸如公投、申诉甚至街头运动来推进立法,由此建立与人民之间的直接关系。他同时非常重视用演讲、出版等方式塑造公众意见;而且,除了争取让白宫官员直接向总统负责之外,威尔逊还在南部与西部等非传统政治地带建立了自己的私人顾问团体。[③] 从这个角度来看,"西部"及其社会运动作为接近"外部"的存在,是可能超出传统与常规的立法权直接为其提供权力的部分,所以对威尔逊而言也是一种增进总统权的需要,因而甚至是宪制进步与统一的重要保证。另外,针对第四个宪制发

---

① "这两种宪制安排(指美国建国初期'联邦'与'国家'的'复合共和制'结构——引者注)标志着我们自身的历史发展阶段,同样也标志着美国政府成立时大洋彼岸宪制政府的发展阶段。"威尔逊:《美国宪制政府》,第61页。

② 参见威尔逊:《美国宪制政府》,第99页;Ross A. Kennedy ed., *A Companion to Woodrow Wilson*, p. 92。

③ 参见 Ross A. Kennedy ed., *A Companion to Woodrow Wilson*, pp. 95, 103。

展阶段所要求的强大行政权与专业行政体制,威尔逊以现代美国为背景创立了"行政学",并提出著名的"行政"与"政治"的"二分论"。① 对此我们一定要认识到,威尔逊并不是要以"行政"的方式控制、降解或者抵消国家的"政治"权力;恰恰相反,他认为"行政"比"政治"——首先是政党政治或派系政治——更高效、更强大,更象征着并有助于国家的进步与统一。所以,将"政治"问题转化为"行政"问题,意味着将不同政治派系理解为为了具体目的进行自发组织或合作,并可以通过一个中立、规范的系统解决其间利益分配的多个社会性团体。以"行政"思路解决问题,意味着预先承认无差别的普遍性权利,也正是因为如此,在实践中,可以在某些团体的政治权利尚未得到承认之前,就允许甚至鼓励其参与到能解决具体问题的讨论、生产、交易乃至社会运动等政治过程之中。在这里我们看到的正是上文已经提到的,"西部"特有的通过社会运动催生职能部门,以带动行政体系的建立,从而进入甚至改变美国政治运作方式的道路。在这个意义上,西部象征着用行政方式代替政治方式解决碎片化问题的转换。但同时我们应该看到,这种"西部特色"是威尔逊等人有意识地对西部社会进行的规范化建构,内含着 20 世纪初联邦控制西部的方式。这种方式已经从纯粹的政治力量支配转化成为自由资本的拥有者和竞逐者通过一个保护和裁判体系,将部分西部人群吸纳到大企业和基础建设之中,并允许他们参与有限范围的治理,同时用整体的进步统合多元认同和需求,从而缓和甚至抹平政治分歧,推进联邦的一体化。从这个意义上说,"西部"的面貌也是威尔逊把美国塑造为宪制发达阶

---

① 参见 Woodrow Wilson, "The Study of Administration", *Political Science Quarterly*, Vol. 2, No. 2, 1887, pp. 197-222; *The State: Elements of Historical and Practical Politics*。

段,并让这个阶段可以通过总统推进行政权扩张的方式去获得所需要的面貌。

至此我们揭示的是,结合某种得到凸显和建构的"西部"特征,威尔逊在政治文明发展时间轴的顶端勾勒出美国的形象。必须再次强调,这是在传统和现实留下之不多选项基础上的选择与重组,不完全是个人的臆造与创新。这一形象的内容我们并不陌生:个体权利得到肯定,通过自主选择参与社会和公共事务,在一个中立、规范、专业的行政系统中,可以在实现自身目的的同时达成与他人间的利益协调,因而自觉服从行政首脑与宪法,将之视为代表与自身权利平等者所结合成的整体的意志。这是一个熟悉的美国梦,结合了个体与整体,自由与共和,碎片与统一,麦迪逊的两种宪制解释,以及林肯的双重内战遗产。但重要且可能令我们感到陌生的是这一形象的实现形式。首先,它成为历史性的,达到它需要一个不断进步的时间过程,这个过程也体现在于不同时期被先后纳入美国的各个部分所构成的序列之中,并投射到与这些部分处在相同发展阶段的其他政治体之上。其次,它没有完成时,实现它的方式依赖永远保留它在实现中的状态,并对这个未完成状态本身进行承认、规范、扩展——"西部"对秩序的意义正说明了这一点。就此而言,美国确实像一个要不断做下去的"梦"。最后,它需要一个能够进入内部的外部,一片有待发展的欠发达地区;美国宪制形态的实现,连同其宪制困难的解决,都需要"开放边疆",或者说需要不断扩张。有限空间,其实更多的是阻碍,而不是家园。所以,美国与它能在的世界,最终没有两种秩序,这实际上正是我们理解威尔逊"国联"图景最重要的一把钥匙,也是这个"国家"对世界而言的危险和意义。

由此我们再回过头看威尔逊的"国联"，会更清晰地认识到它并非一个外在于美国，将美国视为多元之中的一元，再将其与别的国家并列来组成的"联盟"，而是西部以西的另一个"西部"，是美利坚秩序的有机组成部分。而且，这个外部甚至比内部更为重要，因为它同时提供动力和图景，是在不断纳入多元成分并将其置于一个规范系统中来"统一"碎片成分的希望。所以，"国联"的起点是美国以开拓者的姿态进入亦能作为"开放边疆"的海洋，要求基于最普遍和原初的权利，利用海洋不可永久占有的特点得到中立的对待。这不仅是威尔逊理解"门罗主义"的角度，也是门罗最初在西扩过程中争取密西西比河航运权时的依据①，二者都与西奥多·罗斯福、杰克逊式的"门罗主义"有重要区别，后两者更接近划定一块陆地性质的属己范围并要求以此为界限享有特权，带有孤立主义特征。继而，西扩的美利坚首先在海洋上或经由海洋，进入加勒比地区、南美洲、非洲、亚洲直至欧洲，在无法确定自己有绝对权力优势又要尽可能多地寻求利益来源的情况下，将这些地区涉及的复杂权力关系渐次转变为行政问题、规则问题，同时在转变中收获成员加入行政系统所扩增的权力，这当然是对美国而言成本低且成效大的选择。但对于其他各政体来说，美国实际上将是否要成为美利坚的一个"准州"的问题摆在了它们面前。在威尔逊之后，这个问题会越来越被意识形态化为"是否认同自由民主制度以及自由市场经济"等。面对这个问题，至少一些政治体要经历某些身份团体要求赋权的社会运动，一些则难免会面对革命与重建——也即威尔逊所强调的"自决"；而且，越是有传统和原生文

① 参见 Stuart Leibiger, *A Companion to James Madison and James Monroe*, p. 181。

明秩序的政治体,在面对美国的新秩序时就面临越大的"降级",也就越是处在新秩序时间轴的落后位置上。在这个秩序时间轴的顶端,美国则允诺提供一个开放的世界经济体系,它将尽可能地废除经济壁垒,各成员也被认为拥有平等的机会获得资源,在竞争与合作中被嵌入一个具有同质性的网络中,尽可能地少用军事方式解决争端;对于底端而言,这当然意味着与诱惑并存的压迫和剥夺,甚至经历政治动荡,承受武力蹂躏,它们是"国联"拥有"共同权力"更为直接的来源。在这个意义上,美国确实通过既"在"又"不在"它的控制对象之中,来实现一种世界秩序。① 也正是这个既"在"又"不在"的悖谬,才是"门罗主义"的特质与要害。因此,威尔逊在提出新秩序设想的 1917 年 1 月 22 日演讲的结尾指出,"国联"是"门罗主义的世界化","门罗主义应该被理解为世界主义"②,这绝非没有逻辑支撑或与实际做法相悖的演讲修辞,它实际上恰好描摹了西部模式的世界化。③

我们应该认识到,威尔逊主义并不容易被越过。它虽然日渐沦为一种高扬和平与自由民主的表面理想,但实际上却内含着美国以尽可能经济的方式,借助内外连通的模式解决内部宪制困难的真实需求。所以,即使是在威尔逊的名字被他曾担任校长的大学从校内学院的名字中移除的今天,他对美国及其所在之世界秩序的想法仍然是美国内政外交所要依据的最重要传统之一。这同时也意味着,美国及其所影响的世界还要继续为威尔逊指出甚至

---

① 参见施米特:《大地的法:欧洲公法的国际法中的大地法》,第 232—239 页。

② Woodrow Wilson, "An Address to the Senate, Jan. 22, 1917".

③ 参见章永乐:《威尔逊主义的退潮与门罗主义的再解释:区域霸权与全球霸权的空间观念之争》,《探索与争鸣》,2019 年第 3 期,第 97—109 页。

参与制造的困境买单。首先,威尔逊的秩序形态表明,就算世界不需要美国,美国也仍需要世界,美国是一个需要利用外部为自身提供秩序之意义和动力的政治体。以此为背景,威尔逊的"国联"在这一个多世纪里给世界不同国家带来了连锁反应:自决原则提出之后,美国的爱尔兰裔和苏格兰裔移民纷纷提出要支持爱尔兰与苏格兰独立。虽然威尔逊当时对要求独立的立场表示反对,但仍然肯定两地的"自治"追求。① 这成为大英帝国加速瓦解的原因之一,也是 1707 年联合在 20 世纪遭遇解构的重要背景,产生美利坚联合的母体终于成为这个联合之权力的执行对象。其次,越到威尔逊执政后期越明显的现象是,他不得不更依赖南部与西部、少数派与边缘群体、外国舆论与国际社会,来推动自己想在美国内部实现的政策,对包括三权分立在内的美国基本制度和不排除自身所在政党中的建制派都有所不满。所以,西部和"国联"不仅包含秩序问题本身,还提供着解决问题的方式,这揭示出威尔逊时代就固化在主要制度和政党体制中的建制派力量已经在处理新群体带来的新问题方面构成阻力。而且,威尔逊还将这种从外向内借助非传统力量和非制度手段推动内部问题解决的方式,升格为秩序生成的特定方式,转化为对外输送的文明理想。因此,当建制派的反对力量以更暴烈、更反智的形象出现在我们面前的时候,我们不应该感到过分惊奇,或认为其纯属偶然,而是需要更谨慎地判断,这些现象是否一定意味着失序,它们与美利坚秩序是否有更为内在和本质的关联。最后,更值得注意的是,威尔逊虽然用特殊方式将处于边缘的多元群体纳入了美国,但它们进入之后,反而让美国的

---

① 参见 Lloyd E. Ambrosius, *Wilsonianism: Woodrow Wilson and His Legacy in American Foreign Relations*, pp. 125-134。

一体性变得更为空洞和形式化,虽然这被塑造为通过进步获得的秩序,但实际上是一套范围更大,且更为规范、科学、经济的管理体系。这也是本书“导论”为何更强调孟德斯鸠的“英格兰政体”作为一套规范性行政体系对我们理解其后政治形式的重要性,而不仅仅是保护个人自由与限制权力。但也正是由于政治问题大范围地被转化为行政甚至技术问题,政府也会越来越类似合同中的一方或程序里的一个环节,所以很难触及根本性的政治分歧,因此也难以对这个层次上的分歧提供真正的解决之道。这样看来,一方面可能是愈来愈激进的反对派,另一方面是越来越浮于表面的建制力量,二者之间的撕裂程度可想而知地会加剧;能够调和其间矛盾的,似乎只有不断地扩张。借助新力量,让旧制度不断增添吸纳反对派的能力,不断完善中立性的机制,这样一个无法在全然的安全与稳定中理解自己和他人,因而也很难坚持具体、有限政策与战略的政治体,不知对在其中以及与其一起生活的人来说究竟更像一个祝福,还是一个诅咒。正如那个被认为是最理解美利坚的诗人,对它的扩张曾经说过的那样:“它们是瞬间的,它们让真正的工作无法完成,真正的美利坚不是为了建立帝国,而是去摧毁它们,任何一个讲述美利坚停下来成为美利坚的故事,都只是故事的一半。”①这也意味着,美利坚作为一个在历史上拥有罕见“合成”范围与能力的政治体,是否实现了真正的“联合”,仍然可以被视为一个问题。

---

① Johan Huizinga, *America: A Dutch Historian's Vision, from Afar and Near*, p. 171.

参考文献

外文文献

Althusser, Louis. *Politics and History: Montesquieu, Rousseau, Hegel and Marx*, trans. by Ben Brewster, London: Verso, 1972.

Ambrosius, Lloyd E. *Wilsonianism: Woodrow Wilson and His Legacy in American Foreign Relations*, New York: Palgrave Macmillan, 2002.

Ambrosius, Lloyd E. *Woodrow Wilson and the American Diplomatic Tradition: The Treaty Fight in Perspective*, Cambridge and New York: Cambridge University Press, 1987.

Ansell, S. T. "Legal and Historical Aspects of the Militia", *The Yale Law Journal*, Vol. 26, No. 6, 1917.

Armitage, David. "Making the Empire British: Scotland in the Atlantic World 1542-1707", *Past & Present*, No. 155, 1997.

Armitage, David. *The Ideological Origin of British Empire*, Cambridge: Cambridge University Press, 2004.

Bacon, Francis. *History of King Henry VII*, in *The Works of Francis Bacon*, ed. by James Spedding, Vol. XIV, Boston: Houghton, Mifflin and Company, 1874.

Bagehot, Walter. *The English Constitution*, ed. by R. H. S. Crossman, London: C. A. Watts, 1964.

Banning, Lance. *The Sacred Fire of Liberty: James Madison and the Founding of the Federal Republic*, Ithaca: Cornell University Press, 1995.

Barnes, Robert Paul. "Scotland and the Glorious Revolution of 1688", *Albion: A Quarterly Journal Concerned with British Studies*, Vol. 3, No. 3, 1971.

Bates, David William. "System of Sovereign in Montesquieu", in *States of War: Enlightenment Origins of the Political*, New York: Columbia University Press, 2011.

Beard, Charles A. *The Idea of National Interest: An Analytical Study in American Foreign Policy*, New York: Macmillan, 1934.

Beard, Charles, Mary Beard. *The Rise of American Civilization*, Vol. 2, New York: Macmilan, 1927.

Belz, Herman ed., *The Webster-Hayne Debate on the Nature of the Union*, Indianapolis: Liberty Fund, 2000.

Berlin, Isaiah. "Montesquieu", in *Against the Current: Essays in the History of Ideas*, ed. by Henry Hardy, Princeton: Princeton University Press, 2001.

Bilder, Mary. *Madison's Hand: Revising the Constitutional Convention*, Cambridge, MA.: Harvard University Press, 2015.

Black, Jeremy. *Britain as a Military Power, 1688-1815*, London and New York: Routledge, 1999.

Blackstone, William. *Commentaries on the Laws of England*, 1765-1769, "Introduction", Section 4.23.

Brown, Keith. *Noble Power in Scotland from the Reformation to the Revolution*, Edinburgh: Edinburgh University Press, 2011.

Carpenter, Stanley D. M. *Military Leadership in the British Civil Wars*, *1642-1651*, London: Frank Cass and Co. Ltd, 2005.

Carrese, Paul O. *The Cloaking of Power: Montesquieu, Blackstone, and the Rise of Judicial Activism*, Chicago: University of Chicago Press, 2003.

Chandler, David G., Ian Frederick William Beckett, eds., *The Oxford History of British Army*, Oxford: Oxford University Press, 2003.

Cranston, Maurice. *John Locke: A Biography*, London: Longmans, Green and Co., 1957.

Dahl, Robert. *A Preface to Democracy Theory*, Chicago: University of Chicago Press, 1956.

De Dijn, Annelien. "Was Montesquieu a Liberal Republican?", *The Review of Politics*, Vol. 76, No. 1, 2014.

De Lange, Adrian M. Alan Sandry, *Devolution in the United Kingdom: England, Scotland, Wales and Northern Ireland*, Edinburgh: Edinburgh University Press, 2007.

De Montesquieu, Charles. *My Thoughts*, trans. by Henry Clark, Indianapolis: Liberty Fund, 2012.

De Montesquieu, Charles. *The Spirit of the Laws*, ed. by Anne M. Cohler, Basia Carolyn Miller, Harold Samuel Stone, Cambridge: Cambridge University Press, 1989.

Defoe, Daniel. *A Brief Reply to the History of Standing Armies in England*, EEBO Editions, ProQuest, 2010.

Defoe, Daniel. *An Essay at Removing National Prejudices against a Union with Scotland*, Gale ECCO, Print Editions, 2010.

Deudney, Daniel H. "The Philadelphian System: Sovereignty, Arms Control, and Balance of Power in the American States-Union, circa 1787-1861", *International Organization*, Vol. 49, No. 2, 1995.

Deudney, Daniel H. *Bounding Power: Republican Security Theory from the Polis to the Global Village*, New Jersey: Princeton University, 2006.

Devine, T. M. *The Transformation of Scotland: The Economy since 1700*, Edinburgh: Edinburgh University Press, 2005.

Dicey, A. V. *Introduction to the Study of the Law of the Constitution*, 10th Edition, London: Macmillan, 1964.

Donaldson, Gordon. *Scotland's History: Approaches and Reflections*, ed. by James Kirk, Edinburgh: Scottish Academic Press, 1995.

Drogula, Fred K. "Imperium, Potestas, and the Pomerium in the Roman Republic", *Historia: Zeitschrift für Alte Geschichte*, Bd. 56, H. 4, 2007.

Dueck, Colin. *Reluctant Crusaders: Power, Culture, and Change in American Grand Strategy*, Princeton: Princeton University Press, 2006.

Dueck, Colin. *Hard Line, The Republican Party and U. S. Foreign Policy since World War II*, Princeton: Princeton University Press, 2010.

Edling, Max M. *A Revolution in Favor of Government: Origins of the U. S. Constitution and the Making of the American State*, Oxford: Oxford University Press, 2003.

Edward, D. J. "The Treaty of Union: More Hints of Constitutionalism", *Legal Studies*, Vol. 12, No. 1, 1992.

Ferguson, Adam. *An Essay on the History of Civil Society*, Cambridge: Cambridge University Press, 1996.

Ferguson, Adam. *Reflections Previous to the Establishment of a Militia*, London: Pall-mall, 1756.

Ferguson, William. *Scotland's Relations with England: A Survey to 1707*, The Saltire Society, 1977.

Fletcher, Andrew. *Political Works*, Cambridge: Cambridge University Press, 1997.

Fortescue, John. *A History of the British Army*, Vol. I, London and New York: The Macmillan Company, 1899.

Gibson, Alan. "The Madisonian Madison and the Question of Consistency: The Significance and Challenge of Recent Research", *The Review of Politics*, Vol. 64, No. 2, 2009.

Gonthier, Ursula Haskins. *Montesquieu and England: Enlightened Exchanges 1689-1755*, London: Pickering & Chatto Ltd, 2010.

Gould, Eliga. "To Strengthen the King's Hands: Dynastic Legitimacy, Militia Reform and Ideas of National Unity in England 1745-1760", *The Historical Journal*, Vol. 34, No. 2, 1991.

Hamilton, Alexander, James Madison, John Jay. *The Federalist*, ed. by J. R. Pole, Indianapolis: Hackett Publishing Company, 2005.

Hanshaw, Victoria. *Scotland and the British Army, 1700-1750*, University of Birmingham Research Archive, E-theses Repository, 2011.

Hegel. *Philosophy of Right*, trans. by T. M. Knox, Oxford: Oxford University Press, 1942.

Hobbes, Thomas. *Leviathan*, ed. by Michael Oakeshott, Oxford: Basil Blackwell, 1946.

Hobbes, Thomas. *The English Works of Thomas Hobbes*, ed. by William Molesworth, Vol. VI, London: John Bohn, 1839.

Huizinga, Johan. *America: A Dutch Historian's Vision, from Afar and Near*, trans. by Herbert H. Rowen, New York: Harper and Row, 1972.

Hume, David. *The History of England from the Invasion of Julius Caesar to the Revolution in 1688*, Indianapolis: Liberty Fund, 2004.

Hunt, Gaillard ed., *The Writings of James Madison*, Vol. 9, Chicago: Arkose Press, 2015.

Hyman, Elizabeth Hannan. "A Church Militant: Scotland, 1661-1690", *The Sixteenth Century Journal*, Vol. 26, No. 1, 1995.

Kastor, Peter J. *The Nation's Crucible: The Louisiana Purchase and the Creation of American*, New Haven: Yale University Press, 2004.

Kelly, Duncan. "Passionate Liberty and Commercial Selfhood: Montesquieu's Political Theory of Moderation", in *The Propriety of Liberty: Persons, Passions, and Judgement in Modern Political Thought*, Princeton: Princeton University Press, 2010.

Kennedy, Ross A. ed., *A Companion to Woodrow Wilson*, Malden and Oxford: Wiley-Blackwell, 2013.

Kent, Joan. *The English Village Constable 1580-1642: A Social and Administrative Study*, Oxford: Oxford University Press, 1986.

Kenyon, J. P. ed., *The Stuart Constitution, 1603-1688*, Cambridge: Cambridge University Press, 1985.

Kenyon, Jone, Jane Ohlmeyereds., *The Civil Wars: A Military History of England, Scotland and Ireland 1638-1660*, Oxford: Oxford University Press, 2002.

Ketcham, Ralph ed., *Selected Writings of James Madison*, Indianapolis: Hackett Publishing Company, 2006.

Kidd, Colin. *Union and Unionisms: Political Thought in Scotland, 1500-2000*,

Cambridge: Cambridge University Press, 2008.

Kissinger, Henry. *Diplomacy*, New York: Simon and Schuster, 1994.

Knock, Thomas J. *To End All Wars: Woodrow Wilson and the Quest for a New World Order*, Princeton: Princeton University Press, 2019.

Krause, Sharon. "The Spirit of Separate Powers in Montesquieu", *The Review of Politics*, Vol. 62, No. 2, 2000.

Kruman, Marc W. *Between Authority & Liberty: State Constitution Making in Revolutionary America*, Chapel Hill: The University of North Carolina Press, 1997.

Langelüddecke, Henrik. "The Chiefest Strength and Glory of This Kingdom: Arming and Training the 'Perfect Militia' in the 1630s", *The English Historical Review*, Vol. 118, No. 479, 2003.

Lawson, Gary, Guy Seidman. *The Constitution of Empire: Territorial Expansion and American Legal History*, New Haven: Yale University Press, 2004.

Leibiger, Stuart. *A Companion to James Madison and James Monroe*, Malden and Oxford: Wiley-Blackwell, 2012.

Lence, Ross M. ed., *Union and Liberty: The Political Philosophy of John C. Calhoun*, Indianapolis: Liberty Fund, 1992.

Levin, N. Gordon. *Woodrow Wilson and World Politics: America's response to War and Revolution*, New York: Oxford University Press, 1968.

Lynch, Michael. *The Oxford Companion to Scottish History*, Oxford: Oxford University Press, 2005

MacCormick, Neil. *Questioning Sovereignty*, Oxford: Oxford University Press, 1999.

MacDougall, Norman ed., *Scotland and War, AD 79-1918*, Edinburgh: John

Donald. 1991.

Macinnes, Allan I. *Union and Empire: The Making of the United Kingdom in 1707*, Cambridge: Cambridge University Press, 2007.

Mackillop, Andrew. *More Fruitful Than the Soil: Army, Empire and the Scottish Highlands, 1715-1815*, East Linton: Tuckwell Press, 2000.

MacKillop, Andrew. Steve Murdoch eds., *Military Governors and Imperial Frontiers, 1600-1800: A Study of Scotland and Empires*, Leiden: Brill, 2003.

Mackinnon, James. *The Union of England and Scotland: A Study of International History*, London: Longmans, Green, Co., 1896.

Malcolm, Joyce Lee. "Charles II and the Reconstruction of Royal Power", *The Historical Journal*, Vol. 35, No. 2, 1992.

Manent, Pierre. "Montesquieu and the Separation of Powers", in *An Intellectual History of Liberalism*, trans. by Rebecca Balinski, Princeton: Princeton University Press, 1996.

Mann, Robin, Steve Fenton. *Nation, Class and Resentment: The Politics of National Identity in England, Scotland and Wales*, Basingstoke: Palgrave Macmillan, 2017.

Manning, Roger. *An Apprenticeship in Arms: The Origins of the British Army, 1585-1702*, Oxford: Oxford University Press, 2006.

Miller, Arnold. "Some Arguments Used by English Pamphleteers, 1697-1700, Concerning a Standing Army", *The Journal of Modern History*, Vol. 18, No. 4, 1946.

Miller, Joshua. "The Ghost Body Politic: the Federalist Papers and Popular Sovereignty", *Political Theory*, Vol. 16, No. 1, 1988.

Murdoch, Steve, Andrew MacKillop eds., *Fighting for Identity: Scottish*

Military Experience ,1550-1900, Leiden: Brill, 2002.

Neely, Mark E. *Lincoln and the Triumph of the Nation: Constitutional Conflict in the American Civil War*, Chapel Hill: The University of North Carolina Press, 2011.

Nelson, Eric. *The Royalist Revolution: Monarchy and the American Founding*, Cambridge, MA.: The Belknap Press of Harvard University Press, 2014.

Onuf, Peter S. "From Colony to Territory: Changing Concepts of Statehood in Revolutionary America", *Political Science Quarterly*, Vol. 97, No. 3, 1982.

Onuf, Peter S. *Statehood and Union: A History of the Northwest Ordinance of 1787*, Bloomington: Indiana University Press, 1992.

Onuf, Peter S. *The Origins of the Federal Republic: Jurisdictional Controversies in the United States, 1775-1787*, Philadelphia: University of Pennsylvania Press, 1983.

P. W. J. Riley, *The Union of England and Scotland: A Study in Anglo-Scottish Politics of the Eighteenth Century*, Totowa, N.J.: Rowman and Littlefield, 1978.

Pocock, J. G. A. "What Do We Mean by Europe?", *The Wilson Quarterly*, Vol. 21, No. 1, 1997.

Pocock, J. G. A. *The Discovery of Islands: Essays in British History*, Cambridge: Cambridge University Press,2005.

Porter, Roy, Mikulas Teich. *The Scottish Enlightenment in the Enlightenment in National Context*, Cambridge: Cambridge University Press, 1981.

Raab, F. *The English Face of Machiavelli: A Changing Interpretation, 1500-1700*, London: Routledge and Kegan Paul, 1964.

Rahe, Paul A. "Forms of Government: Structure, Principle, Object and Aim", in David W. Carrithers, Michael A. Mosher, and Paul A. Rahe eds. , *Montes-quieu's Science of Politics: Essays on The Spirit of Laws*, Oxford: Oxford University Press, 2001.

Rakove, Jack. *James Madison and the Creation of the American Republic*, New York: Pearson, 2006.

Rakove, Jack. *Original Meanings: Politics and Ideas in the Making of the Constitution*, New York: A. A. Knopf, 1996.

Read, James H. *Power versus Liberty: Madison, Hamilton, Wilson, and Jefferson*, Charlottesville: University of Virginia Press, 2000.

Richardson, Heather Cox. *How the South Won the Civil War: Oligarchy, Democracy, and the Continuing Fight for the Soul of America*, Oxford: Oxford University Press, 2020.

Robertson, John ed. , *A Union for Empire: Political Thought and the Union of 1707*, Cambridge: Cambridge University Press, 1995.

Robertson, John. *The Scottish Enlightenment and the Militia Issue*, Edinburgh: John Donald, 1985.

Rosen, Gary. " James Madison and the Problem of Founding", *The Review of Politics*, Vol. 58, No. 3, 1996.

Rosen, Stanley. "Politics and Nature in Montesquieu", in *The Elusiveness of the Ordinary: Studies in the Possibility of Philosophy*, New Haven: Yale University Press, 2002.

Samples, John. *Recapturing Madison's Constitution, James Madison and the Future of Limited Government*, Washington DC: Cato Institute, 2002.

Samuels, Shirley ed. , *The Cambridge Companion to Abraham Lincoln*, Cambridge: Cambridge University Press, 2012.

Schwoerer, Lois. "The Fittest Subject for a King's Quarrel: An Essay on the Militia Controversy 1641-1642", *Journal of British Studies*, Vol. 11, No. 1, 1971.

Sheehan, Colleen A. *James Madison and the Spirit of Republican Self-Government*, Cambridge: Cambridge University Press, 2009.

Sheehan, Colleen. A. *The Mind of James Madison: The Legacy of Classical Republicanism*, Cambridge: Cambridge University Press, 2015.

Sher, Richard B. "Adam Ferguson, Adam Smith, and the Problem of National Defense", *The Journal of Modern History*, Vol. 61, No. 2, 1989.

Smith, Steven B. ed., *The Writings of Abraham Lincoln*, New Heaven: Yale University Press, 2012.

Sonenscher, Michael. "Montesquieu and the Idea of Monarchy", in *Before the Deluge: Public Debt, Inequality, and the Intellectual Origins of the French Revolution*, Princeton: Princeton University Press, 2007.

Stagg, J. C. A. *Borderlines in Borderlands: James Madison and the Spanish-American Frontier, 1776-1821*, New Haven: Yale University Press, 2009.

Stagg, J. C. A. et al. eds., *The Papers of James Madison*, Vol. 8, Charlottesville: University of Virginia, 2007.

Strauss, Leo. *Natural Right and History*, Chicago: University of Chicago Press, 1965.

Thompson, John M. *Russia, Bolshevism and the Versailles Peace*, Princeton: Princeton University Press, 1966.

Tierney, Brian. "Villey, Ockham and the Origin of Natural Rights", in J. Witte, F. S. Alexander eds., *The Weightier Matters of the Law, Essays on Law and Religion*, Atlanta: Scholars Press, 1988.

Tierney, Brian. *The Idea of Natural Rights: Studies on Natural Rights, Natural Law, and Church Law, 1150-1625*, Atlanta: Scholars Press, 1997.

Trist, Nicholas P. "Memoranda, Sept. 27, 1834", in Max Farrand ed., *The Records of the Federal Convention of 1787*, Vol. 3, New Haven: Yale University Press, 1911.

Tuck, Richard. *The Sleeping Sovereign: The Invention of Modern Democracy*, Cambridge: Cambridge University Press, 2016.

Western, J. R. *The English Militia in the Eighteenth Century: The Story of a Political Issue 1660-1802*, Routledge and Kegan Paul, 1965.

Whittington, Keith E. "The Political Constitution of Federalism in Antebellum America: The Nullification Debate as an Illustration of Informal Mechanisms of Constitutional Change", *Publius*, Vol. 26, No. 2, 1996.

Wilentz, Sean ed., *The Best American History Essays on Lincoln*, New York: Palgrave Macmillan, 2007.

Wilson, Woodrow. "An Address in Pueblo, Sept. 25, 1919", in Arthur S. Link et al. eds., *The Papers of Woodrow Wilson*, Vol. 63, Princeton: Princeton University Press, 1990.

Wilson, Woodrow. "An Address to the Senate, Jan. 22, 1917", in Arthur S. Link et al. eds., *The Papers of Woodrow Wilson*, Vol. 40, Princeton: Princeton University Press, 1982.

Wilson, Woodrow. "Remarks to Members of the Democratic National Committee, Feb. 28, 1919", in Arthur S. Link et al. eds., *The Papers of Woodrow Wilson*, Vol. 55, Princeton: Princeton University Press, 1986.

Wilson, Woodrow. "The Study of Administration", *Political Science Quarterly*, Vol. 2, No. 2, 1887.

Wilson, Woodrow. "War Message to Congress, Apr. 2, 1917", in Arthur S. Link et al. eds., *The Papers of Woodrow Wilson*, Vol. 41, Princeton: Princeton University Press, 1983.

Wilson, Woodrow. *The State: Elements of Historical and Practical Politics*, Charleston, SC: Nabu Press, 2010.

Wood, Gordon S. "Is There a 'James Madison Problem'", in *Revolutionary Characters: What Made the Founders Different*, New York: The Penguin Press, 2006.

Zuckert, Michael P. "Federalism and the Founding: Toward a Reinterpretation of the Constitutional Convention", *The Review of Politics*, Vol. 48, No. 2, 1986.

Zürcher, Erik-Jan ed., *Fighting for a Living: A Comparative Study of Military Labour, 1500-2000*, Amsterdam: Amsterdam University Press, 2013.

中文文献

阿克顿:《美国内战及其历史地位》,载卡尔霍恩:《卡尔霍恩文集》(下), 林国荣译,广西师范大学出版社 2015 年版。

阿克曼:《别了,孟德斯鸠》,聂鑫译,中国政法大学出版社 2016 年版。

阿克曼:《我们人民:奠基》,汪庆华译,中国政法大学出版社 2017 年版

阿克曼:《我们人民:转型》,田雷译,中国政法大学出版社 2014 年版。

阿伦特:《论革命》,陈周旺译,译林出版社 2007 年版。

奥鲁夫:《杰斐逊的帝国》,余华川译,华东师范大学出版社 2011 年版。

波考克:《古代宪法与封建法:英格兰 17 世纪历史思想研究》,翟小波译, 译林出版社 2014 年版。

布特米:《斗争与妥协:法英美三国宪法纵横谈》,李光祥译,北京大学出版
　　社 2017 年版。

蔡乐钊:《孟德斯鸠分权论研究》,上海三联书店 2016 年版。

蔡萌:《美国联邦立宪时期关于修宪问题的讨论》,《史学月刊》2018 年第
　　10 期。

陈涛:《家产官僚制的永恒复归——以大革命前的法国绝对君主制为例》,
　　《广东社会科学》2019 年第 4 期。

戴鹏飞:《论议会主权与英格兰—苏格兰的议会联合》,上海交通大学博士
　　学位论文,2015 年。

戴雪、雷特:《思索英格兰与苏格兰的联合》,戴鹏飞译,上海三联书店 2016
　　年版。

戴雪:《英宪精义》,雷宾南译,中国法制出版社 2001 年版。

法伯:《林肯:在内战中,1861—1865》,邹奕译,中国政法大学出版社 2017
　　年版。

方纳:《烈火中的考验:亚伯拉罕·林肯与美国奴隶制》,于留振译,商务印
　　书馆 2017 年版。

冈绍夫:《何为封建主义》,张绪山、卢兆瑜译,商务印书馆 2016 年版。

葛耘娜:《孟德斯鸠对政治自由的限定》,《云南大学学报(社会科学版)》
　　2015 年第 6 期。

亨廷顿:《军人与国家:军政关系的理论与政治》,李晟译,中国政法大学出
　　版社 2017 年版。

霍布斯:《利维坦》,黎思复、黎廷弼译,商务印书馆 2008 年版。

霍华德:《欧洲历史上的战争》,褚律元译,中信出版社 2017 年版。

霍维茨:《美国法的变迁(1780—1860)》,谢鸿飞译,中国政法大学出版社
　　2019 年版。

霍晓立:《麦迪逊的原旨主义》,《读书》2018 年第 5 期。

卡尔霍恩:《卡尔霍恩文集》,林国荣译,广西师范大学出版社 2015 年版。

坎南编:《亚当·斯密全集第六卷:法律、警察、岁入及军备演讲录》,陈福生、陈振骅译,商务印书馆 2014 年版。

科利:《英国人:国家的形成,1707—1837 年》,周玉鹏、刘耀辉译,商务印书馆 2017 年版。

克劳塞维茨:《战争论》,时殷弘译,商务印书馆 2016 年版。

拉赫:《帝国:古代与现代》,戴鹏飞译,载林国基、王恒编:《古代与现代的争执》,上海人民出版社 2009 年版。

李剑鸣:《美国革命时期代表制的实践及其意义》,《社会科学战线》2015 年第 10 期。

李剑鸣:《美国革命时期马萨诸塞立宪运动的意义和影响》,《历史研究》2004 年第 1 期。

李剑鸣:《美国革命中的政体想象与国家构建——解读〈埃塞克斯决议〉》,《史学集刊》2016 年第 3 期。

李丽颖:《英格兰与苏格兰合并的历史渊源》,《史学集刊》2011 年第 2 期。

林国荣:《亚伯拉罕·林肯与民主》,《政治思想史》2016 年第 4 期。

林肯:《林肯选集》,朱曾汶译,商务印书馆 2010 年版。

刘晗:《国内公法的外部维度:美国地缘宪制的深层逻辑》,《学术月刊》2018 年第 12 期。

马南:《城邦变形记》,曹明、苏婉儿译,广西师范大学出版社 2019 年版。

孟德斯鸠:《波斯人信札》,罗国林译,译林出版社 2000 年版。

孟德斯鸠:《论法的精神》,张雁深译,商务印书馆 1961 年版。

孟德斯鸠:《罗马盛衰原因论》,许明龙译,商务印书馆 2016 年版。

潘戈:《孟德斯鸠的自由主义哲学:〈论法的精神〉疏证》,胡兴建、郑凡译,华夏出版社 2016 年版。

施米特:《大地的法:欧洲公法的国际法中的大地法》,刘毅、张成果译,上海人民出版社 2017 年版。

施特劳斯:《从德性到自由:孟德斯鸠〈论法的精神〉讲疏,1965—1966》,黄涛译,华东师范大学出版社 2017 年版。

世界知识出版社编:《国际条约集(1917—1923)》,世界知识出版社 1961年版。

斯克拉:《孟德斯鸠》,李连江译,中国政法大学出版社 2018 年版。

斯密:《国富论》,郭大力、王亚南译,商务印书馆 2016 年版。

斯托里:《美国宪法评注》,毛国权译,上海三联书店 2006 年版。

特纳:《美国边疆论》,董敏、胡晓凯译,中国对外翻译出版公司 2012 年版。

田雷:《释宪者林肯:在美国早期宪法史的叙事中找回林肯》,《华东政法大学学报》2015 年第 3 期。

田雷:《通向费城的道路:麦迪逊的"新政治科学"》,《书城》2009 年第8 期。

涂尔干:《孟德斯鸠与卢梭》,李鲁宁、赵立玮、付德根译,上海人民出版社2006 年版。

王彬、李娟:《论美国革命时期的诸邦立宪》,《中南大学学报(社会科学版)》2013 年第 2 期。

王希:《威尔逊与美国政府体制研究——〈国会政体〉的写作与意义》,《美国研究》2019 年第 4 期。

威尔逊:《国会政体:美国政治研究》,黄泽萱译,译林出版社 2019 年版。

威尔逊:《美国宪制政府》,宦胜奎译,北京大学出版社 2016 年版。

韦伯:《支配社会学》,康乐、简惠美译,广西师范大学出版社 2010 年版。

维特:《林肯守则:美国战争法史》,胡晓进、李丹译,中国政法大学出版社

2015 年版。

伍德:《革命品格:建国者何以与众不同》,周顺译,上海人民出版社 2018
　　年版。

伍德:《美利坚共和国的缔造:1776—1787》,朱妍兰译,译林出版社 2016
　　年版。

休谟:《休谟政治论文选》,张若衡译,商务印书馆 2010 年版。

徐扬、田雷:《美国早期土地政策变迁中的"土地观"与"美国梦"》,《美国
　　研究》2018 年第 2 期。

徐扬:《美国早期国家建构之谜:"共和监护"视阈下的西部领地》,《史林》
　　2018 年第 2 期。

雅法:《分裂之家危机:对林肯—道格拉斯论辩中诸问题的阐释》,韩锐译,
　　赵雪纲校,华东师范大学出版社 2007 年版。

雅法:《自由的新生:林肯与内战的来临》,谭安奎译,赵雪纲校,华东师范
　　大学出版社 2008 年版。

殷之光:《宰制万物——来自帝国与第三世界的两种现代时间观及全球秩
　　序想象》,《东方学刊》2020 年第 4 期。

约阿斯、克内布尔:《战争与社会思想:霍布斯以降》,张志超译,华东师范
　　大学出版社 2017 年版。

张国栋:《麦迪逊的联邦主义理论:形成、转变及其内在不稳定性》,《政治
　　思想史》2015 年第 1 期

章永乐:《威尔逊主义的退潮与门罗主义的再解释:区域霸权与全球霸权
　　的空间观念之争》,《探索与争鸣》2019 年第 3 期。

郑荃文:《古典共和理想的追求与美国政制——评希恩〈詹姆斯·麦迪逊
　　的思想:古典共和主义的遗产〉》,《政治思想史》2018 年第 1 期。

索　引

图书在版编目 (CIP) 数据

"联合"秩序的建立与演变：从大不列颠到美利坚 /
郭小雨著 . — 北京 : 商务印书馆 , 2021
ISBN 978-7-100-20403-3

Ⅰ . ①联… Ⅱ . ①郭… Ⅲ . ①政治—研究—英国
Ⅳ . ① D756.1

中国版本图书馆 CIP 数据核字（2021）第 195064 号

"联合"秩序的建立与演变
从大不列颠到美利坚
郭小雨　著

商 务 印 书 馆 出 版
（北京王府井大街 36 号　邮政编码 100710）
商 务 印 书 馆 发 行
南京新洲印刷有限公司印刷
ISBN　978-7-100-20403-3

2021 年 10 月第 1 版　　　开本 880×1240　1/32
2021 年 10 月第 1 次印刷　　印张 8¾
定价：48.00 元